Das Laul
untere
Blaich
Kalch Ofen
Wasser thurn
Iser Bruck
Die Casarmen
Zimer statt
Einlas
Isara Fl.
Aufm
Griess
Heilig Geist Anger
Die Obere Blaich
Sendlinger Thor
Sendlinger Gottsacker
Der Platz
Das Thall
Stadt MÜNCHEN, wie solche
tag an zu sehen ist.
1. Der Schöne Thurn.
2. Der Blaue Endten Thurn.
3. St. Peters Gottsacker.
4. Das Kosthaus.
5. Das Neuhauser Thor.
6. Das Schwäbinger Thor.
7. Das Kost thörle.
8. Das Iser Thor.
9. Die Iser Bruckhen.
10. Iser Flus.
11. Der Wasser thurn.
12. Das Pauliner Closter.
13. Zu unser L. Frauen Hilff.
14. Heilig Creutz Capelln.
15. Das Churfürstl. Fabrica Hauß worinnen Tuch und gemacht, gefärbt und zubereitet werden.
16. Das Gasta od. Siechen
17. St. Rochus.
18. Sendtlinger Gotts ack
19. Weg auf Augspurg.
20. Weg auf Nürnberg.
21. Das Löwen Hauß.

Richard Bauer

Geschichte Münchens

Richard Bauer

Geschichte Münchens

Vom Mittelalter bis zur Gegenwart

Verlag C.H.Beck

Mit 88 Abbildungen, davon 53 in Farbe

Vorsatzkarte: *Stadtplan in der Vogelschau mit einer Nordansicht Münchens und einer Darstellung der Nymphenburger Schloßanlage. Kupferstich von Matthias Seutter, 1741.*

Frontispiz: *Der Untere Anger. Das Angerviertel war bis zu den Kriegszerstörungen des 20. Jahrhunderts ein vornehmlich von Gewerbetreibenden und Kleinhändlern besiedeltes Areal. Rechts die sog. Angerfronfeste, die 1820 von Johann Nepomuk Pertsch als Münchner Zentralgefängnis errichtet wurde. Gemälde von Otto von Ruppert, 1879.*

Bildnachweis: München, Bayerisches Landesamt für Denkmalpflege 24; Bayerische Verwaltung der staatlichen Schlösser, Gärten und Seen Umschlag, 8, 63, 78, 79; Stadtmuseum Frontispiz, 14, 34, 46, 54, 67, 74/75, 82, 83, 86, 90, 95, 103, 119, 123, 126, 130/131, 146, 154, 158, 166, 175, 192, 194, 197, 199, 206, 207, 210; Bayerische Staatsgemäldesammlungen 11, 59, 107; Stadtarchiv 13, 17, 30, 32, 44, 50, 52, 66, 68, 71, 73, 85, 99, 100, 110, 116, 117, 128, 129, 134, 135, 137, 141, 145, 149, 150, 165, 169, 173, 176, 179, 180, 183, 184, 188, 191, 202, 205, 215; Bayerisches Nationalmuseum 39, 40, 64, 69; Die Neue Sammlung – Staatl. Museum für Angewandte Kunst (Tom Vack) 218; Erzbischöfliches Ordinariat 43
Alle anderen Bilder stammen aus dem Archiv des Verlages.

Dieses Buch erschien in 2 Auflagen unter der
ISBN 978 3 406 51028 1 im Verlag C.H. Beck

Sonderausgabe 2008

Druck und Einband: Druckerei Uhl, Radolfzell
Gedruckt auf säurefreiem, alterungsbeständigem Papier
(hergestellt aus chlorfrei gebleichtem Zellstoff)
Printed in Germany
ISBN 978 3 406 57288 3

www.beck.de

Inhalt

Vorwort

Münchens Entwicklung hängt aufs engste mit dem territorialstaatlichen Ausbau Bayerns zusammen. Beinahe 700 Jahre (1255–1918) residierte hier das Haus Wittelsbach, weshalb Stadtgestalt und Stadtindividualität von dieser bedeutenden süddeutschen Dynastie maßgeblich geprägt wurden. Nicht das Rathaus, sondern die Residenz bestimmte das Geschick Münchens, der Fürst und nicht der Magistrat gewährte Freiheiten oder beschnitt Bürgerrechte. Die wichtigen baulichen Akzente setzte der Wille der Herrschers, und das wechselnde Konzept der Herzöge, Kurfürsten, Könige und Staatslenker zwang die Bürger unter das Diktat übergeordneter Ideen und Ziele. Glück und Unglück, Aufschwung und Absturz der Stadt flossen gleich Klima und Wetter aus Vorgaben, die jenseits des Horizontes der Einwohnerschaft lagen. Dennoch prägten die ambitiösen Zielsetzungen der Herrschenden mit der Zeit auch das Selbstbewußtsein der Stadt. Der wittelsbachische Kaisertraum, die Fiktionen des «Deutschen Roms» und «Isar-Athens», die schmachvolle Bürde der «Hauptstadt der Bewegung» und die prahlerische Würde der «Heimlichen Hauptstadt Deutschlands» wurden Bestandteile einer bis in die Gegenwart reichenden Daueridеologisierung des Stadtnamens. Die vorliegende Darstellung will anhand des wechselnden kommunalen Geschicks auch diese Obsession urbaner ‹Einzigartigkeit› aufzeigen. München – dies ist die Geschichte einer außergewöhnlich geforderten und geförderten, zugleich aber auch außergewöhnlich selbstverliebten Stadt. Das im Sommer 2008 zu feiernde 850jährige Stadtjubiläum Münchens wird Gelegenheit geben, eine Bilanz der Entwicklung seit 1158 zu ziehen. Dies Büchlein soll dazu jedenfalls einige Grundgedanken beisteuern.

München, im Februar 2008

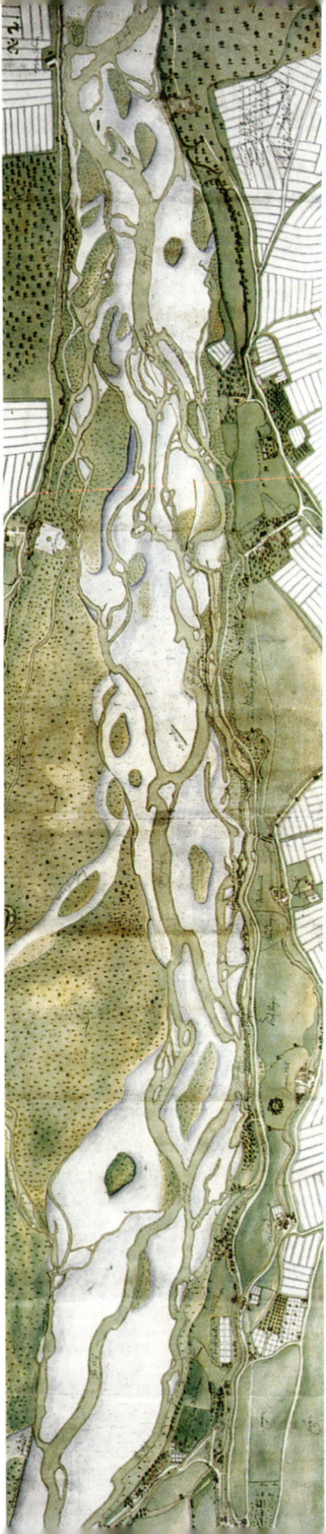

Die geographische Ausgangslage

München wurde nicht unmittelbar an der Isar gegründet, sondern in sicherem Abstand dazu. Nur ältere Karten vermögen noch einen Eindruck von dem ursprünglichen Verlauf der Isar zu vermitteln: Nach dem engen Isartal uferte der Gebirgsfluß in unzählige geschlängelte Nebenarme aus. Leben und Werken in vorsichtiger Distanz zu den Flußauen – «daran die Isar, das frei gewaltig wazzer», wie es in einer Urkundennotiz von 1381 poetisch heißt – blieb für die Münchner bis weit ins 19. Jahrhundert ein wesentliches Moment ihres Siedlungsverhaltens. Natürlich war die Nutzung des Wassers und der Wasserkraft von Anfang an von höchster Bedeutung, denn über die Landungsplätze der Flöße am Ufersaum, die sogenannten Länden, wurde ein wesentlicher Teil des Münchner Warentransportes abgewickelt. Außerdem waren regulierte Seitenarme der Isar wichtige Energielieferanten für Mühlen und Schmiedehämmer. Seit der Frühzeit mußten die Stadtbewohner durch aufwendige Würe (Wasserbauten) Überschwemmungen verhindern oder begrenzen. Die ihren Lauf zwischen den Kiesbänken, den sogenannten Griesen, schnell verändernden Flußarme, Altwasser und Rinnsale waren ebenso unter Kontrolle zu halten wie die weitgespannte, seit dem 12. Jahrhundert existierende Straßenbrücke bei der heutigen Museumsinsel, die ständig der Reparatur bedurfte. Auch garantierte nur eine durch kostspielige künstliche Vertiefung definierte Fahrrinne des Flusses die für die Münchner Stadtwirtschaft so wichtige Flößerei und Schiffahrt.

Um die Mitte des 19. Jahrhunderts forderte das Stadtwachstum ein systematisches Ausgreifen Münchens auf das jenseitige Isarufer und die Vereinigung mit den dortigen selbständi-

Der noch weitgehend unregulierte Isarverlauf südlich der befestigten Stadt München zu Beginn des 18. Jahrhunderts. Die zahlreichen Kiesbänke und die sich schnell verändernden Nebenarme und Altwasser machten den Fluß vor dem 19. Jahrhundert zu einem nur schwer kalkulierbaren Verkehrsweg.

gen, jedoch schon stadtorientierten Siedlungsbereichen. Erst ab 1854 floß die jederzeit mit Respekt und Vorsicht behandelte Isar dann tatsächlich mitten durch die Stadt. Die im Zuge der Isarkorrektur und des Neubaus verschiedener Brücken nach 1890 unternommene Anlage hoher Ufermauern zwängte den in zwei Arme gespaltenen Fluß – die «Große» und die «Kleine» Isar – innerhalb des Stadtbereichs in ein unnatürliches steinernes Bett. Dennoch blieb auch die regulierte und domestizierte Isar bis zur 1959 erfolgten Inbetriebnahme des Sylvensteinspeichers, einer Talsperre an der Oberen Isar, für die Stadt ein Risikofaktor. Immer wieder ließen Überschwemmungen die Erinnerung an die historische Ausgangslage aufleben.

Münchens Entwicklung wurde freilich nicht nur durch die Isar beeinflußt. Prägend war ebenso die karge Schotterlandschaft, in der die Stadt entstand. Diese aus Niederterrassenschotter gebildete weite Münchner Ebene hatte in der Eiszeit in mehreren Phasen eine Eintiefung durch die Ur-Isar erfahren, an die im Münchner Westen noch heute eine einigermaßen ausgeprägte Hauptabstufung erinnert. Sie zieht sich von Pullach über Sendling und die Theresienhöhe nach West-Schwabing, fällt dort ab und verläuft sich im Gelände. Ihre Entsprechung im Osten ist der markante Steilhang, der sich von Grünwald über Giesing und Haidhausen in Richtung Bogenhausen und Föhring erstreckt und dabei bisweilen sehr nahe an den Flußlauf heranrückt. Während im Westen eine geräumige Zwischenstufe, die sogenannte Altstadtterrasse, den nächsten Einsenkungsabschnitt der Ur-Isar kennzeichnet, zeigt sich von dieser Phase im Münchner Osten nur ein kleiner Rest unterhalb von Bogenhausen. Diesen Geländestufen gegenüber liegt, wiederum abgetieft, der Bereich der Isarniederungen, die das neuzeitliche Flußbett säumen. Dazu gehören die Isarvorstadt, das Lehel, der Englische Garten und – östlich des Flusses – das Giesinger Unterfeld und die Au. Während der Geltungsbereich des Stadtrechts (Münchner Burgfrieden) seit dem Mittelalter durch den Raum zwischen der Hangkante bei der heutigen Theresienhöhe und dem östlichen Isar-Steilufer definiert war (mit Ausnahme eines kleinen, historisch begründeten Brückenkopfes der Stadt jenseits des Flusses, des Gasteigs), war im Süden und im Norden die Grenzziehung im Bereich der Zwischenterrasse und der Isarniederung weitgehend instabil. Sie wurde – vor den grund-

Joseph Wenglein, Kalksteinsammlerinnen an der Isar, 1883. Das Bild gibt einen Eindruck von den einst ausgedehnten öden Kiesbänken zwischen den Verästelungen des Flußlaufes. Die gesammelten Steine wurden zu Kalk gebrannt.

sätzlichen Veränderungen des 19. Jahrhunderts – zuletzt 1724–1728 im Einvernehmen zwischen Landesherrschaft und Stadtmagistrat verbindlich definiert und lag im Süden unterhalb Mittersendlings, im Norden beim heutigen Nikolaiplatz in Schwabing.

Von der westlichen oder östlichen Hauptabstufung aus gesehen, befand sich die Stadt München bis in die neuere Zeit hinein demnach in einer ausgesprochenen Tallage, wie ja auch die bezeichnenderweise nächst «Thalkirchen» ansetzende Altstadtterrasse, die sich aus Kiesbänken gebildet hatte, nur eine relative Erhöhung gegenüber dem Flußniveau darstellt. Die bäuerlichen Siedlungen des Münchner Umfeldes, die meist Altsiedlungen auf Rodungsland sind und größtenteils bereits im 8. Jahrhundert urkundlich erwähnt werden, lagen alle auf den Hochflächen, auf denen Lehmzungen und kultivierter Waldboden einen wirtschaftlichen Getreideanbau ermöglichten. Die Stadt war also von Anfang an von einem Kranz von Bauerndörfern umgeben, die entsprechend den Geländegegebenheiten auf sie herabblickten. Nur Thalkirchen, Schwabing und Freimann bildeten hierbei eine Ausnahme, denn diese Orte hatten sich ebenfalls auf die Altstadtterrasse herabgewagt.

Die lange Zeit auf Selbstversorgung ausgerichtete Bürgerschaft Münchens war zuerst auf eine schmale Wirtschaftsfläche vor den Stadttoren orientiert, die schlechtere Erträge erzielte als das Gelände auf der westlichen und östlichen Hauptabstufung des Urstroms. Fleißiges Düngen und Mistfahren halfen da nur wenig, die Ernteergebnisse lohnten kaum den Arbeitsaufwand. Diesen wichtigen Umstand hält schon das Stadtrecht von 1340 mit einem markanten Satz fest: «Wan disew stat München auf hertem poden leit und davon muoz man die aecker vast mysten und tungen, und mag der paw dew arbait nicht vergelten, und davon verdirbet manick erber man.» Ein nicht geringer Teil der Einwohnerschaft war dem nebenberuflichen Stadtbauerntum zuzurechnen, was zur Anlage von zahlreichen Scheunen und Ställen innerhalb der Stadtmauern geführt hatte. Dieser auf Getreideanbau ausgerichtete Erwerbszweig führte schon frühzeitig bei Untersendling sowie zwischen Neuhausen und Schwabing, auf den Hochflächen außerhalb des Burgfriedens, zu einer regulären Feldbestellung. Seit dem 16. Jahrhundert wurde auf den zu Wiesen verwandelten unergiebigen Äckern in der Niederung eine beachtliche städtische Viehhaltung betrieben. Sie diente nicht nur der Milchwirtschaft, sondern wurde in erster Linie als ‹mobile Fleischreserve› für die Stadtbevölkerung aufgefaßt. Bis 1511 beaufsichtigten Stadthüter diese privaten Viehherden auf den Weideflächen vor den Toren der Stadt.

Die 1613 von Tobias Volckmer geschaffene erste Plandarstellung Münchens informiert ansatzweise auch über das direkte Wirtschaftsgelände der Stadt. Sie zeigt neben den als «Änger» umschriebenen Weideflächen viele Gemüse-, Obst- und Hopfengärten. Die meisten hießen «Krautäcker», weil dort das in den Haushalten benötigte Grünzeug (Kraut, Kräutel) angebaut wurde. Die damaligen Stadtmünchner Ackerflächen lagen bereits außerhalb des im Plan gezeigten Geländes: das Neuland im Sendlinger Feld (heute Theresienhöhe und Westend) und der Konradshof im Bereich des späteren Oberwiesenfelds. Das an den gebändigten Nebenarmen der Isar (den großen westlichen Stadtbächen) liegende Lehel war seit dem 14. Jahrhundert ein urbaner Sonderbereich, der zwar noch innerhalb des Burgfriedens lag, aber bis ins 18. Jahrhundert ein von der Stadtherrschaft an die Städter nur verliehenes Areal blieb und aus dieser Situa-

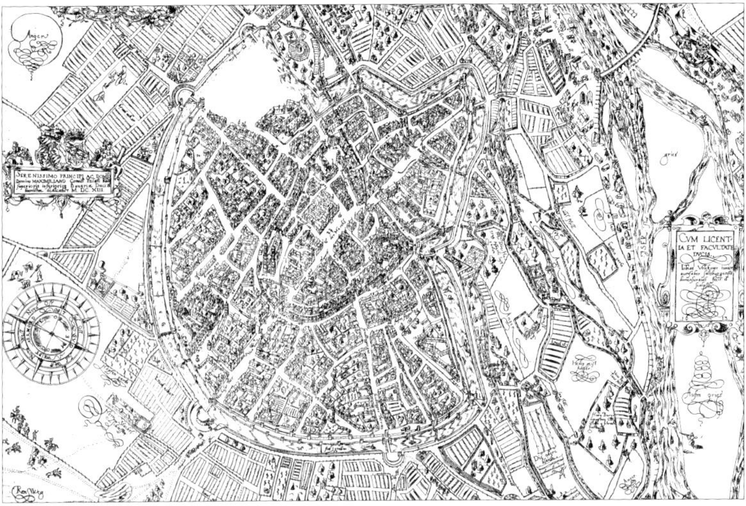

Tobias Volckmer, Ältester Münchner Stadtplan, 1613. Gut erkennbar sind die Wachstumsphasen Münchens – die ovale Kernstadt und das Stadterweiterungsgelände von 1260/1300. Diesem wiederum vorgelagert ist die Zone der «Änger» und «Krautäcker» als unmittelbare Wirtschaftszone der Stadtbevölkerung.

tion seinen Namen «im Lehen»/Lehel ableitete. Es galt als landesherrliches Lehen, weil seit der Mitte des 13. Jahrhunderts der wittelsbachische Herzog den Isarfluß und alles davon abgezweigte Wasser als (vordem königliches) Regal in Anspruch nahm. Das von Mühlen, Sägewerken, Hämmern und anderen holz- und metallverarbeitenden Werkstätten intensiv genutzte Gelände schloß direkt an den sanft gegen den Fluß abfallenden Isarsaum an, wo die beiden städtischen Länden den wichtigen Warentransport auf Flößen und kleinen Schiffen, sogenannten Zillen, vermittelten. Diese ‹nasse Achse› auf der Isar war wegen der großen Frachtkapazität der Flöße genauso wichtig wie der kleinteilige Güteraustausch mittels Fuhrwerken.

Münchens Aufstieg im 12. und 13. Jahrhundert hing weniger von der Vernetzung der Stadt mit Fluß und Umland ab als beinahe ausschließlich von der wirtschaftlichen Bedeutung einer durch das Stadtareal geführten Ost-West-Verbindung zwischen Salzburg/Reichenhall und Augsburg. Auf ihr bewegten sich die Salztransporte, die den Reichtum der mittelalterlichen Stadt begründeten.

VOR VIER HVNDERD IAR
DIE
MINCHEN
DAS

Der verleugnete Bischof

Der Augsburger Regalienspruch Friedrich Barbarossas von 1158

Am Anfang der Münchner Stadtgeschichte steht eine Demonstration herzoglicher Macht: Der Welfe Heinrich der Löwe (1156–1180), den Kaiser Friedrich I. Barbarossa erst 1156 mit dem Herzogtum Bayern belehnt hatte, zerstörte 1157/58 das bischöflich-freisingische Regionalzentrum «Veringen»/ Föhring (heute Oberföhring) mit Markt, Münze und einer Zollbrücke über die Isar. Anlaß für diese Gewalttat war der grundsätzliche Anspruch des Welfenherzogs auf Einmischung bei der Vergabe nutzbarer Regalien (Königsrechte) innerhalb Bayerns, unter denen die Befugnisse einer Marktgründung, der Zollerhebung und der Münzprägung zu den wichtigsten, weil einträglichsten zählten.

Der Streit zwischen Herzog Heinrich dem Löwen und dem Freisinger Bischof Otto I. (1138–1158) über die Rechtsnatur und den Standort der Regaliennutzung im Bereich der heutigen Großstadt München war nicht nur einseitig ausgelöst durch einen auf die Spitze getriebenen regionalen Machtanspruch des Herzogs, sondern auch durch eine vorausgehende systematische und nicht immer mit redlichen Mitteln durchgesetzte Inanspruchnahme und Handhabung der Königsrechte durch die Freisinger Kirche. Otto I. von Freising gilt heute als herausragender Bischof und bedeutender Geschichtsschreiber, zugleich aber auch als ein geschickter politischer Stratege, der seiner Bischofskirche mit viel Durchsetzungskraft und einer Serie von zweifelhaften historischen Königsurkunden zu

Ältestes Stadtwappen Münchens. Anonymes Gemälde, 1606. In Siegelform ist das Wappen zwischen 1239/1249 und 1302 belegt. Der Adlerrumpf steht für das Reichskirchengut München, der Mönchskopf mit Kapuze für den Ortsnamen. Die Rahmung des Hauptbildes mit Engeln und wittelsbachischen Wappenbestandteilen entspricht der historisierenden Ausdeutung des Entstehungsjahres 1606.

einer bemerkenswerten rechtlichen und materiellen Grundlage verholfen hat. In diesem Zusammenhang ist bereits gemäß dem Befund der Kaiserurkunde von 1158 festzustellen, daß der in Föhring abgehaltene Salzmarkt und die dort betriebene bischöfliche Münze über keinerlei reichsrechtliche Konzessionen verfügten und die Freisinger Kirche sich bestenfalls auf ein Gewohnheitsrecht berufen konnte. Im neuen bayerischen Herzog fand Bischof Otto I. nun allerdings einen konsequenten Widerpart, der es darauf anlegte, den Gordischen Knoten juristischer und historischer Argumente um die in Anspruch genommenen Alt- und Sonderrechte Freisings zu durchschlagen.

Der das Föhringer Markt- und Münzrecht des Bischofs bestreitende Welfenherzog ruinierte in der Folge neben den dortigen Marktanlagen auch jene Isarbrücke, welche die hier verlaufende Salzstraße nach Nordschwabing und Moosach und von dort nach Augsburg weiterleitete. Im Zusammenhang mit den Vorgängen bei Föhring wurde der Salztransport vom Herzog auf eine etwa acht Kilometer oberhalb (südlich) Föhrings den Gebirgsfluß querende Straßenführung des 11. Jahrhunderts umgeleitet. Diese verband die Orte Haidhausen, Laim und Pasing miteinander und führte von dort weiter zur Amper und zum Lech. Im Bereich der von dieser Straße durchzogenen heutigen Münchner Altstadt hielt der Welfe ein nicht näher beschriebenes Areal als eigenes *forum*. Dieser mit Föhring konkurrierende welfische Handelsplatz zu München hängt nach neuester Forschung mit marktorientierten Ansätzen und Entwicklungen zusammen, die bereits auf die Jahre und Jahrzehnte vor 1157/58 verweisen, wobei die Frage der Marktinitiative im Bereich der heutigen Münchner Altstadt noch ungeklärt ist. Ein Königsdiplom Konrads III. von 1140, das dem Freisinger Bischof Otto das alleinige Münzrecht in seinem Bistumssprengel zuerkennt und gleichzeitig das Verbot neuer Märkte ohne regalienrechtliche Legitimation ausspricht, mag primär ein allgemeines Handelsvorrecht des Bischofs in seiner Diözese zum Ziel gehabt haben, könnte sich theoretisch aber auch gegen bestimmte marktorientierte Tendenzen im Bereich der Mittleren Isar gerichtet haben. Zweifelsfrei hat Heinrich der Löwe 1157/58 an eine bereits bestehende Siedlung «Munichen» angeknüpft und dort mit Hilfe herzoglicher Ministerialen eine merkantile Sonderzone geschaffen, die sich für die Gegebenheiten eines qualifizierten Fernhandelsmarktes (Raum für die Kapazitäten des Salzstapels und die Errichtung einer Münzstätte) eignete. An die Stelle des zerstörten freisingischen Marktes zu Föhring trat 1157/58 ein neuer, das königliche Regalienrecht ebenfalls strapazierender herzoglicher Zwangsmarkt zu «Munichen». Die Einnahmen, die dort durch Zollerhebung, Münzprägung und Geldwechsel erwirtschaftet wurden, flossen nun nicht mehr in die bischöfliche, sondern in die herzogliche Kasse.

Grabmal Heinrichs des Löwen (gest. 1194) im Dom zu Braunschweig. Um 1250.

Die ganze Angelegenheit hatte allerdings einen kleinen Schönheitsfehler: Das vom Herzog in Anspruch genommene und ausgebaute Gelände war unzweifelhaft Bestandteil eines alten agilolfingischen bzw. karolingischen Fiskalgutbezirks zwischen Sendling und Schwabing, der unter einer schon für das 8./9. Jahrhundert urkundlich gesicherten Herrschaft bzw. Oberherrschaft des Freisinger Bischofs stand. Ungeachtet der Widmung der Geländeteile an das um 760 begründete Benediktinerkloster Schäftlarn wurden diese inzwischen hauptsächlich von bischöflichen Lehenträgern (Grafen, Edelfreien und Ministerialen) verwaltet und genutzt. Seit dem 11. Jahrhundert war nämlich das Benediktinerkloster Schäftlarn auf die Stufe einer freisingischen Eigenkirche herabgesunken, was dazu geführt hatte, daß die ursprünglichen klösterlichen Ausstattungsgüter von den Freisinger Bischöfen zurückgenommen, selbst einbehalten und in der Folge an den regionalen Adel verliehen worden waren. Erst mit der 1140 erfolgten Neubegründung eines Prämonstratenserklosters Schäftlarn durch Bischof Otto I. war es zu Rückübereignungen zumindest von Teilen des ursprünglichen klösterlichen Stiftungsgutes gekommen, die neben Sendling auch Geländezonen im Bereich der Münchner Altstadtterrasse betrafen. Umstritten war freilich seit dem Wormser Konkordat von 1122, welche Bestandteile des Reichskirchenguts als Kirchengut im engeren Sinne galten und welche als Lehen des Reiches nur unter einer abgeleiteten Herrschaft und Kontrolle der Bischöfe standen. Heinrich der Löwe, der sich stets als oberster Rechtsvertreter des Reichsoberhauptes in Bayern verstand, interpretierte die bischöfliche Besitzzone zwischen Sendling und Schwabing als Reichsgut und okkupierte das für ihn wichtige Terrain.

Über das ‹Vorleben› unserer Stadt ist bisher nur wenig bekannt. Die hauptsächlich in der Sendlinger Niederung gelegene topographische Position «Munichen» weist zurück auf eine 782 mit Zustimmung Herzog Tassilos III. (748–788) an das Schäftlarner Benediktinerkloster übertragene und in der Folge monastisch geprägte kleine Besitzeinheit zwischen Sendling und Schwabing, deren konkrete Lage, Ausdehnung und Aufgabenstellung wir nicht mehr präzise beschreiben können. Mit Sicherheit lag ihr Zentrum jedoch im heutigen Münchner Hackenviertel, wo es im Mittelalter noch die separate Siedlungseinheit «Altheim» gab (beim heutigen Altheimer Eck). Sie lehnte sich störrisch an das umgebende Stadtareal an und betonte schon dadurch eine historische Sonderrolle. Möglich, daß sie zuletzt zu einem lehensrechtlich von Freising abhängigen Nutzungsbereich der 1157 ausgestorbenen Grafen von Wolfratshausen gehörte. Der erst in der zweiten Kaiserurkunde Friedrich Barbarossas von 1180 geäußerte Vorwurf, Heinrich der Löwe habe den Föhringer Markt widerrechtlich in die *villa* München transferiert, beinhaltet dem damaligen Sprachgebrauch zufolge keinen Hinweis auf ein schlichtes Dorf, sondern meint ein Siedlungs- und Nutzungsareal im Reichs- bzw. Reichskirchenbesitz.

Kloster Schäftlarn entfaltete im Gelände zwischen Sendling und Neuhausen und im Umkreis eines schon kurz nach 1140 begründeten Bruderhofes «Illmungeshofen» (heute Milbertshofen) nachweislich Aktivitäten zur Erweiterung und Verbesserung der Bodenkultur auf der westlichen Hochfläche oberhalb der Altstadtterrasse. Darüber hinaus scheint es auch auf eine in der eher unfruchtbaren Niederung gelegene historische Position nächst Ur-München zurückgegriffen zu haben. Dies bedeutet, daß die Schäftlarner Ordensgemeinschaft im präurbanen München bereits einige Jahre vor 1157/58 nahe dem Kreuzungspunkt einer entlang der Isar von Wolfratshausen und Schäftlarn über Thalkirchen nach Feldmoching bzw. Freising geführten alten (römischen?) Verkehrsstraße mit einer die Isar querenden hochmittelalterlichen Route in Richtung Pasing/Landsberg einen Meierhof errichtet oder erneuert hatte. Dieser Hof wurde mit der Zeit zu einem wichtigen Ökonomie-Zentrum Schäftlarns, das in erster Linie dem Zusammenführen von Wirtschaftserträgnissen aus der näheren und weiteren Umgebung diente. Die Anlage, die sich nach 1260, also nach ihrer räumlichen Einbeziehung in das Stadtareal Münchens, zu einem Klosterhaus wandelte, mußte 1583 dem Neubau der Jesuitenkirche St. Michael weichen. Noch 1581 wies Kloster Schäftlarn bei seinem letztendlich vergeblichen Widerstand gegen die Enteignungsabsichten Herzog Wilhelms V. (1579–1598) auf diesen uralten zentralörtlichen Aspekt und dabei auf den wichtigen Umstand hin, daß «die Behausung von Anfang des Stiffts zum Closter khomen». Damit war bei striktester Interpretation der Aussage das Jahr 1140, das Gründungsjahr des Prämonstratenserklosters Schäftlarn, angesprochen.

Auch das Freisinger Benediktinerkloster Weihenstephan verfügte nördlich des Schäftlarner Klosterhauses, also im heutigen Bereich von Salvatorkirche, Residenz und Maxvorstadt, über einen damals topographisch noch zu Schwabing gezählten Grundbesitz unbekannten Ausmaßes und unbekannter Schwerpunktsetzung, der aber bereits 1147 an die Ministerialen von Bogenhausen abgetreten worden war. Der von diesem Altbesitz abgeleitete Weihenstephaner Zehntbezug für die Dorfmark von Schwabing, die sich stets an die jeweilige Außenlinie von München anlegte, wurde als Teilzehnt auf den Weideflächen vor München erst 1676 an den Landesherrn abgetreten. Ein geheimnisvoller, in seiner ursprünglichen Zugehörigkeit bisher nicht bestimmter «Burgstall» auf dem Areal der heutigen Residenz, der bereits Mitte des 14. Jahrhunderts von der Bürgerschaft abgeräumt werden mußte, dürfte auf eine Befestigung der Bogenhausen-Schwabinger Ministerialenfamilie zurückgehen, die hier im bischöflichen Auftrag vorübergehend Fuß gefaßt hatte.

Herzog Heinrichs Angriff auf die bischöfliche Position zu Föhring und der gleichzeitige Ausbau des Geländes östlich von Altheim/München zu einem Föhring ablösenden Fernhandelsmarkt hatten also den Charakter eines Grundsatzkonfliktes um die finanziell einträgliche Regaliennutzung im gesamten isarüberschreitenden Verkehrsbereich südlich der Bischofsstadt Freising. Da die durch München laufende Ost-West-Trasse in ihrer weiteren Abwicklung den (welfisch dominierten) Lechrain zum Ziel hatte, konnte Heinrich der Löwe vom neuen Transitpunkt München aus Salztransporte durch Südbayern nicht nur wie bisher nach Augsburg, sondern alternativ auch unmittelbar in seine Stammlande dirigieren. Inwieweit die Anpassung des Vorgeländes von Altheim/München mit Unterstützung lokaler oder regionaler Kräfte vonstatten ging, muß offenbleiben, doch ist es kein Zufall, daß der welfische Coup gegen Föhring zeitlich exakt mit dem Aussterben der Grafen von Wolfratshausen im Jahr 1157 zusammenfiel, deren ausgedehnte Gerichtsherrschaft auch noch in späteren Jahren München von Süden und Osten her eindrucksvoll umschloß und denen ebenfalls reichskirchlicher Lehenbesitz unterstellt werden darf. Denkbar ist auch, daß die schon damals im westlichen und nordwestlichen Umfeld des präurbanen München begüterten Wittelsbacher als Vögte Freisings und als Pfalzgrafen (und damit ebenfalls als Vertreter königlicher Interessen in Bayern) den Welfenherzog bei seiner eigenmächtigen Salzmarktverlegung tätig unterstützten. Der Haß Bischof Ottos von Freising auf das gesamte Haus Wittelsbach – er charakterisierte die Vogtfamilie einmal als «Diebe und Räuber» – kam sicher nicht von ungefähr.

Durch die herzoglichen Ein- und Übergriffe aufgeschreckt, schaltete der Freisinger Bischof den Kaiser als obersten Schutzherrn des Reichskirchengutes und als höchste Entscheidungsinstanz über die Regalienvergabe und Regaliennutzung in die komplizierte Auseinandersetzung ein. Kaiser Friedrich I. Barbarossa aber hatte weder großes Interesse noch ausreichende Möglichkeiten, gegen den ja nicht ganz grundlos aktiv gewordenen, mächtigen Welfenherzog direkt vorzugehen. Aus diesem Grund führte er auf dem in Augsburg 1158 abgehaltenen Reichstag eine für beide Seiten akzeptable Entscheidung herbei. Der kaiserliche Spruch vom 14. Juni 1158 führte den Ortsnamen «München» zum ersten Mal unzweifelhaft in die Geschichte ein. An ebendieses Ereignis wird an jedem 14. Juni von der Stadt München unter dem letztlich unzutreffenden Begriff «Stadtgründungstag» erinnert.

Der zu einer Entscheidung aufgerufene Kaiser ließ aus politischem Kalkül den Welfenherzog als faktischen Betreiber des neuen Fernhandelsmarktes nächst Altheim/München gewähren. Friedrich Barbarossa legte in diesem Zusammenhang sogar ausdrücklich fest, daß die gesamte Regaliennutzung nicht mehr in Föhring, sondern künftig allein am Standort München verbleiben sollte. Als Entschädigung für diese Veränderungen übertrug Friedrich Barbarossa dem Freisinger Bischof Otto I. ein Drittel aller Regalienerträge des Münchner Herzogsmarkts. Diese Aufteilung des gesamten künftigen Regaliennutzens unter den zwei mit dem Kaiser eng verwandten Konkurrenten wurde der familienpolitischen Problematik und den beiderseits fragwürdigen Rechtsgründen am jeweils beanspruchten vollen Regalienbesitz wohl am besten gerecht. Die ungleiche Verteilung der Münchner Regalienerträge zu Drittelquoten dürfte nach neuesten Forschungsergebnissen aber auch mit einer bereits in karolingisch-ottonischer Zeit vom Königtum angewendeten rechtlichen und finanziellen Differenzierungspraxis von verliehenen Regaliennutzungen zusammenhängen. Dabei entsprach die kleinere $^{1}/_{3}$-Quote des Bischofs dem ungeachtet der Diskussion Kirchengut/Reichsgut zweifelsfrei bestehenden bischöflichen *dominium* über den Schauplatz der gemeinsamen Regaliennutzung. Die $^{2}/_{3}$-Quote repräsentierte hingegen eine diesem Altrecht auch weiterhin unterworfene, doch von den Erträgen her weit vorteilhaftere Markt- und Münznutzung des Welfenherzogs. Einige andernorts vorgenommene analoge Nutzungsaufteilungen durch Friedrich Barbarossa bestätigen diese seit der karolingisch-ottonischen Zeit übliche Praxis. Die in der Kaiserurkunde nicht angesprochene Handhabung der Münchner Gerichtsrechte erfolgte nach aktuellem Wissensstand durch freisingische Ministerialität, doch dürften auch die Wittelsbacher als Pfalzgrafen und Bistumsvögte in die konkrete Münchner Gerichtspraxis einbezogen gewesen sein.

Tatsache ist jedenfalls, daß die in München vereinbarten Ertragsaufteilungen, die übrigens auch ein den Bischof anteilig bevorzugendes Nutzungssplitting an der Freisinger Münze einschlossen, zuallererst dazu dienten, die bestimmende Rolle des im Regalienstreit um Föhring und München angerufenen Reichsoberhaupts Friedrich I. Barbarossa zu unterstreichen. Man kann sich des Eindrucks nicht erwehren, daß in diesem Zusammenhang im Urkundentext eine Definition des tatsächlichen Rechtszustands der Örtlichkeit «Munichen» absichtlich vermieden wurde. Der im Regalienurteil höchst diskrete Umgang Friedrich Barbarossas mit der heiklen Angelegenheit der Föhringer bzw. der Münchner Marktkonkurrenz resultierte aus dem Umstand, daß, ungeachtet der welfischen Okkupationsmaßnahme nächst Altheim/München, der Freisinger Kirche ein hergebrachter Besitzstand über das Nutzungsgelände nicht abgesprochen werden konnte und die damit verknüpfte Frage nach einer noch andauernden Reichskompetenz schwierig und deshalb je nach Standpunkt verschieden deutbar blieb.

Die Jahre zwischen 1158 und 1180 zeigen eine durch ordnende und kontrollierende bischöfliche und herzogliche Ministerialität geprägte, friedliche Entwicklung des kleinen, simultan genutzten und von beiden Parteien hinsichtlich der Erträge proportional abgeschöpften Marktfleckens. Über das Aussehen dieser ersten Marktanlage gibt es keinerlei konkrete Nachrichten. Die in der Stadtgeschichtsschreibung immer wieder kolportierte Vorstellung einer direkt auf Heinrich den Löwen zurückzuführenden Kernstadt – also einer ‹Heinrichsstadt› rund um den heutigen Marienplatz mit ersten Toranlagen im Bereich des Alten Rathauses, des heutigen Marienhofes, des Rindermarktes und des Übergangsbereiches zwischen Kaufinger- und Neuhauser Straße – kann nicht bestätigt werden. Auch wenn wir einen ersten Münchner Mauerbau durch einen konkreten urkundlichen Hinweis noch in der Zeit vor 1180 annehmen dürfen, so gibt es keine Anhaltspunkte für den tatsächlichen Verlauf dieser allerersten Mauer. Die von den Historikern behauptete, ausschließliche Verbindung der Kernstadt mit Heinrich dem Löwen ist schon deshalb prinzipiell verfehlt, weil der nicht nur finanziell an München beteiligte Bischof von Freising (seit Herbst 1158 regierte dort Bischof Adalbert) bei der Befestigung des Marktareals ja nicht übergangen werden konnte. Vieles spricht dafür, daß die Münchner Kernanlage im Herzen der heutigen Altstadt überhaupt erst der nach 1180 einsetzenden, bischöflich-wittelsbachischen Entwicklung zuzurechnen ist. Das Zentrum der welfischen Okkupationszone dürfte jedenfalls im Bereich des heutigen Marienplatzes und des Petersbergls zu suchen sein, wo vor dem Zweiten Weltkrieg auffallend massive Fundamente beim historischen Stadtkammer- und Archivgebäude südlich des Alten Rathausturms einen Rückschluß auf älteste Befestigungen zuließen. Deren Existenz schien mit dem beim Wiederaufbau der St. Peterskirche nach dem Zweiten Weltkrieg entdeckten «Alten Raum» unterhalb des nördlichen Chorbereichs zusammenzuhängen. Da das Petersbergl in seinem Nordteil abgegraben war, um die von der Isar und vom Tal herführende Straße bequem zur Altstadtterrasse aufsteigen zu lassen, bestand an der Stelle des heutigen Alten Rathausturmes und seiner höher gelegenen Nebenbauten ein idealer herrschaftlicher Kontrollpunkt für den Salzhandel und den sonstigen zollpflichtigen Warenverkehr. Auch die älteste nachweisbare Münze in München stand auf dem Areal des heutigen Marienplatzes. Der Rathausturm blieb, dieser Ausgangslage entsprechend, bis mindestens 1208 die Ostbegrenzung und das obere Stadt- und Zolltor Münchens. Unklar ist nach wie vor, ob die Position des Alten Hofes als zentrale Marktbefestigung nördlich dieses Stadttores bereits in der freisingisch-welfischen Entwicklungsphase existierte. Urkundlich belegbar ist der stadtherrliche Ansitz der Wittelsbacher jedenfalls erst für die Zeit nach 1253.

Die bischöfliche Stadt und das Haus Wittelsbach nach 1180

Nach dem – wegen einer verweigerten Heeresfolge – selbstverschuldeten Sturz Heinrichs des Löwen und dem Verlust seiner Reichslehen im Jahr 1180 gelang es Bischof Adalbert (1158–1183), die vom Kaiser legalisierte und vom Ertragsanteil her bevorzugte Münchner Regaliennutzung Herzog Heinrichs zu Fall zu bringen. Durch ein von Friedrich Barbarossa ausgestelltes Privileg von 1180, das die Existenz des in der nämlichen Angelegenheit bereits ergangenen Augsburger Regalienurteils von 1158 einfach negierte, konnte der Freisinger Bischof den einst gewohnheitsrechtlich in Föhring abgehaltenen und inzwischen nach München versetzten Fernhandelsmarkt samt Brücke sogar mittels eines feierlich *in perpetuum*, also eines «in alle

Kaiser Friedrich Barbarossa und Bischof Adalbert von Freising. Kalksteinrelief am Westportal des Freisinger Doms, vor 1205.

Ewigkeit» wirkenden Rechtstitels seiner Kirche, zurückgewinnen. Doch auch das kaiserliche Privileg von 1180 blieb in den entscheidenden Textpassagen hinsichtlich der grundherrschaftlichen Zugehörigkcit des Ortes München unbestimmt. Eine Lokalisierung der künftigen bischöflichen Vollnutzung an Markt- und Brückenzoll wurde absichtlich vermieden, die Frage nach dem weiteren Schicksal der Münchner Münze kam nicht zur Sprache. Als möglicher künftiger Standort der dem Bischof rückübereigneten Markt- und Zollnutzung kamen die beiden einst konkurrierenden Örtlichkeiten, nämlich München und Föhring, in Betracht. Doch der Versuch Bischof Adalberts, ungeachtet der andauernden Reichsgutsproblematik volle Handlungsfreiheit über das Münchner Gelände der Reichskirche Freising zu erreichen, blieb vergebens. Denn das Eigeninteresse des Kaisers verlangte auch diesmal nach einer fein austarierten Balance zwischen den an München beteiligten Mächten.

Das erneuerte Zoll-, Markt- und Brückenregal Freisings hätte theoretisch zu einer dauernden Aufgabe und Zerstörung der Münchner Handelsanlagen führen können, was nach Ausweis der Schäftlarner Annalen für das Jahr 1180 von den Zeitgenossen auch tatsächlich befürchtet wurde. Doch mit Rücksicht auf das bei der Regalienrückübertragung von 1180 ausgeklammerte und deshalb wohl auch weiter existierende Münchner Münzrecht des neuen wittelsbachischen Herzogs Otto (1180–1183) wurde in der Folge eine gemeinsame Regaliennutzung von Bischof und Herzog in München beibehalten. Unbekannt ist, zu welchem Zeitpunkt und nach welcher Maßgabe diese neuerliche Nutzungsaufteilung der Münchner Regalienerträge erfolgte bzw. vom Haus Wittelsbach machtpolitisch durchgesetzt wurde. Doch ist zumindest belegt, daß König Otto IV., der Sohn Heinrichs des Löwen, 1209 wegen der zwischen Bischof und Herzog erneut umstrittenen Einkünfte *in burgo Monacum* eine weitere reichsrechtliche Entscheidung herbeiführen mußte. Leider ist uns nur die Tatsache der königlichen Vermittlung, nicht aber der Wortlaut dieser Festlegung überliefert.

München war also zu Beginn des 13. Jahrhunderts eine Handelsniederlassung mit überwiegender Regalienbelehnung des Freisinger Bischofs bei gleichzeitiger Fortschreibung von Reichsgutansprüchen durch den Kaiser und bei nachfolgender faktischer, jedoch nach Zeitpunkt und Nutzungsanteilen nicht mehr zu ermittelnder Beteiligung der neuen Herzogsdynastie Wittelsbach am Marktgewinn. Wahrscheinlich hatte die mächtige Herzogslinie, die ja in München münzberechtigt blieb und auch die freisingische Bistumsvogtei noch weiter ausübte, ihre Einnahmebeteiligung auf die geschickt mit der Reichsgutkontrolle vermischte herzogliche Hochgerichtskompetenz gegründet. Auf diese Weise konnten die Wittelsbacher in München eine starke Position ausbauen, aus der heraus sie mit der Zeit sowohl die reichshoheitlichen Ansprüche als auch die bischöflichen Regalienvorteile eliminierten. Ausgenommen von der herzoglichen Beteiligung blieb übrigens der Münchner Brückenzoll, der – wie die Isarbrücke selbst – bis zu Beginn des 19. Jahrhunderts stets als Alleineigentum des Freisinger Bischofs angesehen wurde.

Nachdem um 1180/1200 das Zentrum Münchens um Marktplatz und Petersbergl neu befestigt worden war, wurde kurz vor 1210 auch das östliche Vorgelände der Siedlung neu strukturiert und eine Erweiterung des bürgerschaftlichen Wirtschaftsraumes in das überschwemmungsgefährdete «Tal» vorangetrieben, so daß dort ein *suburbium*, eine Unterstadt im eigentlichen Wortsinn, entstand. Hier war an den kanalisierten Nebenarmen der Isar Platz für wasser- und energieabhängige Gewerbe (Gerbereien, Mühlen etc.). Auch am flach abfallenden Isarufer, das Raum für die Floß- und Schiffslandungsplätze und für den Stapel von Zimmerholz bot, breiteten sich nach und nach städtische Wirtschaftsbetriebe aus.

Der durch dynastische Erbschaften bedingte Boden- und Rechtegewinn des Herzogshauses im Umfeld Münchens (1183 die von einer Nebenlinie übernommene Grafschaft Dachau, 1238 der Erwerb der Besitzungen der wittelsbachischen Linie Valley, 1248 die Einverleibung der Andechser Verlassenschaft) und die Wahrnehmung der Gerichtsrechte am Marktort verschafften den Wittelsbachern in München eine immer stärkere Position. Zudem gruppierte sich um den wittelsbachisch orientierten Marktrichter auch die nach Machtbeteiligung strebende Schicht der mit der Abwicklung der Regalienverwaltung und der Organisation des Handels beauftragten Ministerialenfamilien und Notablen. Schon vor etwa 1210 hatte München – sicher nicht ohne Wissen und Zustimmung des Reichsoberhauptes – den Rechtsstatus einer Stadt angenommen, wobei dafür seit ca. 1210 der bei Bischofsstädten übliche Begriff *civitas* verwendet wurde. Auch der erstmals 1239 belegte Siegelgebrauch der Münchner Bürgergemeinde mit einem kapuzenbedeckten Mönchskopf (als Sinnbild für den Ortsnamen München) und einem über dem Stadttor auffliegenden heraldischen Adlerrumpf (einem Reichssymbol) dürfte auf die wichtigen Konsolidierungsjahre um 1210 zurückgehen.

Seit etwa 1220 kam es zu Konflikten zwischen Bischof und Herzog, die heftige und jahrzehntelange gegenseitige Befehdungen im Umland von Freising und München zur Folge hatten. Wahrscheinlich versuchte der Herzog durch systematische Beeinträchtigung des vorrangigen bischöflichen Rechtstitels und der darauf bezogenen Nutzungsmöglichkeiten, das ihm inzwischen lästige *dominium* Freisings über die Stadt abzuschütteln. Ab 1240 begannen sich die Freisinger Bischöfe nach einer mysteriösen, nicht näher belegten prinzipiellen Einigung mit dem Herzogshaus, der zufolge – zum Leidwesen heutiger Archivare und Historiker – auch alle streitbezogenen Dokumente vernichtet werden mußten, aus der Münchner Herrschaft (Oberherrschaft und Mitnutzung) zurückzuziehen, wofür im Gegenzug die Wittelsbacher den Verzicht auf die Freisinger Bistumsvogtei und Unterstützung für ein eigenes, jedoch andernorts erst zu begründendes, bischöfliches Territorium in Aussicht stellten.

Der bischöfliche Rückzug aus München erfolgte jedoch keineswegs schlagartig, er war eher ein Rückzug auf Raten. Der Konsens zwischen Herzog und Bischof war auch nicht Herzog Otto II. (1231 bis 1253), der stets der harten Konfrontation zugetan war, zuzuschreiben, sondern seinem diplomatisch äußerst geschickt agierenden Sohn, Ludwig II., dem Strengen (1253–1294), dem München bei der wittelsbachischen Landesteilung von 1255 zugefallen war. Seinem versöhnlichen, ja freundschaftlichen Umgang mit dem Nachbarn Freising war ein größerer Erfolg vergönnt als der allein militärisch angelegten Strategie seines Vaters. Die mit den Wittelsbachern verwandten Freisinger Bischöfe Konrad II. und Emicho waren ihrerseits auf einen Ausgleich mit der Herzogsfamilie bedacht, da sie die Chance nutzen wollten, für ihre Bischofsstadt Freising und für andere Besitzungen am Isarrain in der Nähe von Ismaning eine ‹herzogsfreie› Immunitätszone, das spätere Hochstift, durchzusetzen.

So verschwanden in München die zuletzt 1209 von König Otto IV. geregelten bischöflichen Teilerhebungen an den Zoll- und Münzgewinnen und an den Stadtgerichtsgefällen. Sie wurden durch feste jährliche Geldbeträge an den Bischof ersetzt, deren konkrete Höhe erstmals in einem freisingischen Einnahmeverzeichnis von 1305 schriftlich ausgewiesen ist. Diese Zahlungen verkörperten jetzt nur noch «Remunerationen» und «Rekognitionen», also rein pekuniäre Entschädigungssummen und juristische Anerkennungsgebühren, für eine zwar praktisch aufgegebene, rechtlich aber niemals gänzlich aufgelöste bischöfliche Obrigkeit und Beteiligung an München.

Die Anweisung dieser jährlich an Freising zu entrichtenden Zahlungen erfolgte bis zum Ende des Hochstifts im Jahr 1802 mehrheitlich durch die Münchner Stadtkammer, da es die Herzöge verstanden hatten, mittels finanzieller Konzessionen an die Bürgergemeinde die Abwicklung der lästigen bischöflichen Dauerrenten der Stadt aufzubürden. Als das Hochstift Freising 1802 säkularisiert wurde, kam damit interessanterweise die finanzielle Verpflichtung der Stadt München nicht automatisch zu einem Ende. Der in die Rechtsnachfolge Freisings getretene bayerische Staat verlangte nämlich die ungeschmälerte Fortsetzung der bisher von der Münchner Bürgergemeinde nach Freising abgelieferten Entschädigungs- und Anerkennungszahlungen zugunsten der Staatskasse. Die jährliche kommunale Entrichtung der vereinbarten Nutzungsgebühren für die bischöfliche Isarbrücke bei München – zuletzt 54 Gulden – entfiel erst 1848 nach Zahlung des 18fachen Betrags als einmaliger Ablösesumme. Noch länger hielt sich die Verpflichtung der Stadt zu einer Ablöse für den bischöflichen Kleinzollanteil. Diese Zahlung wurde aus dem Gewinn der Fronwaage gezogen, die der Herzog im Mittelalter gegen eine jährliche Abstandssumme zur Übernahme der darauf radizierten freisingischen Ablöse der Stadt übertragen hatte. Erst nach einem Vergleich im Jahr 1934 verzichtete der Staat auf den Bezug der jährlichen städtischen Zahlung in Höhe von zuletzt rund 43 Reichsmark, von denen gut 22 Reichsmark der Schuldigkeit gegenüber dem Rechtsnachfolger der Freisinger Bischöfe galten. Es klingt merkwürdig und ist doch wahr: Freisings historische Rolle in München erlosch in ihrer allerletzten Konsequenz erst kurz vor der Mitte des 20. Jahrhunderts. Da die finanzielle Abwicklung der städtischen Zahlungen verwaltungsbezogen war und der historische Grund der Überweisungen von den Beamten schon lange nicht mehr verstanden wurde, konnte und mochte man den jährlichen Geldtransfer nicht als das wahrnehmen, was er tatsächlich bedeutete. Er war Zeugnis einer verblaßten freisingischen Zuständigkeit für München.

Ungeachtet des 1240 beginnenden Rückzugs des Freisinger Bischofs aus der Münchner Stadtherrschaft und damit auch der direkten regalienrechtlichen Nutzungserhebung scheint die andauernde Souveränität Freisings über das unmittelbare Vorfeld der Kernstadt noch einige Jahrzehnte zu problematischen Abwicklungen Anlaß gegeben zu haben. Seitdem 1255 die herzogliche Hofhaltung nach München verlegt worden war, betrieb nämlich Herzog Ludwig II. nicht nur den Ausbau einer eigenen Befestigung im Stadtareal (heute Alter Hof), sondern auch eine Stadterweiterung, die den Umfang des bisherigen urbanen Geländes verdoppeln sollte. Diese Erweiterung war notwendig geworden, da entsprechend der 1271 schriftlich niedergelegten Begründung für eine zweite Stadtpfarrei (zur älteren Peterspfarrei trat damals die Frauenpfarrei hinzu) die Bevölkerung Münchens *in immensum* angewachsen war. Doch war gerade in den vorgesehenen Erweiterungszonen erneut umfangreicher Freisinger Grundbesitz betroffen, der von bischöflichen Ministerialen kontrolliert war und noch immer in räumlichem Zusammenhang mit den Nachbarmarken von Sendling, Neuhausen und Schwabing stand. Der Herzog mußte in der Folge die beanspruchten Flurteile vom Bischof ablösen. Um 1260 übertrug der Freisinger Bischof dem Herzog auch Schwabinger und Bogenhausener Lehenbesitz, der bis zu diesem Zeitpunkt einem zuletzt für beide Orte zuständigen freisingischen Dienstmannengeschlecht gehört hatte. Von diesem Handel wissen wir nur deshalb, weil 1272 Herzog Ludwig dem Bischof auf dessen Ansuchen zumindest den Bogenhausener Lehenbesitz rückübereignete und ihm in einer weiteren Urkunde vom gleichen Tag auch das bisher herzogliche Dorfgericht Ismaning überschrieb. Damit war der Grundstein für ein eigenes freisingisches Territorium im Norden Münchens gelegt.

Die in das Stadterweiterungsareal einbezogenen, bislang freisingischen Lehenareale überließ der Herzog nach ihrer Umwandlung zu Münchner Grund und Boden den Bürgern zur Bebauung. Anteile der alten Schwabinger Dorfmark außerhalb des nördlichen Stadterweiterungsbezirks (Bereich zwischen dem heutigen Promenadeplatz und der Theatinerkirche/Residenz) gingen im Gelände zwischen der heutigen Ludwigstraße und dem Englischen Garten vom Herzog lehenweise auch an wichtige Persönlichkeiten der herzoglichen Zentralverwaltung, die damit für ihren Fürstendienst entlohnt wurden. Nicht unmittelbar in die Hand des Herzogs kam dagegen ein über die heutige Ludwigsvorstadt und die Theresienwiese bis ins Westend vorgeschobenes, freisingisches Wiesen- und Ackerareal von rund 120 Hektar südlich der alten Landstraße nach Laim und Pasing (Verlauf der heutigen Bayer- und Westendstraße). Dieses Gebiet war als bischöfliches Lehen schon früh an die Ministerialen- und Patrizierfamilie der Sentlinger gelangt und stets mit einem Rentenlehen von einem Pfund Pfennige aus dem bischöflichen Brückenzoll verknüpft. Die Verbindung dieser Einkünfte spricht für eine einstige Amtsfunktion der Sentlinger bei der Verwaltung der bischöflichen Befugnisse in München. Die Sentlinger übertrugen mit Zustimmung Freisings Gelände und Geldreichnis an der Wende vom 14. zum 15. Jahrhundert an die mit ihnen verwandte Familie Ridler, innerhalb deren weiblicher Nachkommenschaft der freisingische Lehenskomplex bis zum Ende des Hoch-

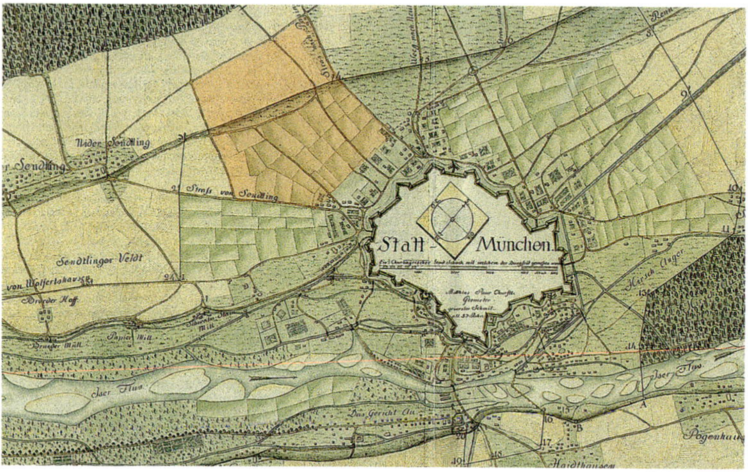

Der Münchner Burgfrieden. Kopie des Planes von 1724/1728, angefertigt 1778. Der rot markierte Bereich zeigt zwischen der heutigen Schillerstraße und dem Westend ein freisingisches Lehensareal, das bis 1802 zum Hochstift gehörte.

stifts weitervererbt wurde. Da der gesamte freisingische Lehensbereich in vielen Einzelparzellen an bürgerliche Nutzer verpachtet war, trat der Lehensnexus der Grundstücke nach außen nicht in Erscheinung. Die Existenz ausgedehnter freisingischer Lehensgründe im Anschluß an die Münchner Altstadt war der Stadtverwaltung Anfang des 19. Jahrhunderts nur noch andeutungsweise bekannt; um so weniger konnten die Stadthistoriker davon Notiz nehmen. Erst kürzlich wurde dieser für die Frühgeschichte Münchens besonders wichtige herrschaftsgeschichtliche Zusammenhang wieder aufgedeckt.

Der Übergang Münchens vom Bischof auf den Herzog zeigt sich auch in der zwischen 1302 und 1313 erfolgten Veränderung der Münchner Siegelbilder. Zu dieser Zeit wurde der 1239 (und in verbesserter Form ab 1268) belegte Adlerrumpf durch einen schreitenden Löwen ersetzt. Das ältere Münchner Adlersiegel wies heraldisch auf die königliche Regalienkonzession für Markt und Stadt München hin und zugleich auf das dem Handelsplatz zugrundeliegende Reichskirchen- bzw. Reichsgut (s. Abb. S. 14). Die Wittelsbacher hatten in der komplizierten Übergangsphase zwischen 1240 und etwa 1300 keinen Grund gesehen, dieses stolze Reichssymbol, das sie als königliche Pfalzgrafen und dann als Herzöge selbst geführt hatten, aus den Siegeln der Bürgergemeinde zu entfernen. Erst beim definitiven Abschluß der großen Stadterweiterung nach 1300 war die Bezugnahme auf Reichskirchengut, Reichsgut und Regaliennutzung obsolet geworden. Die Herzogsfamilie rückte nun erstmals selbstbewußt ihr eigenes Wappentier, den pfälzischen Löwen, an die Stelle des Adlers. Freisings dominierende Rolle in München war damit auch heraldisch ausgespielt.

Die Dynastie Wittelsbach, die ihren herrschaftlichen Aufstieg weitgehend der Freisinger Kirche verdankte und dennoch im Bereich der Mittleren Isar zum schärfsten territorialen Konkurrenten Freisings geworden war, wollte in späteren Jahrhunderten ihre bayerische Haupt- und Residenzstadt keineswegs von einer sukzessiven bischöflichen Besitzaufgabe ableiten, weshalb die Rolle Herzog Heinrichs des Löwen als Münchner Stadtgründer ideologisch verabsolutiert wurde. Die Lesart der Dynastie und der für sie schreibenden Historiker war stets folgende: Otto von Wittelsbach habe 1180 als Nachfolger des Welfenherzogs nicht allein das bayerische Herzogtum an sein Haus gebracht, sondern zeitgleich auch den als künftige bayerische Hauptstadt ausersehenen Markt München. Die von Anfang an aus guten Gründen in die kaiserlich legitimierte Münchner Regaliennutzung einbezogenen und in der Münchner Markt- und Stadtherrschaft lange dominierenden Freisinger Bischöfe wurden vollständig aus der offiziellen Erinnerung eliminiert.

Zu Beginn des 19. Jahrhunderts schämte sich der klosterfeindliche bayerische Staat schließlich sogar des mönchischen Siegelbildes seiner Hauptstadt, weshalb der «Stadtmönch» bis 1818 aus den amtlichen Hoheitszeichen entfernt wurde. Von dieser Zeit an wurde auch die Abhängigkeit des Ortsnamens von einer Mönchsgründung immer wieder hinterfragt und bezweifelt. Bis in die zweite Hälfte des 20. Jahrhunderts reichten die leichtgewichtigen und stets ergebnislosen Versuche, an München sogar eine römische Vergangenheit heranzutragen. Zahllos sind inzwischen auch die über eine griechische oder keltische Etymologie bis in vorindogermanische Besiedlungsphasen vorgeschobenen Erklärungen für den Wortbegriff «München». Sie alle sind im Grunde nur Ausdruck eines im Montgelas-Staat aufgekommenen historischen Minderwertigkeits-

Text des Steuereides aus einem Amtsbuch des 14. Jahrhunderts. Die als Schwurgemeinschaft auftretende Münchner Bürgergemeinde war gegenüber ihrer Stadt zu vielfältigen Diensten und Leistungen verpflichtet. Die Steuerehrlichkeit war stets ein wichtiger Faktor.

gefühls der bayerischen Hauptstadt und einer darauf bezogenen gelehrten Nachbesserung, welche die so späte, so unscheinbare und so eindeutig kirchlich-monastische Herleitung Münchens zu verschleiern trachtete. Jene Historiker, die im 19. und 20. Jahrhundert überhaupt noch an einer monastischen Ableitung des Ortsnamens festhalten wollten, verwarfen die nächstliegende und bereits anfangs des 16. Jahrhunderts von dem Historiographen Aventinus angesprochene Verbindung mit dem eher unbedeutenden Kloster Schäftlarn. Sie verknüpften die Münchner Markt- und Stadtgeschichte lieber mit dem bedeutenden Reichskloster Tegernsee, das bereits um die Mitte des 11. Jahrhunderts die Entfremdung eines Klostergutes zu «Munihha» beklagt hatte. Nachdem die sogenannte Tegernsee-Theorie Jahrzehnte hindurch das Feld behaupten konnte und noch das 800jährige Münchner Stadtjubiläum von 1958 prägte, gilt sie heute zu Recht als überholt: Die Identität von «Munihha» mit dem tegernseeischen Ort «Ostermünchen» bei Bad Aibling ist mittlerweile wissenschaftlich erhärtet.

Bürgerschaftliche Verselbständigung und erstes Judenpogrom

Innerhalb der ab 1260 erweiterten Stadt München gruppierte sich um den Stadtrichter eine kommunale Schwurgemeinschaft von patrizischen Besitzbürgern, die sich 1286 erstmals als «Rat» definierte. Ihre Kompetenz war und blieb freilich sehr eingeschränkt. Wichtigste Aufgabe war gemäß ihrer bis zum Ende des Alten Reiches gültigen Eidformel die Unterstützung der Stadtherrschaft; erst an zweiter Stelle folgte die pflichtgemäße Vertretung stadtbürgerlicher Interessen. 1294 erließ Herzog Rudolf I. (1294–1317) ein erstes Münchner Stadtrecht, das keine Verweise mehr auf Positionen des Freisinger Bischofs kannte, dafür aber bereits deutlich die Mitbestimmung kommunaler Verantwortungsträger berücksichtigte.

Der Einfluß der Juden in München scheint bereits im 13. Jahrhundert von großer Bedeutung gewesen zu sein: Ihre Gemeinschaft hat den Charakter der Stadt als eines über den bloßen Salzstapel hinausgehenden süddeutschen und bald auch internationalen Handelsplatzes mit ausgeformt. Ähnlich wie in der 1204 von den Wittelsbachern gegründeten niederbayerischen Stadt Landshut, wo der jüdische Beitrag belegt ist, gaben die über ein verzweigtes Kreditsystem verfügenden Juden auch in München einen entscheidenden Impuls für die Funktionsfähigkeit von Fernhandel und Geldmarkt. Ihr Engagement für den Wohlstand der Stadt dürfte ihnen aber schnell zum Verhängnis geworden sein. Aus dem Jahr 1285 ist ein großes Münchner Pogrom überliefert, dem mindestens 60 jüdische Menschen zum Opfer fielen. Fadenscheiniger Vorwand war ein frei erfundener Ritualmord an einem Kind. Es handelt sich dabei um eine Wanderlegende, deren sich immer dann bedient wurde, wenn es um die Plausibilität von Volkszorn ging. Tatsächlicher Hintergrund des Pogroms dürfte jedoch die Zahlungsunwilligkeit hochadeliger und patrizischer Kreditnehmer gewesen sein.

Wo die erste jüdische Gemeinschaft Münchens angesiedelt war, bleibt unklar. Der Nachweis einer Synagoge in der Gruftgasse (heute Bereich des Marienhofes) datiert erst aus dem frühen 15. Jahrhundert.

Die kaiserliche Attitüde

1315–1347: Herzoglicher Zentralort oder Reichshauptstadt?

Münchens Position als oberbayerischer Herzogssitz und maßgeblicher wittelsbachischer Zentralort ist eine Errungenschaft des 13. Jahrhunderts. Erst nach der Landesteilung von 1255 nahm Herzog Ludwig II. hier seinen dauerhaften Wohnsitz. Damit wurde München zur Haupt- und Residenzstadt des oberbayerischen Teilherzogtums. Die Söhne Ludwigs II., der ältere Rudolf und der jüngere Ludwig, konnten die väterlichen Ziele und Vorgaben im Grunde nur noch vollenden und präzisieren. Ludwig, genannt der Bayer (von 1302 an Mitregent seines Bruders Rudolf; deutscher König seit 1314; Kaiser von 1328 bis 1347), ist als ‹zweiter› Stadtgründer nach Heinrich dem Löwen ebenfalls Teil der wittelsbachischen Geschichtslegende. Diese war stets daraufhin angelegt, den Glanz der Haupt- und Residenzstadt nur mit den berühmtesten Persönlichkeiten der Landes- und Reichshistorie in Verbindung zu bringen. Selbst das in neuem Mauerring vom Umfang her verdoppelte München, das bis heute in den Geschichtsbüchern ausschließlich auf Ludwig den Bayern zurückgeführt wird, ist in Wahrheit das Resultat der bereits um 1260 von Ludwig II. begonnenen und im Prinzip um 1300 abgeschlossenen Stadterweiterung. Erstnennungen von Stadttoren während der Regierungszeit Ludwigs besagen demgegenüber wenig. Die Befestigung der so beträchtlich erweiterten Stadt war ein aufwendiger und langwieriger Prozeß, der übrigens erst mit der Anlage des Zwingers, eines ergänzenden zweiten Mauerrings, im 15. Jahrhundert zum Abschluß kam.

Ferdinand Petzl, Das Grab Kaiser Ludwigs in der Münchner Frauenkirche, um 1850. Das barock umformte Hochgrab unter dem um 1605 errichteten Bennobogen wurde im Zuge der 1868 abgeschlossenen Neugotisierung der Kirche aus seiner zentralen Position inmitten des Chors entfernt.

Wichtig für den herzoglichen Zentralort München wurde der konsequente Ausbau einer fürstlichen Verwaltung, die insbesondere durch einen eigenen Hofrat, eine Hofkapelle, die Kanzlei und das Viztumsamt für Oberbayern (als Amt des *Vize-Dominum*, d.h. des Herzogstellvertreters) repräsentiert wurde. Neuere Forschungen haben freilich ergeben, daß die Kanzlei der herzoglichen Brüder Rudolf und Ludwig bzw. die Kanzlei König Ludwigs – gemessen an der Fülle der Aufgaben – hinter den Regierungs- und Verwaltungssystemen anderer vergleichbarer Herrschaftsbereiche zurückgeblieben war. Gestärkt und erweitert wurde dagegen im 14. Jahrhundert die kommunale Kompetenz der Münchner Bürger. Noch in die gemeinsame Regierungszeit Rudolfs und Ludwigs fallen die seit etwa 1310 existenten älteren Ratssatzungen der Stadt, die durch ihr ausgefeiltes Regelwerk dem Wirtschafts- und Gewerbeleben Münchens wertvolle Dienste leisteten.

Aus dem Jahr 1310 datiert auch der erste Teilungsvertrag zwischen Rudolf und Ludwig, der eine Phase des latenten und schließlich offen ausgetragenen fürstlichen Bruderzwistes einleitete. Diese Streitigkeiten beschleunigten zwangsläufig den kommunalen Verselbständigungsprozeß, da beide Brüder sich um die Militär- und Finanzkraft der Stadt bemühen mußten und die Münchner Bürgerschaft hierbei den lachenden Dritten abgeben konnte. Mittels eines ausgeklügelten Privilegiensystems versuchte der im Jahr 1314 zum deutschen König gewählte Ludwig, die Münchner auf seine Seite zu ziehen. Münchner Kaufleute erlangten nunmehr wertvolle handelspolitische Ausgriffsmöglichkeiten und garantierte Sicherheiten im ganzen Reich. Dieses Entgegenkommen entsprach vordergründig einer ganz pragmatischen Grundhaltung Ludwigs, wonach königliche Privilegien als billigste Form unvermeidlicher politischer Zugeständnisse galten. Man darf gerade im Hinblick auf das berühmte Salzhandelsmonopol Münchens von 1332 – es galt das ganze Mittelalter hindurch als die wirtschaftspolitische *Magna Charta* der Stadt – den Kritikern des historischen Kaiserlobs durchaus zustimmen. Das wichtige Privileg wurde nämlich bereits 1341 aus politischen Gründen von Ludwig wieder zurückgenommen und bedurfte einer erneuten Bestätigung im Jahr 1347. Immerhin war durch diese kaiserlichen Salzhandelsprivilegien festgehalten, daß alles von Südosten (Reichenhall und Berchtesgaden) nach Westen verhandelte Salz zwischen dem Gebirge und Landshut allein bei München über die Isar transportiert werden durfte und daß auch nur Münchner Bürger als «Salzsender» das Recht des Weitertransportes hatten. München als monopolisierter Umschlageplatz des oberbayerischen Salzhandels wurde für Dynastie und Bürgerschaft nach 1347 zur kräftig sprudelnden Geldquelle. Insgesamt kommt eine zusammenfassende Bewertung der kaiserlichen Gunstbezeugungen an die Bürgerschaft zu dem Ergebnis, daß Ludwig in München bedeutend weniger Herrschaftsrechte aus der Hand gab, als es eine wohlmeinende Geschichtsschreibung in späteren Jahrhunderten darstellte. Im übrigen war nicht der prosperierende bürgerliche Zentralort München das wittelsbachische Hauptanliegen, sondern allein der lokale finanzielle Vorteil für die Dynastie.

Die Organisation der Stadtführung erfuhr nach 1314 eine wichtige Erweiterung: 1318 ist erstmals ein «Äußerer Rat» belegt, der zum bisherigen, um den Stadtrichter gruppierten Rat der Notablen (jetzt «Innerer Rat» genannt) hinzugetreten war. Dies bedeutet, daß wirtschaftspolitische Aufsteiger aus der Kaufmannschaft und dem qualifizierten Gewerbe nun die Chance bekamen, sich beinahe gleichberechtigt am exklusiven Stadtregiment der patrizischen Oligarchie zu beteiligen. Diese Aufwertung bislang nachgeordneter Gesellschaftsschichten war der Preis für die Ludwig von der gesamten Münchner Bürgerschaft gewährte militärische Unterstützung. Auch im Thronstreit Ludwigs mit Friedrich dem Schönen von Österreich waren es die Münchner Zünfte, die 1322 bei Mühldorf die Schlacht zugunsten ihres Fürsten und Königs entschieden. Die dabei besonders tapfere Münchner «Bäckenbruderschaft» verwies mit nicht geringem Stolz auf das ihr damals von Ludwig verliehene Wappen, das neben einer Breze den als besondere Auszeichnung gedachten königlichen Adler zeigte.

Auch das so gerne als Beispiel der besonderen kaiserlichen Zuneigung zur Residenzstadt angeführte Münchner Stadtrecht von 1340, das «Versiegelte Buch», sollte nicht überbewertet werden. Dieses kommunale Gesetzbuch erweist sich bei näherer Betrachtung nur als eine an urbane Verhältnisse angepaßte Variante einer

1335/36 probeweise in Umlauf gesetzten und 1346 (in wesentlich erweiterter Form) verbindlich gemachten Landrechtskodifikation. Trotz der in allen Bereichen ständig fortgeschriebenen Rechtsentwicklung behielten übrigens bestimmte Regelungen dieses legislativen ‹Nebenprodukts› Kaiser Ludwigs bis zu Beginn des 19. Jahrhunderts Geltung.

Die bisweilen in gängigen Geschichtswerken produzierte Vorstellung einer während der Regierungszeit Ludwigs des Bayern existenten «Reichshauptstadt München» ist unzutreffend, da das Kaisertum des oberbayerischen Wittelsbachers noch stark in der Tradition des alten deutschen Reisekönigtums stand. Ludwig verstand München als Zentrum seiner Stammlande und nicht als Zentrum des Reiches, das damals mehr als übergreifende Idee für eine Vielzahl territorialer Gebilde und weniger als fest umrissenes Territorium verstanden wurde. Kein einziges Bauwerk erinnert heute mehr an die ‹Kaiserjahre› des jungen München. Nur ein kleines Relief an der Ostseite des Alten Hofes zeigt den Kaiser und seine zweite Gemahlin, Margarete von Holland, als fromme Stifter der bis 1816 erhaltenen kleinen Laurentius-Hofkirche. Das im Original im Bayerischen Nationalmuseum aufbewahrte Sandsteinbild ist tatsächlich das einzige zeitgenössische öffentliche Denkmal für Ludwig, den oberbayerischen Herzog, den deutschen König und Kaiser des Heiligen Römischen Reiches. Die großen weltpolitischen Verwicklungen dieses ersten wittelsbachischen Kaisertums, unter denen der Dauerstreit mit dem römischen Papsttum an erster Stelle zu nennen ist, tangierten die Stadt nur marginal. Selbst die vielzitierte «Gelehrtenakademie» am Hofe des Kaisers, die mittels franziskanischer Theologen und Philosophen (z. B. Wilhelm von Occam, Marsilius von Padua) das Schwert der kaiserlichen Argumentationen schmiedete, war und blieb ein Fremdkörper innerhalb der städtischen Eliten. München wurde also auch nicht zu einer ‹geistigen› Hauptstadt des Reiches, wie manche Lobredner unter den Historikern dies bisweilen zum Ausdruck bringen. Bedrückend war dagegen die oft unvermeidliche Einbeziehung der Bevölkerung in

Kaiser Ludwig der Bayer übergibt einem Vertreter der Stadt München die mit einer Goldbulle gesiegelte Handschrift des Münchner Stadtrechts von 1340. Glasfenster aus der Münchner Frauenkirche. Die Textkartusche auf dem Fenster datiert Land- und Stadtrecht fälschlich gemeinsam auf 1346.

IHS
Kaÿser Ludwig. Erweitteret die Statt München
Ao 1.3.39. Macht die Land vnd Stettrecht. Ao 1.3.4 6.
Starb: Ao 1.3.4 7

Kaiser Ludwig der Bayer und seine zweite Gemahlin, Margarete von Holland, als Stifter der Laurentius-Hofkirche. Die St.-Lorenzkirche wurde um 1325 erbaut. Das Relief befand sich ursprünglich an der südlichen Langhauswand im Inneren der Kirche.

die vom Papsttum gegen Ludwig verhängten Kirchenstrafen (Bann und Interdikt), weshalb dessen plötzlicher Tod bei der Jagd nahe dem heutigen Fürstenfeldbruck 1347 zumindest den frommen Bürgern in Stadt und Land nicht ungelegen kam.

Allein die von 1328 bis 1350 andauernde Aufbewahrung der Reichskleinodien in München scheint Rückwirkungen auf ein sich entwikkelndes Selbstbewußtsein der Stadt gezeitigt zu haben. Nach dem Tod des Kaisers bemächtigte sich nämlich die Kommune dieses religiösen Heiltumsschatzes. Die Erben und Nachfolger Ludwigs hatten ihre liebe Not, die Reichsheiltümer, durch die ja tatsächlich ‹das Reich› nach München gebracht worden war, von ihren städtischen Untertanen wieder abzufordern. Der einige Jahrzehnte später geschickt manipulierte Andechser Heiltumsfund (mit drei Bluthostien und vielen Reliquien) war von der Herzogsfamilie als dauerhaftes Substitut der zum Leidwesen der Münchner im Jahr 1350 an den Luxemburger Karl IV. abgegebenen Reichskleinodien ausersehen. Der neu aufgetauchte religiöse Schatz wurde 1392 vorübergehend nach München gebracht und in der St.-Jakobs-Kirche der Klarissen am Anger zur Verehrung ausgesetzt. Es erfolgte ein gewaltiger Zulauf von Gläubigen aus Stadt und Land, doch konnte sich diese große und wirtschaftlich einträgliche München-Wallfahrt nicht allzu lange halten.

Traum und Trauma des wittelsbachischen Kaisertums

Ungeachtet des rasch verblaßten Charakters einer kaiserlichen Residenzstadt wurde das in München praktizierte Kaisertum Ludwigs des Bayern von dessen Söhnen und Enkeln als lokale Erinnerungskultur gepflegt. 1414 rühmt das erste Münchner Salbuch, also die Aufzeichnung des kommunalen Grundbesitzes, die Stadt sei «bey Kayser Ludweigen von Bayern am maysten aufkommen und die ausser Stat von newen gepaut worden». Besonders die Münchner Herzöge, die Hüter des Ludwigsgrabs, hielten Rang und Bedeutung des großen Vorfahren in Ehren. Die kaiserliche Grablege in einer Michaelskapelle unmittelbar bei der (ersten) Frauenkirche wurde ungeachtet der Tatsache, daß Ludwig im Kirchenbann verstorben war, religiöse und politische Kultstätte der Dynastie. Die Frage, ob der exkommunizierte Kaiser bei seinem Tod der ewigen Verdammnis anheimgefallen oder ob er dennoch der Erlösung teilhaftig geworden war, wurde in der Folge zu einem zentralen Politikum des Hauses Wittelsbach.

Als beim Neubau der Frauenkirche nach 1468 die römische Kurie in einem Dokument den Namen des Kaisers mit dem ehrenden Zusatz «frommen Angedenkens» zitierte, nahm man dies in München wie eine nachträgliche päpstliche Absolution auf. Noch zu Beginn des 16. Jahrhunderts ließ der damalige Herzog Maximilian I. Vorwürfe eines römischen Jesuiten gegen den gebannten Kaiser durch eine hochoffizielle theologische Widerlegung zurückweisen. Mit dem ungetrübten Andenken an Ludwig den Bayern hatte sich das Selbstbewußtsein des Hauses Wittelsbach in besonderer Weise verbunden.

Als Ende des 14. Jahrhunderts massive Auseinandersetzungen zwischen den wittelsbachischen Herzogslinien in Bayern ausbrachen und sich gleichzeitig verschiedene Fraktionen innerhalb des Münchner Stadtregiments bekämpften (1397–1403), wurde die

Stadt zum Zankapfel zwischen den Ingolstädter und den Münchner Herzögen. Dies lag nicht nur an der durch den privilegierten Salzhandel begründeten Finanzkraft der oberbayerischen Hauptstadt, sondern auch am hohen Symbolwert der kaiserlichen Grabstätte. Seit dem 15. Jahrhundert ist in München ein auf Kaiser Ludwig den Bayern bezogener inszenierter Kaiserkult zu beobachten, der ab etwa 1460 unter den Herzögen Sigismund (1460–1467) und Albrecht IV. (1465–1508) kulminierte. Man verwendete die Reichsfarben Schwarz-Gold als Münchner Stadtfarben, brachte den kaiserlichen Doppeladler mit aufgelegtem weißblauem Herzschild als ‹Anspruchswappen› der Dynastie Wittelsbach in vielen Gebäuden (Alter Hof, Altes Rathaus, Schloß Blutenburg) an – vor allem aber errichtete man nach 1468 um das Ahnengrab Ludwigs und seiner direkten Münchner Nachfahren die neue Frauenkirche. Diese Maßnahmen machen deutlich, daß die eher zufällige historische Episode eines wittelsbachischen Kaisertums zur politischen Leitidee der hier residierenden Herzogslinie wurde. Deren gegen das politisch weit erfolgreichere Haus Habsburg gerichtete Beweisführung einer noch andauernden und konkurrierenden wittelsbachischen Kaiserwürdigkeit wurde zum Mittelpunkt zugespitzter dynastischer Agitation. Es handelte sich also um eine gefährliche Selbstbeauftragung und Erwartungshaltung der Münchner Dynastie, die von nun an Jahrhunderte hindurch die politische Geschichte Bayerns und Münchens maßgeblich beeinflussen sollte.

Bürgerlicher Wohlstand und dynastische Selbstdarstellung im 15. Jahrhundert

Das 15. Jahrhundert wurde zu einer der erfolgreichsten Perioden der Münchner Stadtentwicklung. Der Münchner Rat hatte nach dem gänzlichen Ruin des Stadthaushalts in den fürstlichen und bürgerschaftlichen Wirren der Jahre 1397 bis 1403 den wirtschaftlichen Niedergang der Stadt erst ab der zweiten Jahrhunderthälfte einigermaßen auffangen können. Ab etwa 1450 sind in den städtischen Kammerrechnungen jährliche Überschüsse von mehreren tausend Pfund Pfennigen vermerkt, die mehrheitlich aus dem flo-

Schutzmantelmadonna, wohl von Jan Polack, um 1500. Das Gemälde zeigt den Klerus und die Bürgerschaft Münchens vereint im Gebet um den Schutz der Himmelskönigin. Stifter des Bildes war die begüterte Familie Sänftl, die im 16. Jahrhundert ins Patriziat aufstieg.

rierenden Salzhandel resultierten. Auch der Italienhandel Münchens sollte damals belebt werden, weshalb zur Brechung des Augsburger Monopols vom Herzogshaus ein auf München zielender Wegebau im Gebirge veranlaßt wurde. Als der venezianische Markt zu Bozen 1487 in das freisingische Mittenwald verlegt wurde, organisierte der Münchner Patrizier Heinrich Bart im Auftrag von Herzog Albrecht IV. den Bau der Kesselbergstraße, der 1492 zum Abschluß kam. Es wirkt wie eine Ironie des Schicksals, daß der Höhepunkt der herzoglichen Unterstützungsmaßnahmen für einen Münchner Italienhandel mit der Entdeckung neuer Welthandelsrouten durch die Spanier und Portugiesen zusammenfiel, wodurch die Rolle Venedigs völlig neu definiert wurde und der internationale Orienthandel zunehmend den neuen Verteiler Antwerpen zu bevorzugen begann. Zur Verbesserung der merkantilen Chancen der Münchner Kaufmannschaft konnte der Herzog für die Münchner immerhin partielle Zollfreiheit auf der Frankfurter Messe erwirken, wie umgekehrt auch immer mehr fremde Händler in München herzogliche Zollbegünstigungen erhielten.

Der im Zentrum der Saaldecke des Alten Rathauses angebrachte Kaiseradler mit dem aufgelegten weiß-blau gerauteten wittelsbachischen Herzschild, geschnitzt von Erasmus Grasser, 1476/77. Der Strahlenkranz um das Wappen symbolisiert die Sonne, um die sich weitere Wappendarstellungen wittelsbachischer Familienbeziehungen wie Planeten gruppieren.

Solche Handelsvorteile für die Stadt waren ein Ausgleich für die ständige Abschöpfung der städtischen Finanzkraft durch die Herzöge. Das ganze Mittelalter hindurch war die Stadtherrschaft bei den Münchner Bürgern hoch verschuldet. Kaum zu zählen sind die fürstlichen Anleihen bei der Stadtkammer. Die finanzielle Unterstützung der herzoglichen Politik durch kommunale Darlehen war eine Art Pflichtleistung, die über das Steueraufkommen hinausging. Rückzahlungen waren eher die Ausnahme; meist wurde die geschuldete Summe durch eine Konzession oder ein neues Privileg abgegolten. Die bemerkenswerte finanzielle Stärke der Stadtverwaltung in der zweiten Hälfte des 15. Jahrhunderts korrespondierte aber auch mit einer wachsenden Sozialproblematik der mittleren und unteren Gesellschaftsschichten. Städtische Initiative bemühte sich um die Einführung von Hausindustrien, beispielsweise die Barchentweberei. Wichtig wurde auch die im Münchner Osten, besonders in Haidhausen, begonnene städtische Ziegelproduktion, die günstigen Baustoff lieferte und zugleich Arbeitsplätze schuf. Der enorme Bedarf Münchens an Ziegeln hing zum einen ursächlich mit den großen Stadtbränden von 1418, 1429 und 1434 zusammen, zum anderen aber auch mit der notwendig gewordenen Verstärkung der Stadtmauer (Zwingeranlage), die durch die Einfälle der Hussiten und der französischen Armagnacs ausgelöst war. Der Bedarf an Arbeitskräften für die gewaltigen Bauunternehmen in der Stadt war zeitweise extrem; 1445 wurden alle Bauern Oberbayerns auf zwei Jahre hinaus zu je viertägigem Schanzwerk nach München beordert. Die neugewonnene Sicherheit veranlaßte immer mehr Menschen, den ländlichen Lebensraum aufzugeben und sich in der Stadt niederzulassen.

Mißernten, Hungersnöte und die großen Epidemien von 1462/63, 1473, 1483, 1495 und 1498/99 konnten das kontinuierliche Anwachsen der Münchner Bevölkerung nicht verhindern. Gegen Ende des Jahrhunderts zählte die Stadt an die 15 000 Einwohner.

Das späte 15. Jahrhundert war für die Münchner Kunst eine erste große Blütezeit, denn mehr Baumeister, Maler und Bildschnitzer als je zuvor lebten in der Stadt. Der Drang des Hofes und der bedeutenden patrizischen Familien (z. B. der Bart, Ridler, Pütrich, Ligsalz) zur Selbstdarstellung verlangte nach farbenfrohen Architektur- und Raumdekorationen (mit reicher Heraldik und Emblematik) und förderte auch die als Spiegelung der Individualität empfundene Porträtkunst. Kunstvoll gestaltet wurden in erster Linie öffentliche Bauten. Das ab 1470 erbaute Tanzhaus der Stadt (heute Altes Rathaus) war ein Werk des Baumeisters Jörg von Halspach, der sich das Augsburger Tanzhaus zum Vorbild genommen hatte. Der große Saal im Obergeschoß des Gebäudes bekam durch die Meisterhand des Bildschnitzers Erasmus Grasser eine gediegene und kostbare Ausstattung. Die Ziergurte der von Hans Wenger geschaffenen hölzernen Tonnendecke vermitteln zwischen großen plastisch gearbeiteten, heraldischen Schilden, die alle aus fürstlichen Familienverbindungen abgeleiteten Machtpositionen der Münchner Linie des Hauses Wittelsbach zur Darstellung bringen. Im Zentrum der Decke erscheint im Strahlenkranz das Kaiser-

Moriskentänzer aus dem Saal des Alten Rathauses, geschnitzt von Erasmus Grasser, 1480. Der groteske Tanz kam aus dem maurischen Spanien.

wappen Ludwigs des Bayern mit doppelköpfigem Reichsadler und weiß-blauen Rauten im Herzschild. Glänzenden Sternen gleich ziehen die heraldischen Sinnbilder der hochvermögenden wittelsbachischen Verwandtschaft den Gurtbögen folgend ihre Bahn und umkreisen dabei einen majestätisch als Zentralgestirn prangenden Wappenschild Kaiser Ludwigs. Leider haben mannigfaltige Eingriffe der Nachwelt aus Unverstand das ursprüngliche Konzept verändert. So erscheint der am Ansatz des Tonnengewölbes umlaufende, heraldische Fries nicht mehr in seiner ursprünglichen Anordnung, die einst ein auf vier Ordnungsbereiche aufgebautes System («Quaternionensystem») aller Fürstentümer des Heiligen Römischen Reiches und der zivilisierten Welt zeigten. Der gemalte Fries sollte eine irdische Zone weltlicher Herrschaftsordnungen symbolisieren, über dem sich die himmlische Zone der die globalen Bezüge übersteigenden wittelsbachischen Bedeutung wölbt. Die in Aussparungen unterhalb der Ziergurte eingefügten, in ekstatische Bewegung gesetzten Moriskentänzer Erasmus Grassers sind Akteure eines im 15. Jahrhundert beliebten maurischen Tanzspiels, welche die eigentliche Funktion des Saalbaus als eines Tanzhauses verdeutlichen. Sie versinnbildlichen zugleich die mobile Mechanik des gesamten Weltgebäudes, der die Sphären und Gestirne des Himmels ebenso folgen wie alle großen und kleinen Herrschaftssysteme der Welt. Die Botschaft dieses bürgerschaftlichen Fest- und Tanzsaals, der stets auch ganz selbstverständlich von der Stadtherrschaft genutzt wurde (z. B. bei Erbhuldigungen durch die oberbayerischen Landstände), kann nur enträtselt werden, wenn man sich das künstlerische Bemühen der Herzogsfamilie um die Visualisierung eines auf Oberbayern und München bezogenen Führungsanspruchs im Reich vor Augen führt.

Die Frauenkirche als religiöses und dynastisches Zentrum Münchens

Auch der Neubau der Münchner Frauenkirche zwischen 1468 und 1488 wurde von reichspolitischen Erwägungen der Herzogsfamilie bestimmt. Das von Jörg von Halspach ausgeführte monumentale Kirchenprojekt umschloß die alte Fürstengruft der Michaelskapelle mit der Grablege Kaiser Ludwigs, ja rückte diese Fürstengruft nunmehr ins Zentrum der Neuanlage. Das in Rotmarmor ausgeführte Hochgrab des Kaisers mitten im Chorbereich der Kirche bestimmte das riesige Gotteshaus ungeachtet seiner andauernden pfarrlichen Funktionalität zu einer fürstlichen Hofkirche. Wahrscheinlich deutete die gewaltige Dimension des zweitürmigen Neubaus auch auf die ursprüngliche Idee eines eigenen, von Freising unabhängigen Münchner Bischofssitzes hin, wobei sich der herzogliche Hof am habsburgischen Eigenbistum Wiener Neustadt orientierte. Doch lehnte Rom eine Einschränkung der Diözesanrechte Freisings ab, weshalb nur die Gründung eines fürstlichen Kollegiatstiftes zu erreichen war, dem die Einkünfte der eigens für diesen Zweck aufgehobenen freisingischen Kollegiatstifte Schliersee und Ilmmünster übertragen wurden. Aus Ilmmünster wurde der Körper des hl. Arsatius nach München überführt, der als Mailänder Bischof galt und gerade dadurch die neue Kirche als kultische Bischofsgrablege qualifizieren sollte. Nach einem weiteren vergeblichen Antrag auf ein eigenes Münchner Bistum Ende des 16. Jahrhunderts erreichte das Haus Wittelsbach gegen Ende des 18. Jahrhunderts schließlich die Errichtung eines aus dem Freisinger Diözesansprengel herausgelösten, allerdings nur auf die kurfürstliche Familie und die Angehörigen der Hofstäbe beschränkten Münchner Hofbistums. Dieses hatte in der Frauenkirche seinen Sitz, konnte aber wegen des beginnenden Zerfalls von Reich und Reichskirche keine besondere Wirkung mehr entfalten. Mit der 1576 erfolgten Übernahme der Reliquien des hl. Benno, des Bischofs von Meißen, konnte das Herzogshaus zur Zeit der Gegenreformation einen zusätzlichen Bischofskult in die Frauenkirche einführen, der im Gegensatz zur eher verhalten gebliebenen Arsatius-Verehrung ungeheuer populär wurde. Der 1604 unter dem Namen «Bennobogen» in den Chor der Frauenkirche, nahe dem freistehenden Kaisergrab eingebaute mächtige Renaissancebogen verknüpfte die bischöfliche *memoria* mit der öffentlichen Erinnerung an den kaiserlichen Dynasten und markierte eine sichtbar hervorgehobene, zentrale Zone kirchlich-weltlicher Schutzpatrone des Bayernlandes und der regierenden Fürstenfamilie.

Das alte Hochgrab Kaiser Ludwig des Bayern, das im frühen 17. Jahrhundert auf Anregung Kurfürst Maximilians I. von Hans Krumper mit einem imposanten *castrum doloris*, einem Trauergerüst aus Erz, ummantelt worden war, blieb bis zur fragwürdigen neugotischen Restaurierung Mitte des 19. Jahrhunderts im Chorbereich und damit im kultischen Zentrum der Kirche (s. Abb. S. 34). Damals wurde das Gotteshaus, das 1821 als Domkirche der neugeschaffenen Erzdiözese München und Freising kirchenrechtlich aufgewertet worden war, dem Zeitgeschmack entsprechend historisierend ausgestaltet, wobei auch der Chorbereich Veränderungen erfuhr. Kaisergrab und barocker Bennobogen standen dieser Umbaumaßnahme im Weg. Das Krumpersche Kunstwerk mit dem gotischen Marmorgrabstein Kaiser Ludwigs wanderte in Zwischenschritten in den mittleren und schließlich in den hinteren Kirchenteil, wo es nur noch museale Interessen befriedigte; seine kultische und dynastische Bedeutung ging dabei für immer verloren. Allein König Ludwig I. hat 1857 in einem anonym der «Augsburger Allgemeinen Zeitung» zugeleiteten Gedicht die mit der Regotisierung der Kirche und dem Abbruch des Bennobogens zusammenhängende Zurückverlegung des Hochgrabs als Zerstörung der ideologisch angelegten Raumkonzeption der Frauenkirche bitter beklagt:

Vier Jahrhunderte lang bestaunte man Kirche und Thürme;
Nun ist alles verpfuscht, alles verdorbner Geschmack.
Zwei Jahrhunderte stand nicht Bogen noch Grabmal im Wege;
Nun muß jener hinweg, dieß erst zurück – dann hinaus!
Ludwig der Bayer, des Vaterlands Stolz und des Münchner Doms Zierde
jemals verdrängen zu sehen, hatte kein Bayer geahnt.

1505: München als Haupt- und Residenzstadt des wiedervereinigten Bayern

1492 waren die reichspolitischen Ambitionen der Münchner Herzogslinie unvermittelt zu einem Ende gekommen. Albrecht IV., der sich durch seinen antihabsburgischen Kurs zunehmend isoliert hatte und darüber sogar in die Reichsacht geraten war, söhnte sich mit seinem kaiserlichen Schwiegervater, Friedrich III., aus und stellte sich seinem Schwager Maximilian für Kriegsdienste zur Verfügung. Denn zum einen mußte ein tragfähiger Ausgleich mit den um Regierungsbeteiligung streitenden jüngeren Herzogsbrüdern, Christoph und Wolfgang, gefunden werden. Obendrein zeichnete sich seit 1495/96 die mit Kurpfalz zu führende Auseinandersetzung um das Erbe der in Landshut sitzenden niederbayerischen «Reichen Herzöge» ab, welche die Münchner Herzöge nur mit Hilfe Habsburgs gewinnen konnten. Das dynastische Leitbild einer ernsthaften wittelsbachischen Alternative zum faktischen habsburgischen Erbkaisertum mußte deshalb vorübergehend ganz in den Hintergrund treten. Nach dem Tod Georgs des Reichen von Niederbayern im Jahr 1503 wurde der mit großer Erbitterung um dessen Erbe ge-

Niklas Meldemann, München von Osten. Holzschnitt (Detail), um 1530. Am linken Bildrand ist die hölzerne Isarbrücke gut zu erkennen. Die Stadtsilhouette ist mit großer Präzision erfaßt.

führte «Bayerische Krieg» dann tatsächlich mit Hilfe Kaiser Maximilians I. zugunsten der oberbayerischen Wittelsbacher entschieden. Ungeachtet der herben territorialen Einbußen (verloren gingen Gerichtsbezirke im heutigen Tirol und die «Junge Pfalz» um Neuburg a. d. Donau) war Altbayern seit 1505 wiedervereinigt. Seit diesem Jahr war München der wichtigste fürstliche Zentralort Bayerns, die Haupt- und Residenzstadt eines Landes, das äußerlich und innerlich erst wieder zusammenwachsen mußte und für diesen Prozeß der Vereinheitlichung noch Jahrzehnte brauchen sollte.

Zu berücksichtigen ist in diesem Zusammenhang, daß der Begriff «Hauptstadt» bis Ende des 18. Jahrhunderts nicht nur für München galt, sondern ebenso für Landshut, Burghausen und Straubing, die Zentren eigener Verwaltungseinheiten Gesamtbayerns waren. So gesehen, lag der Akzent der 1505 eingetretenen Bedeutungserhöhung Münchens eher auf dem Titel «Residenzstadt».

Dies schloß aber nicht aus, daß auch in anderen bayerischen Städten landesherrliche Residenzen unterhalten und temporär auch belegt wurden. Münchens Besonderheit lag darin, daß der bevorzugte fürstliche Residenzort zugleich Sitz der bayerischen Zentralbehörden und obersten Gerichtsinstanzen wurde, weshalb die Stadt seit dem 16. Jahrhundert primär als Verwaltungsmittelpunkt des Territorialstaates Bayern zu definieren ist. Zum landesherrlichen Hofrat als dem ältesten Beratungs-, Entscheidungs- und Justizgremium waren 1550 die Hofkammer, 1570 der Geistliche Rat, 1581 der Geheime Rat und 1583 der Kriegsrat getreten. «Gelehrte Räte», die an deutschen und italienischen Universitäten die Jurisprudenz studiert hatten, sollten in der politischen Argumentation das römische Recht anwenden, das die Position des Fürsten auf eine völlig neue Grundlage stellte. Anders als die adeligen Ratgeber des Herzogs waren diese allein durch Ausbildung und Leistung aufgestiegenen Beamten weniger dem Land als vielmehr der Person des Landesherrn verbunden. Auch die begabten und studierten Kinder der städtischen Oberschicht suchten nun nicht mehr ein lohnendes Tätigkeitsfeld innerhalb der Kommunalverwaltung, sondern wechselten in den Herzogsdienst über. München als Behördenzentrum und als Beamtenressource des Landesherrn – das war für die Stadt das vielleicht wichtigste Ergebnis der Anfang des 16. Jahrhunderts zum Abschluß gekommenen wittelsbachischen Machtkonzentration.

DEO OPT: MAX: SAC:
IN MEMORIAM D: MICHAELIS ARCHANGELI DEDICARI CVRAVIT.
GVILIELMVS COMES PALATINVS RHENI VTRIVSQVÆ BAVARIÆ DVX. PATRONVS ET FVNDATOR.
luator Mundi: 2. Otho Dux Bauariæ: 3. Theodo. Valda. D. Bauar. 4. Theodo. D. Baua:
ãfsifo I: D. Baua: 6. Otho Mag: D. Baua: 7. Carol: M: Rom: Imp: 8. Crist: Danie Rex.
bertus IIII dic. Sapiens Baua: Dux. 10. Rupert: Rex Romanor: 11. Max: I. R. om: Imp:
Lud: IIII. Rom. Imp: D. Baua: 13. Albert. V. Baua: D: 14 Guil: B: Dux Patro: et Fud: 15. Carol: V: Rom: Imp: 16. Ferd: Rom: Imp: 17. S. Michael Archangelus.

Das «Deutsche Rom»

1522: Die Einheitlichkeit der Konfession

Im Jahr 1522 hatten sich die beiden Söhne Albrechts IV., Wilhelm (1508–1550) und Ludwig (Mitregent bis 1545), in einer Rätekonferenz zu Grünwald gegen die Lehre Luthers gestellt und sich damit für die tradierten Formen und Inhalte der Kirche entschieden. Das Luthertum erschien den Herzögen als eine Quelle des geistlichen und staatlichen Ungehorsams, wodurch die innere Konsolidierung des Landes nicht befördert, sondern nur bedroht wurde. Die römische Kurie war bereit, die Unterdrückung der neuen Lehre in Bayern großzügig zu honorieren. Die ohnehin ausgeprägten staatlichen Kirchenhoheitsrechte wurden aufgrund dieser fürstlichen Papsttreue von Rom nachgebessert und ausgeweitet und stellten die Münchner Wittelsbacher im Ergebnis nicht schlechter als die protestantischen Fürsten, deren Entscheidung für Luther neben dem oft nur vorgeschobenen Gewissensbefund hauptsächlich in den jetzt äußerst bequemen Zugriffsmöglichkeiten auf das Kirchengut begründet lag.

Der Skulpturenschmuck an der Fassade von St.-Michael. Kupferstich aus der 1597 erschienenen Festschrift «Trophaea Bavarica».

Aber auch in München hatte die Reformation Luthers nicht geringes Aufsehen erregt. Die konfessionspolitisch begründete Entscheidung der Stadt- und Landesherrschaft für die römische Kirche hatte die Sympathisanten des in den Mittelpunkt von Glaube und Lehre gerückten Evangeliums Christi in den Untergrund gezwungen. Die herzoglichen Religionsmandate der Jahre 1522 und 1527 setzten auf Strenge, weshalb es auch nicht an lutherischen Münchner Märtyrern mangelte. 1523 wurde ein neugläubiger Bäckerknecht enthauptet, ein Jahr später folgte ihm ein häretischer Prädikant auf das Blutgerüst, und 1527 traf es einen Messerschmied, der

Der Münchner Patrizier Ruprecht Stupf. Gemälde aus dem Umkreis des Hans Mielich, 1549. Stupf war von 1521 bis 1530 Mitglied des Inneren Rats und wurde 1528 zum herzoglichen Rat und Kastner in München ernannt; 1543 wurde er Hofrat. Gleich ihm wechselten im 16. Jahrhundert viele Angehörige der Münchner Oberschicht vom Stadt- in den Hofdienst.

während eines Gottesdienstes in der Frauenkirche lauthals die Verwandlung des Brotes in den Leib Christi bezweifelt hatte. 1528 wurde eine Täufergemeinde mit 29 Mitgliedern zerschlagen, von denen neun, darunter drei Frauen, hingerichtet wurden. Das konsequente Vorgehen gegen die Anhänger der neuen Lehre betraf vor allem die Unterschichten, es galt nicht für die patrizische Oberschicht. Mitglieder der Familien Tichtl, Rosenbusch und Bart, die mit der neuen Lehre sympathisierten, wurden zwar vorübergehend in Haft genommen und mit Geldbußen bestraft, strengere Maßnahmen wollte man zur großen Erleichterung des Stadtrats allerdings nicht ergreifen.

Nach 1560 setzte erneut eine starke evangelische Bewegung in der Münchner Bürgerschaft ein, die sich mit der offenen Forderung der Landstände nach dem Laienkelch verband. Die Neigung des damaligen Herzogs, Albrecht V. (1550–1579), den Wünschen der Stadtbe-

völkerung und vieler Mitglieder des Landadels nach einem Empfang der Sakramente in beiden Gestalten nachzukommen, wurde jedoch durch die Aufdeckung einer protestantischen Adelsverschwörung unter Pankraz von Freyberg und Joachim von Ortenburg beeinträchtigt. Immerhin war mit päpstlicher Erlaubnis seit 1564 der Laienkelch in einigen Orten außerhalb Münchens gestattet, eine Möglichkeit, welche die Münchner Neugläubigen zu beschwerlichen Tagesreisen ins Umland der Stadt veranlaßte. Gegen Ende des sechziger Jahre wurde der Druck auf die Protestanten allerdings wieder verschärft. Die von Geistlichen und den herzoglichen Räten veranstalteten Religionsverhöre betrafen zwischen 1569 und 1571 einen Personenkreis von mehr als 250 Verdächtigen. Ungefähr 50 von ihnen bekannten sich zu ihrer abweichenden Konfession; sie entstammten durchweg den gehobenen Schichten der Stadtbevölkerung. Tapfer ertrugen sie das ihnen beschiedene Los des Exils. Während die Abwanderung wichtiger Teile der Oberschicht für die Stadt eine Katastrophe bedeutete, ergab sich für die Zielorte der Ausgewiesenen (meist Regensburg, Augsburg, Nürnberg) ein beträchtlicher Intelligenz- und Kapitaltransfer. Bereits 1570 hatte der Stadtrat den Herzog vor den Folgen gewarnt. Vermögende und sozial engagierte Bürger würden aus der Stadt getrieben, der Zuzug der Tüchtigen lasse nach, und nur arme Tagelöhner würden noch um das Bürgerrecht ansuchen: «Überdies ist Euer Fürstl. Gnaden unbezweifelt nit verborgen, daß Euer Fürstl. Gnaden Hauptstadt in dieser Zeit etlich Jahr her in keinem Auf-, sondern augenscheinlichen Abnehmen ist.» Doch der Herzog antwortete kühl, daß er lieber mit seinem ganzen Hofstaat die Stadt verlassen wolle, als am Ort seiner Residenz den Abfall vom Glauben zu dulden.

Wer heute nach Resten des frühen protestantischen Münchens sucht, wird sich schwertun. Die Augustinerkirche in der Neuhauser Straße (nach der Säkularisation Mauthalle, heute Jagdmuseum) gibt aber immerhin einen Fingerzeig auf die Vorgeschichte der Reformation in Deutschland. Hier wirkte ab 1500 Johannes Staupitz als Prior, der von Kurfürst Friedrich dem Weisen 1503 nach Sachsen berufen wurde, um dort die Universität Wittenberg zu begründen. An der Wittenberger Universität, dem *studium generale* des reformierten Ordenszweigs der Augustiner, lehrte in der Folge auch Staupitz' Ordensbruder, Martin Luther. Die Frage, ob Luther selbst auf seiner Romreise 1511/12 das Münchner Kloster besucht hat, muß unbeantwortet bleiben. Jedenfalls gibt es den Bericht eines Greifswalder Professors von 1603, demzufolge man ihm in der Münchner Augustinerkirche den Predigtstuhl gezeigt habe, von dem Luther «noch gut päpstlich» gepredigt haben soll.

Der jesuitische Standpunkt

Der Jesuitenorden als Träger der Gegenreformation war noch von Herzog Wilhelm IV. 1548 an die Landesuniversität Ingolstadt berufen worden. 1559 zogen die ersten vier Patres nach München, wo sie zunächst in einem Flügel des Augustinerklosters an der Neuhauser Straße einquartiert wurden. Die Übernahme aller Gymnasien im Herzogtum (ab 1560 auch in München) und das erteilte Unterrichtsprivileg an der Universität Ingolstadt machten die Gesellschaft Jesu bald zu einer mächtigen Einrichtung in Bayern, vor der besonders die alten Prälatenklöster zitterten, da ihr über Jahrhunderte angesammelter Wohlstand mitunter zur finanziellen Ausstattung jesuitischer Ordensniederlassungen dienen mußte. Als Beichtväter der Herzogsfamilie konnten die Jesuiten manches höchst unkompliziert durchsetzen; das von der geschickten Seelenführung der Patres überzeugte Herzogspaar, Wilhelm V. und Renata von Lothringen, legte ihnen schließlich buchstäblich die ganze Stadt zu Füßen.

Der im Jahr 1583 anstelle des Schäftlarner Klosterhauses an der Ecke der Neuhauser Straße zur heutigen Ettstraße begonnene Bau der Kirche und des Kollegiums von St. Michael wurde zu einer überzeugenden Demonstration der Gegenreformation in Bayern, gleichzeitig aber zu einem Finanzgrab, in dem alle Rücklagen des Herzogtums aufgingen. Dennoch war der Kirchenpalast von höchster politischer Wichtigkeit, da er augenfällig den religiösen Sinn der erstarkten Fürstenmacht demonstrierte – die Bekämpfung der Ketzerei und der Abkehr vom wahren Glauben als dem Urgrund aller Laster und aller Auflehnung. Die prunkvolle Fassade mit ihrem vielteiligen plastischen Figurenschmuck versinnbildlicht ein ideologisch zugespitztes, konfessionspolitisches Programm und zeigt dabei das Haus Wittelsbach im Kreis zahlreicher verwandter und seit Jahrhunderten um Christianisierung und Glaubensverteidigung verdienter europäischer Fürsten. Diese gängige Interpretation des Schaubildes wird aber der tatsächlichen Wucht der Darstellung nicht gerecht. Als eine geharnischte dreireihige Phalanx von Heerführern nehmen alle Dargestellten kampfbereit vor Christus Salvator (im Giebelfeld der Fassade) schützende Aufstellung (s. Abb. S. 52). Ihre vorgereckten Kommandostäbe, Zepter und Schwerter verweisen auf die ihnen nachgeordneten Armeen. Unmittelbar vor ihnen, über dem Hauptportal, ringt bereits der Erzengel Michael als *Promachos* und damit als machtvoller Vorkämpfer der himmlischen Heerscharen mit Satan, dem Vater aller Häresien. Wilhelm V., durch das Kirchenmodell als Stifter des Gotteshauses ausgewiesen, erscheint mit seinem Vater Albrecht V. mittig in der vordersten (der untersten) Reihe dieser Schlachtordnung. Die Botschaft der Schaufassade von St. Michael ist kühn: Das Haus Wittelsbach hat sich aus eigenem Antrieb die schwerste von allen kaiserlichen Bürden aufgeladen – die *defensio fidei*, d. h. die ideelle und materielle Verteidigung des rechten Glaubens. Damit wird das favorisierte Thema der Münchner Dynastie, der andauernde Anspruch auf die Kaiserwürde nämlich, erstmals auch religionspolitisch angesprochen.

Man täte der von Albrecht V. und Wilhelm V. in München etablierten Gesellschaft Jesu unrecht, wenn man – wie dies in der Zeit der Aufklärung gerade vom protestantischen Norddeutschland aus versucht wurde – ihren Eifer für die katholische Erneuerung mit geistiger Stagnation gleichsetzen würde. Im Gegenteil, die ausgefeilte und brillante Predigtkunst der Jesuiten schuf eine neue Rhetorik von geradezu klassischer Qualität. Das durch griechische Entlehnungen im Wortschatz ungemein bereicherte Neulatein der Jesuiten machte das uralte europäische Verständigungsidiom der Bildungsschichten wieder zu einem höchst elegant zu handhabenden internationalen Informationsträger. Das Interesse der Gesellschaft Jesu an theatralischen und musikalischen Inszenierungen bescherte München Höhepunkte urbaner Lebensfreude, zugleich aber auch ein verändertes Bewußtsein für moralische und ästhetische Grundfragen. Glänzende, oft über Tage hinweg ausgedehnte Schauspiele mit unerhörtem szenischen Aufwand prägten das öffentliche Leben und die geistige Atmosphäre der Stadt. Das Jesuitentheater war barockes Welttheater, das am Historienstoff eine Lösung der persönlichen und sozialen Probleme erlebbar und nachvollziehbar machte. Jakob Balde, der Schöpfer wundervoller lateinischer Oden, soll als Beispiel für das hohe literarische und geistige Niveau der Münchner Ordensniederlassung namentlich angeführt sein. In den jesuitischen Kongregationssälen wurde den Studenten und den «Bürgern und Herren» ein auf gelebte Religiosität gegründetes Lebenskonzept nahegebracht und dadurch auch ein neues stadtbürgerliches Gemeinschaftsbewußtsein jenseits der sonst allein bestimmenden Standes- und Zunftschranken geschaffen. Wer an Schulen und an der Landesuniversität die nicht nur auf Wissensvermittlung, sondern auch auf Wertvorstellungen und Disziplin angelegte Ausbildung der Gesellschaft Jesu durchlaufen hatte, verfügte über Sachverstand, Bildung und ein hohes Maß an sozialer Verantwortung. Auch wenn es nicht unbedingt in das seit der Aufklärungsperiode kolportierte verkrustete Meinungsbild einer angeblich vom Jesuitenorden zu verantwortenden Rückständigkeit des barocken und nachbarocken Bayerns paßt, darf hier eines angemerkt werden: Die durch Generationen hindurch von den Münchner und Ingolstädter Jesuiten geschulten und geformten Landeskinder waren – im Idealfall – Menschen mit gefestigten Anschauungen und Überzeugungen, die von Jugend an zu Bescheidenheit und Zurückhaltung erzogen waren und sich im Berufsalltag aus guten Gründen nicht einseitig der Jagd nach Erfolg verpflichtet fühlten. Als herzogliche Beamte zeichneten sie sich durch treue Pflichterfüllung und in freien Berufen durch Leistung und Ehrlichkeit aus. Sie machten dabei ihre Sache keineswegs schlechter als die Neugläubigen in den protestantischen oder reformierten Staaten und Stadtstaaten, deren übersteigertes Selbstbewußtsein oft genug aus dem vordergründigen Lebenserfolg, dem vermeintlich untrüglichen Anzeichen der religiösen Erwähltheit, resultierte. Daß das von der Gesellschaft Jesu verbreitete Erziehungsideal auf einem geschlossenen, religiös zentrierten Weltbild und einer landesväterlichen Herrscherautorität gründete und deshalb über den im Beichtstuhl ausgeübten Gewissenszwang

der Untertanen auch dem fürstlichen Absolutismus Fundament und Rahmen lieferte, ist eine andere Frage. Tatsächlich hat der jesuitische Standpunkt dem Stadt- und Landesherrn viele Ansätze zu einer dauerhaften moralischen Kontrolle und kleinlichen juristischen Disziplinierung frei Haus geliefert und dadurch den schon im 16. Jahrhundert eingeleiteten Prozeß der totalen Unterwerfung

Engelhard de Pee (zugeschrieben), Familienbild des Herzogshauses als «Darstellung Christi im Tempel», um 1575/1585. Herzogin Renata präsentiert den von der Großmutter Anna gehaltenen Sohn Maximilian dem als Hohepriester dargestellten Herzog Ernst (später Erzbischof von Köln); vorn rechts als Prophetin Hanna die Urgroßmutter Jakobäa. Im Hintergrund als Zuschauer der Großvater Albrecht V., der Vater Wilhelm sowie rechts der Oheim Ferdinand.

der Bürgerschaft unter den Willen der Staatsmacht bedeutend vorangetrieben.

Die gewaltige Jesuitenkirche von St. Michael, der Triumphbau der nachtridentinischen katholischen Reform, blieb, abgesehen von ihrer programmatischen Fassade, in vielen Details unvollendet. Der vorgesehene hohe Turm im Nordbereich kam trotz entsprechender testamentarischer Verfügungen des Kirchenstifters und seiner Nachfolger über den Zustand eines wenig ansehnlichen Ziegeltorsos nicht hinaus, und auch das von Wilhelm V. für sich und seine Gemahlin Renata im Kirchenschiff vorgesehene monumentale Mausoleum erfuhr keine Realisierung. Diese Grablege war eigentlich als künstlerisch überwältigende genealogisch-heraldische Manifestation der reichsweit besonders ‹häresieresistenten› Dynastien Bayern und Lothringen vorgesehen und hätte die schon an der Kirchenfassade angeschnittene Thematik eines bereits familienbedingten religiösen Führungsanspruchs der Münchner Herzöge ausgeweitet und vertieft. Der bevorstehende Staatsbankrott, der Wilhelm im Jahr 1598 zur Abdankung zwang, reduzierte die Ausführung der Planung freilich drastisch. Wilhelms Sohn, Maximilian I., stellte das eitle väterliche Projekt ein und ließ in der Folge den größten Teil der bereits gegossenen Monumentalfiguren an andere Standorte schaffen. In ihrem neuen Zusammenhang legen sie bis heute Zeugnis von der hohen Qualität des damaligen Münchner Erzgusses ab: Die mütterlich milde *Patrona Bavariae* auf der 1638 errichteten Mariensäule, die grimmigen, nicht der Realität, sondern der Heraldik nachempfundenen Löwen vor den Residenztoren, die gewappneten Standartenträger am Kaisergrab in der Frauenkirche und der vornehm in sich gekehrte Weihwasserengel in St. Michael sind als Spolien des Wilhelmsmausoleums noch heute Stadtzierde. Bescheiden wirkt das anstelle des verhinderten Schaugrabes in die Michaelskirche eingebrachte Epitaph Wilhelms: eine schlichte, neben dem riesigen Kruzifix des Giovanni da Bologna in die Wand eingelassene Bronzeplatte, auf der die Bitte um jenseitige Verschonung und Vergebung wie ein Aufschrei formuliert ist: «*Noli me condemnare […]!*»

Die St.-Michaelskirche mit dem angeschlossenen Jesuitenkolleg und die damit wiederum eng verbundene neue Wilhelminische Hofhaltung (heute Maxburg) wuchsen zu einem Gesamtkomplex zusammen, den man aufgrund seiner Ausdehnung und seiner geistlichen Prägung nur mit dem spanischen Escorial vergleichen kann. Die zahlreichen Kirchen- und Klosterbauten des 17. und 18. Jahrhunderts, die sich der jesuitischen Besitzergreifung Münchens anschlossen, setzten dem religiös bestimmten Stadtcharakter weitere Glanzlichter auf. Kapuziner, Basilianer, Paulaner, Karmeliten, Karmelitinnen, Servitinnen, Theatiner, Salesianerinnen, Hieronymitaner, Chorfrauen von Notre-Dame, Elisabethinerinnen sowie Barmherzige Brüder und manch andere kleinere Ordens- und Gebetsgemeinschaften zehrten allesamt von einem konfessionsorientierten solidarischen Bürgersinn. So wurden mittels Meßstipendien, frommen Zuwendungen, Almosen und Vermächtnissen sowie reichen Geld- und Sachspenden an die Bedürftigen sogar der formal außerhalb der Bürgerschaft stehende Adel und die ebenso von städtischen Lasten befreite, zahlreiche Hofdienerschaft in die Pflicht genommen. Einem poetischen Wink Jakob Baldes folgend wurde München im 17. und 18. Jahrhundert in der Reiseliteratur gerne als das «Deutsche Rom» bezeichnet. Wieder brillierte die Stadt auf dem Feld höchster Ansprüche. München verstand sich damals tatsächlich als gradueller Annäherungswert an das Zentrum der katholischen Christenheit.

Die vom Fürsten vereinnahmte Stadt

Der bereits unter Albrecht V. vorbereitete und von Wilhelm V. religiös unterlegte fürstliche Absolutismus prägte schließlich die Situation Münchens nachhaltig um. Der Herzog unterwarf sich seit der zweiten Hälfte des 16. Jahrhunderts die Stadt durch die Strenge, mit der er ihr seinen Willen zur religiösen und politischen Geschlossenheit aufzwang. Er vollendete diesen Unterwerfungsprozeß durch den schrankenlosen Einsatz aller nur greifbaren Finanzmittel und mit der Hilfe eines von Jahr zu Jahr wachsenden Beamtenheeres. Auch die von ihm exklusiv betriebene Kunst- und Wissenschaftsförderung war Teil dieses Systems. Sie war jenseits des Verständnishorizontes der schwer um ihre Existenz ringenden, kleinbürgerlichen Schichten angesiedelt und entfaltete gerade deshalb als Teil fürstlicher Legitimität ihre besondere Faszinationskraft. Jegliche Kreativität in Stadt und Land wurde vom Münchner Hof angezogen, und was Fleiß, Witz und Verstand der Stadtbevölkerung nicht zu leisten vermochten, beschaffte man sich gegen schweres Geld aus den benachbarten Reichsstädten und aus den im Kunst- und Wissenschaftsbetrieb führenden niederländischen und italienischen Provinzen des Reiches.

War die herzogliche Residenz bisher stets ein wichtiger Teil des Stadtorganismus gewesen, so wurde sie nun dessen Mittelpunkt und maßgeblicher Impulsgeber. Sie allein setzte die rechtlichen, religiösen, geistigen und künstlerischen Maßstäbe; fürstliche Repräsentation und Religiosität fielen nach und nach mit der Selbstdefinition Münchens zusammen. Herzog Albrecht V., der sich für einen zweiten Lorenzo de' Medici hielt, investierte mit Eifer in die prächtige Schauseite des Hoflebens. Dabei galt sein Hauptinteresse der Architektur und der Malerei. Stellvertretend für die Vielzahl namhafter Künstler seien hier nur Wilhelm Egkl, Jacobo Strada und Friedrich Sustris, Peter Candid und Christoph Schwarz genannt. Eine ebenso eindrucksvolle Förderung erfuhr die Hofmusik, hier zitiert durch die bedeutenden Komponistennamen Cyprian de Rore und Orlando di Lasso. Der ab 1556 in München tätige Lasso setzte sich und dem Herzog mit den 1559/60 geschaffenen, von Hans Mielich prächtig illustrierten «Bußpsalmen» ein dauerhaftes Denkmal. Die herzogliche Hofmusik wurde unter Lassos Leitung zu einer der besten im Reich. Daneben war Albrecht V. ein Sammler von Antiken, von Medaillen, von geschliffenem Glas und Kristall, von seltenen Handschriften und von Büchern. Er trug seine Schätze in Bibliotheksbauten und eigenen Kunstkammern, wie etwa dem neu errichteten Antiquarium, zusammen und ließ sie durch Fachleute inventarisieren und erschließen. Doch nicht allein auf schöne und kostbare Dinge erstreckte sich das Interesse des Herzogs. Während Albrechts Regierungszeit erfolgte in Bayern auch die erste systematische kartographische Landesaufnahme, die in den «Bayerischen Landtafeln» des Philipp Apian eine einzigartige Wiedergabe des gesamten Herzogtums zuwege brachte und daneben in den Stadtmodellen des Straubinger Drechslermeisters Jakob Sandtner präzis erarbeitete, kunstvolle Darstellungen der

Fürstenloge im Antiquarium der Münchner Residenz. Das als Kunstkammer und Festsaal genutzte Antiquarium zeigt in den Stichkappen und Fensterlaibungen 102 Ansichten bayerischer Städte, Märkte und Burgen. Gäste des Herzogs konnten sich hier einen exakten topographischen Überblick über das Territorium verschaffen.

Hauptstädte Bayerns schuf. Das im Verhältnis 1:750 gefertigte München-Modell Sandtners, das 1570 fertiggestellt war, führt den Betrachter durch die Straßen und über die Plätze der Stadt. Es zeigt neben den öffentlichen Gebäuden auch alle Privathäuser samt Nebengebäuden, Gärten und Höfen. Der Symbol- und Informationswert dieses heute im Bayerischen Nationalmuseum ausgestellten Kunstwerks wurde auch von den Söhnen und Enkeln Albrechts hoch veranschlagt: Mehrere der zwischen 1583 und 1620 ausgeführten dynastischen Prestigebauten wurden unter Entfernung älterer Bestandteile nachträglich in das Modell eingearbeitet.

Gegen Ende des Jahrhunderts rundete der Hofmaler Hans Thonauer den durch diese Karten und Modelle vermittelten maßstabgerecht verkleinerten Überblick des Territoriums ab, indem er im herzoglichen Antiquarium Veduten malte, die Schlösser, Städte und Märkte abbildeten. Dieser kartographische, plastische und maleri-

Detail aus dem Stadtmodell des Drechslermeisters Jakob Sandtner von 1570. Im Vordergrund Sendlinger Tor und Sendlinger Straße, nach links abzweigend die Kreuzstraße mit der Kreuzkirche. Zwischen den beiden Straßen das Areal von «Altheim», der älteste Siedlungskern Münchens.

sche Schatz wurde zum Indikator für die zunehmende politische und wirtschaftliche Vereinnahmung des Landes durch den Herzog, führte er diesem doch jederzeit alle geographischen Zusammenhänge, landschaftlichen Gegebenheiten und siedlungsbedingten Besonderheiten seines Herrschaftsbereiches vor Augen. Das Bayernland war jetzt in der Residenz *in effigie* dauerhaft präsent.

Eine Folge dieser durch Überblick und Vergleich intensivierten fürstlichen Besitzergreifung Bayerns und Münchens war die Aushöhlung der kommunalen Positionen. Der zur Abklärung städtischer Gerichtsrechte geschlossene «Albertinische Rezeß» von 1561 schien auf den ersten Blick die Position des Stadtrats gegenüber dem Stadtherrn zu stärken. Doch tatsächlich wurde durch diesen in der Literatur gerne zitierten Münchner Gerichtskompromiß die schon länger praktizierte Befreiung des herzoglichen Hofgesindes und der «hofschutzbefreiten» Handwerker von der städtischen Gerichts- und Steuerhoheit festgeschrieben. Die Steuerverluste der Stadt durch die von Jahr zu Jahr weiter ausufernde Hofhaltung waren nur ein Teil der negativen Entwicklung: 1587 hob Wilhelm V. die Münchner Salzsenderzunft auf und verwandelte zugleich das seit Ludwig dem Bayern eifersüchtig gehütete städtische Salzhandelsprivileg in ein herzogliches Salzhandelsmonopol. Die der Stadt als Ersatz zugesicherten Zoll- und Stadeleinnahmen hielten den Schaden in Grenzen. Jedoch wurde durch den Widerruf der für das Münchner Selbstbewußtsein so wichtigen exklusiven stadtbürgerlichen Salzhandelskompetenz die Stadtgesellschaft auch psychologisch in den Ausnahmezustand versetzt. Eine leicht hingeworfene Zusage des Herzogs, nach Gutdünken und bei Gelegenheit den alten Zustand wiederherzustellen, wurde vom Rat als letztes Hoffnungsfünkchen begierig zu Protokoll genommen: «Wan der salzhandel nit mehr durch ihre fürstl. Gnaden oder derselbigen nachkhomen gefuret werden sollte, das mans eben in dem stand wie mans an ietzt hinweg nimpt, widerumben burgermeister und rath und sons niemand geben und zustellen welle.» Natürlich blieb diese Notiz eine vergebliche Hoffnung.

Grundlage aller Gewichtsverlagerungen zugunsten des Herzogs und zu Ungunsten der Bürgerschaft war die seit dem Beginn des 16. Jahrhunderts systematisch durchgeführte Anwendung des römischen Rechts. Der Fürst erklärte sich zur einzig wirklich legitimen Gewalt im Territorium; alle anderen historischen Eigengewalten (Adel, Prälaten, Städte) waren ungeachtet des privilegierten steuer-

Münchner Stadtpfeifer und -trommler, gekleidet in die Stadtfarben Schwarz-Gelb. Abbildung aus einer Handschrift über das «Große Schießen», ein Schützenfest im Jahr 1577.

lichen Sonderstatus und der hergebrachten Vertretungsbefugnisse ihrer eigenen Grunduntertanen hinsichtlich der Landesinteressen allein von seiner Gewalt und Entscheidung abhängig. Die Juristen in den herzoglichen Zentralbehörden und Gerichten konnten aus Schwarz Weiß machen, Handschlag und gegebenes Wort hielten ihren Argumentationskünsten nicht stand, und selbst Brief und Siegel der Kaiser, Könige und aller herzoglichen Ahnen konnten durch frisch beschriebenes oder bedrucktes Papier jederzeit außer Kraft gesetzt werden.

Die Wächterfunktion des Stadtherrn nach 1618

Eine 1640 geprägte Gedenkmünze feierte die von Herzog Maximilian I. (1597–1651) nicht nur begonnene, sondern auch vollendete neue Stadtbefestigung Münchens und rezitierte dabei jenen biblischen Vers, der an die Vergeblichkeit aller menschlichen Vorsicht gemahnt, wenn die Unterstützung durch Gottes Wachsamkeit fehlt: «*Nisi Dominus custodierit civitatem [...]*». In dieses im Münzbild über die Stadtsilhouette gesetzte Zitat war leider bereits eine bittere Erfahrung eingeflossen.

Maximilian I. war – anders als sein Vater – ein kühler Rechner, ein Stratege und ein Mann der Tat. Er begriff, daß politischer Erfolg

Vorder- und Rückseite einer Gedenkmünze, die Kurfürst Maximilian I. 1640 anläßlich der Vollendung der Münchner Festungsanlagen prägen ließ. Die Rückseite zitiert einen Psalm, dem zufolge ohne den Schutz Gottes jegliche menschliche Wachsamkeit vergeblich ist.

nicht aus familiären Prätentionen auf Kaiserwürde oder Kirchenschutz ableitbar war, sondern daß allein durchsetzbare, vor allem aber bezahlbare Zielsetzungen das Glück einer Dynastie begründeten. Besonders rasch verinnerlichte Maximilian, daß jegliche Konkurrenz- oder gar Oppositionshaltung zur Weltmacht Habsburg den sehr konkreten Anliegen des Herzogtums nur abträglich sein konnte. Allein eine konsequente bayerische Flankensicherung habsburgischer Reichs- und Europapolitik würde die reale Bedeutung Bayerns in der Zukunft steigern. So stellte sich der Fürst 1609 an die Spitze einer hauptsächlich von bayerischen Finanzmitteln unterhaltenen katholischen «Liga», deren bloße Existenz die Position des Kaisers gegenüber den ein Jahr zuvor in der «Union» zusammengeschlossenen protestantischen Reichsfürsten nachhaltig stärkte. Daß ein Entscheidungskrieg zwischen den Konfessionsparteien unvermeidlich sein würde, wußte jeder; nur Zeitpunkt und Anlaß waren noch offen.

Seit 1608 hatte Herzog Maximilian deshalb Projekte für eine erweiterte und technisch modernisierte Befestigung seiner Hauptstadt geprüft. Bei Ausbruch des Dreißigjährigen Krieges 1618 ließ er sofort mit den Baumaßnahmen beginnen. Das Unternehmen war schwierig, teuer und zeitraubend, denn einerseits mußten Grund und Boden und damit wertvolle kommunale Besteuerungsobjekte

Übergabe der Münchner Stadtschlüssel an den schwedischen König Gustav Adolf am 17. Mai 1632 auf der Gasteighöhe. Kupferstich von Matthäus Merian, 1644.

(z. B. Mühlen) finanziell von der Bürgerschaft abgelöst werden, zum anderen sollten über ein in allen vier bayerischen Rentämtern organisiertes Fuhrwesen Baumaterialien herangeschafft und Zehntausende von Arbeitskräften – teilweise mittels ausgeklügelter Zwangsmaßnahmen – zur Schanzarbeit angehalten werden. Der Geldbedarf für die Münchner Festungswerke war immens; insgesamt soll die neue Anlage zwei Millionen Gulden verschlungen haben. Ein 30 Meter breiter Wallgürtel legte sich vor die Zwingermauer und den Stadtgraben, verfügte über in Zackenform vorspringende Bastionen und Außenwerke, ein durch Wasser geschütztes Vorfeld, einen gedeckten Weg und ein schräg abfallendes Glacis. Die Torausfahrten wurden durch komplizierte Ablenkungen und Verschwenkungen über befestigte Außenwerke gelenkt, so daß die bislang einfache Passage von Frachttransporten empfindlich eingeschränkt war. Da der Stadt- und Landesherr alle neuen Festungsanlagen als Eigenbesitz beanspruchte und dementsprechend keine bürgerschaftliche Mitsprache akzeptierte, sah sich die

Bronzeputto vom Sockel der Mariensäule. Das Denkmal war ein 1638 errichtetes Votivgeschenk Kurfürst Maximilians an die Gottesmutter, da München in der Schwedenzeit unzerstört geblieben war. Die insgesamt vier Putti kämpfen gegen die großen Plagen der Zeit, gegen den Hunger (Drache), den Krieg (Löwe), die Pest (Basilisk) und den Unglauben (Schlange).

Bewohnerschaft Münchens nunmehr zum Schaden von Handel und Wandel ungefragt und ohne weitere Hilfestellung von ihrem Umland und dessen Verkehrssystem abgeschnitten. Gleichzeitig verlor sie die Dispositionsfreiheit über den der Stadt direkt vorgelagerten Wirtschaftsraum, der mit seinen Krautäckern und Hopfengärten einen nicht unerheblichen Beitrag zur Ernährung der Stadtbevölkerung geleistet hatte. Man muß sich nicht wundern, daß die Kommune dem ‹Jahrhundertwerk› ihres Fürsten mit Mißtrauen, Ablehnung und verstecktem Widerstand begegnete. Mehrfach rügte Maximilian die hinhaltende, ja störrische Einstellung seiner Münchner, die er gewöhnlich als notorischen «Unfleiß» umschrieb oder schlimmstenfalls als Sabotage der fürstlichen Intentionen wertete. Da die von außen wirkende Einschnürung Münchens mit einer Einschränkung der bürgerschaftlichen Freizügigkeit im Innenbereich korrespondierte, etablierte sich nach und nach auch ein engherziges fürstliches Kontrollsystem, das mittels empfindlicher Geldstrafen allen Zauderern im Rat zusetzte und zugleich allen Kritikern nachhaltig den Mund stopfte. Die während der Kriegsjahre, insbesonders nach den bayerischen Niederlagen seit

1631 verschärfte politische und militärische Situation des Landes beschnitt zusätzlich die Lebensqualität der Bevölkerung und warf dunkle Schatten über die Stadt. Um die als kriegswichtig eingestufte Willfährigkeit der Einwohner gegenüber der Stadt- und Landesherrschaft zu erhöhen, wurden viele Alltäglichkeiten einer scharfen Aufsicht unterworfen. «Geheime Videnten», also amtliche Spitzel, überwachten die Einhaltung von Fasten-, Sitten-, Leichtfertigkeits-, Hexen-, Bettel- und Kleidermandaten. Alle Beamten waren zum täglichen Besuch der Messe verpflichtet, ein Fernbleiben von den wöchentlich stattfindenden Kirchenprozessionen beinhaltete das Risiko einer Gehaltskürzung. Nach der Osterzeit wurden in allen Gassen der Stadt die Beichtzettel eingesammelt, wodurch zumindest die formale Bußfertigkeit der Bürgerschaft der obrigkeitlichen Kontrolle unterworfen war. 1640 fand eine rigorose Überprüfung der kommunalen Selbstverwaltung und ihrer Finanzhoheit statt. Drei der vier amtierenden Bürgermeister wurden dabei wegen angeblicher Nachlässigkeiten mit hohen Geldsummen bestraft.

Der im Zusammenhang mit der neuen Verteidigungsbereitschaft Münchens von Maximilian I. in der Stadt kasernierte *miles perpetuus*, also der gegen Sold kämpfende, dauerhaft etablierte berufsmäßige Soldatenstand, der jetzt das Verteidigungsaufgebot der Zünfte im Bedrohungsfall ersetzte, beließ dem bisher blühenden städtischen Wehrwesen nur noch schmähliche Hilfsdienste und Repräsentationsaufgaben. Die fürstliche Hauptwache mitten auf dem Marktplatz (später ins Eckhaus Kaufingerstraße/Weinstraße versetzt) verkörperte die nunmehr auch nach innen bzw. gegen die Bürgerschaft gewendete, ausschließlich landesherrliche Militärhoheit.

Bereits einige Jahre vor der Vollendung der gigantischen Festungsanlage brach die Kriegsfurie auch über München herein. Am 17. Mai 1632 zog der schwedische König Gustav Adolf, der «Löwe aus dem Norden», in die noch offene Stadt ein, die sich ihm auf Gnade und Ungnade ergeben mußte. Erstaunlicherweise benahmen sich die Schweden in München einigermaßen human; zumindest im Stadtbereich gab es keine Morde, Plünderungen oder Brandstiftungen. Der allzeit höfliche Schwedenkönig begab sich auf Besichtigungstour, diskutierte zu St. Michael mit den Jesuiten in fließendem Latein, besichtigte die von Maximilian erheblich erweiterte

Votivbild der Münchner Schwedengeiseln in St. Maria in Ramersdorf, Gemälde von Matthias Kager, 1635.

und prächtig ausgestattete Residenz und tat abschließend jenen berühmten Ausspruch, der die Lage der damals noch wohlhabenden und architektonisch schönen Stadt inmitten eines kargen und ärmlichen Landstrichs so treffend wiedergab: München sei «ein goldener Sattel auf einem mageren Pferde».

Gustav Adolf nahm sein eigenes Kompliment bedauerlicherweise sehr wörtlich. Er verordnete der Stadt eine hohe Brandschatzung, eine Ablöse für Verschonung von Mordbrennerei und Plünderung, die sich auf 300 000 Reichstaler belief. Obwohl alles Geld, sämtliches Gold- und Silbergeschirr in Privathaushalten, Familienschmuck, Kirchengerätschaften und sogar die Notgroschen der Armen zusammengerafft wurden, überstieg diese Summe die finanziellen Möglichkeiten der Bürgerschaft bei weitem. Wie der Hof, so flüchteten auch die besseren Familien beim Herannahen des Feindes, weshalb sich ihre Vermögensverluste natürlich in Grenzen hielten. Da die eingebrachten Gelder die schwedischen Forderungen nicht befriedigten, wurden 42 weltliche und geistliche Geiseln mit nach Augsburg genommen, die dort zwar nicht von den Schweden, dafür aber um so mehr vom Augsburger Pöbel beschimpft und gequält wurden. Erst nach drei Jahren, im Jahr 1635, hatte die Gefangenschaft der Münchner Schwedengeiseln ein Ende. Vier der aus der Heimat Verschleppten waren inzwischen verstorben, ein Franziskaner war zum Luthertum übergetreten und blieb deshalb München fern; alle anderen hatten für den Fall einer glücklichen Heimkehr eine Wallfahrt nach St. Maria zu Ramersdorf gelobt. Nach ihrer Rückkehr lösten sie das Gelübde umgehend ein. Die schöne Votivtafel der Münchner Schwedengeiseln ist in der Ramersdorfer Kirche noch heute zu sehen. Der schwedischen Okkupation Münchens folgte auf dem Fuß die «abscheuliche Sucht der Pestilenz». Die Epidemie von 1634/35 forderte an die 7000 Tote – ein schwerer Aderlaß für eine Stadt von damals 23 000 Einwohnern.

Maximilan I. hatte ungeachtet mancher militärischen Niederlage, der feindlichen Ausplünderung Münchens und der vielen Toten durch Krieg und Pest noch immer genügend Anlaß, dem Himmel zu danken. Stadt und Land waren vor dem materiellen Ruin bewahrt worden; die Dynastie und auch der so eifersüchtig gehütete katholische Glaube Bayerns hatten den schweren Prüfungen durch Feindeshand standgehalten. Bayerns Ansehen hatte sich gemehrt – es war seit 1623 Kurfürstentum –, und mit dem Kriegsgewinn der bisher pfälzischen Oberpfalz war ein reiches und produktives Gebiet an die ludovizianische Linie gefallen. Der Gewinn der Kurwürde durch die Herzogsfamilie bedeutete für die Münchner Stadtbevölkerung eine große Genugtuung. Denn die «Goldene Bulle» Karls IV. hatte 1356 hinsichtlich der Modalitäten der Königswahl den bayerischen Zweig des Hauses Wittelsbach zugunsten der Pfälzer Wittelsbacher schnöde zurückgesetzt, eine Schmach, die von Maximilian I. 1620 in der Schlacht am Weißen Berg vor Prag an ebendiesen Pfälzer Wittelsbachern (insbesondere dem böhmischen «Winterkönig» Friedrich I.) gerächt worden war. Auch die schwedische Okkupation Münchens war der neuen Würde und dem gesteigerten Ansehen Bayerns unschädlich gewesen. 1638 ließ der dankbare Kurfürst daher auf dem Münchner Marktplatz, dem heu-

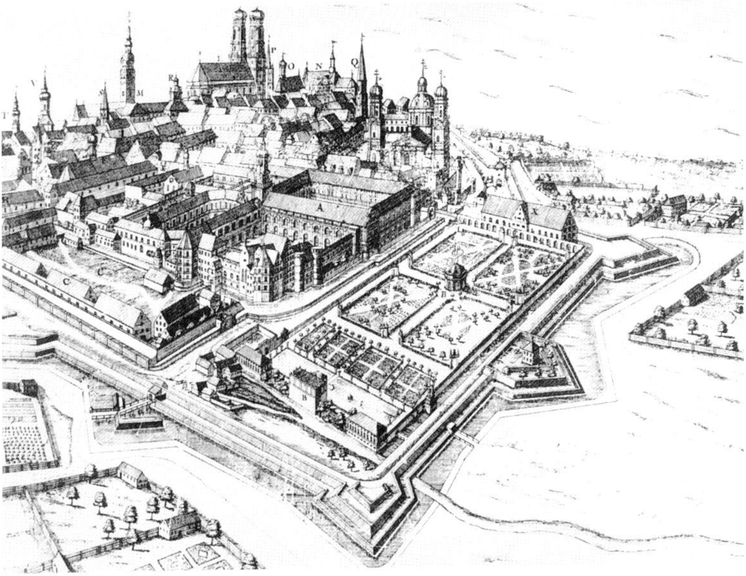

Blick von Nordosten auf die kurfürstliche Residenz und den Hofgarten. Ausschnitt aus einem von Michael Wening 1704 gestochenen Manöverplan. Die gewählte Perspektive läßt die Silhouette der Stadt gegenüber dem Baukomplex der Residenz zurücktreten.

tigen Marienplatz, eine Votivsäule aufstellen, die mit einer Erzplastik der hl. Maria, der Patronin Bayerns, geschmückt war – einer Statue, die der Bildhauer Hubert Gerhard einst für das Mausoleum Wilhelms V. in St. Michael geschaffen hatte. Wenige Jahre später bezogen auch die kampfbereiten vier Putti ihre Position am Fuß der Säule. Stellvertretend für das Haus Wittelsbach und für die Stadt München kämpfen sie gegen Hunger (Drache), Krieg (Löwe), Pest (Basilisk) und Ketzerei (Schlange). Die von Maximilian gestiftete Mariensäule hatte aber nicht nur einen religiösen Aspekt. Das Denkmal, das der Fürst ohne vorherige Anfrage bei der Stadt und ohne Widerspruch des Magistrats auf den ausschließlich der kommunalen Hoheit unterstehenden Hauptplatz gesetzt hatte, war – gleich den Markussäulen der Republik Venedig – zugleich ein Herrschaftszeichen der Dynastie, die sich unter den Schutz der Gottesmutter begeben hatte. Auch die Fahnen des bayerischen Heeres zeigten seit jener Zeit ein Marienbild. München, das «Deut-

sche Rom», war nun sichtbar der Himmelskönigin und dem Fürsten unterworfen. Auf der schon erwähnten Gedenkmünze von 1640 thronte deshalb über der festungsbewehrten Stadtsilhouette im Strahlenkranz die Gottesmutter.

Die nun von außen und innen, insbesondere aber von oben beschützte Stadt hatte tatsächlich das Glück, daß die letzten Heimsuchungen des Großen Krieges an ihr vorübergingen. Der schwedisch-französische Einfall von 1646, der eine Spur der Verwüstung durchs Land zog, mied die inzwischen verteidigungsbereiten Bastionen Münchens.

Der Bürger als Statist – die Zeit des Absolutismus

Die Wunden des Dreißigjährigen Krieges schlossen sich nur langsam. In München hatten Bevölkerungsverluste, finanzielle Einbußen, der Rückgang der Kaufkraft und die dramatische Abnahme des gewerbetreibenden Mittelstandes die bürgerschaftliche Kompetenz minimalisiert. Mit einer Flut von Dekreten griff der Kurfürst in alle bisher dem Zuständigkeitsbereich der Kommune zugeordneten Lebensprozesse ein. Tyrannisch reglementiert und bei Bedarf sogar exemplarisch bestraft, waren Bürgermeister und Stadträte nur noch mechanisch funktionierende Vollzugsgehilfen der fürstlichen Willensbildung. Der Bürger empfand sich als Statist auf höfischer

Schloß Nymphenburg gegen Westen. Gemälde von Joseph Stephan, 1762. Das Schloß war 1664 im Stil italienischer Landhäuser begonnen worden. Der in der Vedute festgehaltene Zustand zeigt die unter Kurfürst Max Emanuel nach 1702 entstandenen Erweiterungsbauten.

Bühne; man applaudierte, illuminierte, paradierte, parierte – und resignierte. Viele der alten Münchner Ratsgeschlechter zogen sich aus dem Stadtregiment zurück, erkauften sich Standeserhöhungen und wechselten in den Hofdienst. Durch den anhaltenden Schwund des Patriziats kam es bald zu einer außerordentlichen Ämterkumulation bei wenigen reichen Ratsfamilien. Schließlich wurde der gewerbetreibende Mittelstand nur mehr durch eine bürgerschaftliche Oligarchie vertreten, die zuerst ihre mit dem Hof abgestimmten Eigeninteressen berücksichtigte. Selbst in elementaren Angelegenheiten der Selbstverwaltung stand nicht mehr das Rathaus im Mittelpunkt der bürgerschaftlichen Aufmerksamkeit, sondern die Residenz. Schon ihr Erscheinungsbild setzte neue Maßstäbe. Maximilian I. hatte das alte Wasserschloß der Neuveste mit einem ausgedehnten Komplex von Flügelbauten umgeben. Aus dem «festen Haus» des Stadtherrn war nach und nach ein Fürstenpalast geworden, dessen Pracht und Zierde zu einem Hauptanliegen auch der folgenden Regenten Bayerns wurde.

Mit dem Regierungsantritt Ferdinand Marias (1651–1679) traten Land und Stadt zunächst in eine dringend benötigte Ruhephase ein. Ferdinand Marias junge und ehrgeizige Gattin, Henriette Adelaide aus Turin, sorgte für eine längst notwendige Verjüngung und

Belebung der Stadtkultur. Italienische Baumeister und Stukkatoren, Komponisten und Musiker, Dramaturgen, Schauspieler und Abbates lockerten die bislang verordnete öffentliche Ernsthaftigkeit und das im spanischen Hofzeremoniell erstarrte Leben der kurfürstlichen Familie auf. Während am Anger bei St. Jakob die Bretterbuden der Stegreifkomödianten und Marionettenspieler auch den kleinen Leuten einen Begriff von der überall in Geltung gesetzten Münchner *italianità* vermittelten, entstand am heutigen Salvatorplatz ein eigenes Hofopernhaus. 1662 wurde aus Anlaß der Geburt eines Thronfolgers, des späteren Kurfürsten Max Emanuel, auf einem Bauplatz direkt gegenüber der Residenz ein Kloster nebst der prachtvollen Barockkirche des hl. Kajetan gestiftet. Diese dem italienischen Theatinerorden übertragene Anlage wurde zum gültigen, bis heute dominierenden Architektursymbol des künstlerischen und geistigen Wandels. St. Kajetan stand nun gegen St. Michael. Der um seine Vormacht bei Hof fürchtende Jesuitenorden eiferte heftig gegen die von der Fürstenfamilie favorisierten Theatiner, mußte aber am Ende dennoch deren Einbruch in die bislang monopolistisch gehandhabte Seelenführung der Hofgesellschaft verkraften.

Etwa gleichzeitig entstand weit draußen vor der Stadt, im Umfeld der alten fürstlichen Schwaige Kemnaten, ein Schlößchen der Kurfürstin, das einer italienischen *villa suburbana* (einem Landhaus) nachgebildet war. Der von Henriette Adelaide selbst gewählte Name *borgo delle nimfe* verband ländliche und urbane Anklänge. Das erst unter Kurfürst Max Emanuel (1679–1726) vollendete kurfürstliche Sommerschloß Nymphenburg zeichnete in seiner halbrund ummauerten großen Parkanlage wohl nicht zufällig die Konturen der Münchner Stadtanlage nach und bot so dem verwinkelten und beengten Stadtkörper einen aufgefächerten, von Baum und Busch geformten und von mannigfaltigen Wasserkünsten bereicherten grünen Gegenentwurf. Seiner Programmatik nach wollte dieser *borgo delle nimfe* eben keine «Burg» im heutigen Sprachverständnis sein, sondern der viel freundlicheren Konnotation des italienischen Wortes entsprechend eine fürstliche Gartenvorstadt, gewidmet der Anmut der jungen Kurfürstin, die sich in allegorischen Darstellungen gerne als Göttin der Jagd und Freundin der Nymphen feiern ließ. Jahrzehnte später, unter Kurfürst Karl Albrecht, dem Enkel des Erbauers, sollte im Bereich des Schloßrondells tatsächlich eine höfische Siedlung unter dem Namen «Karlsstadt» entstehen, doch kam das Projekt nicht über einige elegante Anfangsbauten hinaus. Lange blieb Nymphenburg ein nobles und stilles Refugium weit draußen vor der geschäftigen Stadt. Die Umwandlung des zunächst im französischen Stil angelegten exklusiven Parks in einen vom englischen Geschmack geprägten und jedermann zugänglichen Landschaftsgarten machte Nymphenburg ab Mitte des 19. Jahrhunderts schließlich zu einem der wichtigsten öffentlichen Münchner Erholungsplätze.

Während Ferdinand Maria als echter Friedensfürst allen Einflüsterungen Frankreichs bezüglich einer Kaiserkandidatur gegen das Haus Habsburg widerstanden hatte, war sein Sohn Max Emanuel dem großen weltpolitischen Würfelspiel um das Glück und Unglück der Untertanen zugetan. Als junger Heißsporn hatte er geholfen, 1683 Wien aus der türkischen Umklammerung zu befreien und dem Haus Habsburg große Teile des Balkans zurückzuerobern. Der Dank Habsburgs war die Hand einer Kaisertochter, die von der Mutterseite her spanische Erbansprüche geltend machte. Der bayerische Kurfürst, der alle politische Hoffnung auf den – bereits zum Erben der spanischen Universalmonarchie auserkorenen – bayerischen Kurprinzen Joseph Ferdinand gesetzt hatte, ließ sich nach dessen plötzlichem und wohl unnatürlichem Tod 1699 als Hauptakteur in den international ausgetragenen Streit um die spanische Erbfolge einbeziehen. Dabei verspielte er gegen den ebenfalls interessierten Kaiser Leopold, seinen Schwiegervater, das Land, seine Haupt- und Residenzstadt, sein Vermögen und auch seine Reputation. Habsburg, das mehrfach von Bayern gerettet worden war, wurde nun zum erbitterten Feind. Schwer legte sich nach der Niederlage Max Emanuels bei Höchstädt 1704 die Hand des Siegers auf München. Während der aller Würden und Ehren beraubte Kurfürst sein Dasein im Exil und aus der Hand Ludwigs XIV. fristete, übernahm in München eine kaiserliche Landesadministration das Regiment. Sie veröffentlichte die amtlichen Verlautbarungen unter dem Namen des neuen kaiserlichen Landesherrn und machte München damit zu einer beliebigen Stadt der habsburgischen Monar-

Kurfürst Karl Albrecht als Kaiser Karl VII. Gemälde von Hermann Elbel, um 1745.

chie. Diese schnelle Rangerhöhung zur ‹kaiserlichen Stadt München› hatte sich so niemand vorstellen können.

Ein fehlgeschlagener Befreiungsversuch Münchens durch die «Landesdefension», der am Heiligen Abend 1705 bei der Untersendlinger Margaretenkirche in einem unbeschreiblichen Gemetzel unter der oberländischen Bauernschaft endete, bedeutete für die bayerische Hauptstadt auch einen psychologischen Tiefpunkt, der mehr schmerzte und sich nachhaltiger ins kollektive Gedächtnis eingrub als die schwedische Okkupation im Dreißigjährigen Krieg.

Als 1715 endlich Frieden geschlossen wurde, ließ sich der aus dem Pariser Exil zurückgekehrte und in seinem Selbstwertgefühl ungekränkte Max Emanuel von Künstlern und Poeten weiter als Türkensieger und militärisches Genie feiern und setzte bis zu seinem Lebensende 1726 die gewohnte Verschwendungssucht fort. Sieht man von der anläßlich seiner Geburt erbauten prachtvollen Theatiner-

Ein Höhepunkt in der Abfolge der Residenz-Appartements sind die von François Cuvilliés im Rokokostil gestalteten «Reichen Zimmer». Ihre filigrane Vielfalt wurde durch zahlreiche Spiegel noch gesteigert.

kirche und dem Ausbau der Sommerresidenz Nymphenburg einmal ab, so hat er für die Stadt München selbst nichts geleistet. Erwähnenswert bleibt lediglich die im Jahre 1724 noch unter seinem Namen vollzogene Neufestlegung des städtischen Burgfriedens als des Zuständigkeitsbezirks des kommunalen Münchner Stadtgerichts gegenüber den benachbarten Landgerichtsbezirken Wolfratshausen und Dachau. Dabei war damals auf Anregung der Hofjagdintendanz die wildreiche Hirschau in der Isarniederung aus dem städtischen Burgfrieden ausgegliedert worden. Als Entschädigung wurde dem Münchner Stadtgericht ein gleich großes Areal im Süden der Stadt zugemessen und dem Magistrat gleichzeitig die Administration des Lehels (als eines bislang fürstlichen Vorbehaltbereichs innerhalb des Burgfriedens) übertragen. Auch dies war freilich kein wirkliches stadtherrliches Entgegenkommen: Wegen der vielen dort lebenden Wäscher, Tagelöhner und Bettler galt das

Lehel längst als ein vorstädtisches Notstandsgebiet, das der Hofverwaltung inzwischen einfach zu kostspielig geworden war.

Karl Albrecht (1726–1745), der Sohn und Nachfolger Max Emanuels, setzte den Schlendrian seines Vaters fort. Fürstliche Repräsentationssucht, hemmungslose Schuldenmacherei und das ständige Bemühen um eine Rangerhöhung des Hauses Wittelsbach war oberstes Regierungsprinzip. Auch unter diesem Herrscher konnte München keine Verbesserung seiner kommunalen Situation erwarten, doch ungeachtet der bürgerschaftlichen Notlage erstrahlte die Stadt im Glanz der Künste. Die nach einem Brand 1674 stark zerstörte Münchner Residenz erlebte gerade unter Karl Albrecht eine im Effekt gesteigerte, ja künstlerisch raffiniert auf die Spitze getriebene Erneuerung. Die Architekten und Dekorationskünstler Joseph Effner, François Cuvilliés und Joseph Gunetzrhainer verzauberten die Trakte, Säle und Kabinette der weitläufigen Fürstenlogis mit der elegantesten und erlesensten Spielart des europäischen Rokoko. Auch wenn ein erneuter Residenzbrand 1750 vieles davon zunichte machte, war damit dem künstlerischen Schaffen kein Ende gesetzt. 1751/1753 entstand das Münchner Residenztheater, das sogenannte Cuvilliés-Theater, ein Rokokojuwel, das bis heute in ganz Europa seinesgleichen sucht.

Die große künstlerische Attitüde kam nicht von ungefähr – der bayerische Kurfürst demonstrierte der Welt nochmals den auf europäische Größenordnungen zugeschnittenen Führungsanspruch seiner Dynastie. Der alte, seit Ludwig dem Bayern so sorgfältig gehütete und bewahrte Kaisertraum war nämlich unversehens Realität geworden. 1740 lief Karl Albrecht in die Falle der französischen Politik; er ließ sich nach dem Aussterben des österreichischen Zweiges des Hauses Habsburg im Mannesstamm 1742 in Frankfurt unter dem Namen Karl VII. zum Kaiser des römisch-deutschen Reiches wählen. Seine Rechtsansprüche gründeten auf der Abstammung von einer im 16. Jahrhundert mit Albrecht V. vermählten Habsburgerin. Das Kaisertum Karls VII. geriet rasch – wie vorhersehbar – zum militärischen und politischen Fiasko. Wie 1704/05 zogen erneut marodierende feindliche Truppen in die Stadt ein, wobei die grausamen Panduren und Kroaten der österreichischen Erzherzogin und ungarischen Königin Maria Theresia die Bevölkerung erbärmlich malträtierten. 1745 konnte der Kaiser nochmals aus dem Frankfurter Exil in seine bayerische Hauptstadt zurückkehren, doch schon nahm ihm der Tod das Szepter, das er so unglücklich geführt hatte, aus der Hand.

Bewertet man die Entwicklung Münchens unter Max Emanuel und Karl Albrecht in der Gesamtheit, so ist eigentlich nur der merkantilistische Ansatz bemerkenswert. Damals kam in München das Manufakturwesen in Aufschwung, wobei Seiden- und Teppicherzeugung, Spiegel- und Golddrahtherstellung sowie Tuch- und Juchtenlederfabrikation im Vordergrund standen. Doch schon nach kurzer Blüte gingen alle diese auf Kredit und falsche Marktprognosen gegründeten Unternehmen wieder schmählich ein. Allein die 1747 in der Au gegründete und 1761 nach Nymphenburg versetzte Porzellanmanufaktur hatte dauernden Erfolg und floriert bis auf den heutigen Tag. Für den Stadtmagistrat hatten diese Manufakturen die unerwünschte Nebenwirkung, daß die Anzahl der Stadtbevölkerung durch den Zuzug von Fach- und Hilfskräften zwar gemehrt, das Steueraufkommen der Stadt dadurch aber nicht erhöht wurde. Grund dafür war, daß die Arbeiter teils als «hofschutzbefreite» Handwerker galten, teils als Tagelöhner im Lehel oder in der jenseits der Isar und damit außerhalb des Burgfriedens gelegenen Au eine Unterkunft fanden. Dort verfügten sie in seltsam verschachtelten, winzigen Herbergsanwesen zwar über Wohneigentum, lebten jedoch täglich von der Hand in den Mund und vermehrten im Alter das Bettelvolk, das sich hordenweise in der Stadt umhertrieb. Die sozialen Konsequenzen dieser Entwicklung waren entsprechend: Die vom Hof aus wirtschaftlichem Eigeninteresse geförderte Zunahme der um billiges Geld dienenden und produzierenden Randgruppen überforderte das allein aus spätmittelalterlichen stadtbürgerlichen Stiftungen abgeleitete Sozialsystem der Stadt und erzeugte gravierende Spannungen zwischen den angesessenen und steuerveranlagten Gewerbetreibenden und den ohne Anbindung an die Zünfte arbeitenden, aber damit auch sozial ungesicherten «Pfuschern». Der Zustrom ‹unzünftiger› Handwerker und Handlanger korrespondierte zeitgleich mit einem permanenten Anwachsen der fürstlichen Zentralbehörden, einer daraus resultierenden überproportionalen Vergrößerung des Beamtenstandes sowie dem Einsickern aller nur

Peter Jakob Horemans, Ansicht Münchens gegen Osten, 1749. Im Vordergrund das nordwestlich des Sendlinger Tors gelegene La-Rosée-Schlößchen. Kleine Gartenanlagen von Adel und Patriziat vor den Stadtbefestigungen waren für das 18. Jahrhundert typisch.

denkbaren Abenteurer, Projektemacher und Scharlatane im Dienste eines nur an schneller Geldvermehrung und amtlicher Beutelschneiderei interessierten Hofes.

Der hohe bayerische Landadel, der bis ins 17. Jahrhundert mehrheitlich selbstbewußt auf seinen Schlössern und Hofmarken saß, mußte unter dem Zwang absolutistischer Fürstenvergötzung nun selbst den Hofdienst suchen und ließ sich – möglichst in Residenznähe – prächtige Stadtpalais errichten, deren Architekturzauber an der Fassadenabwicklung der Ostseite der heutigen Kardinal-Faulhaber-Straße noch nachzuvollziehen ist. Neue Adelsfamilien aus Italien oder Savoyen, z. B. die Maffei, Arco, Aretin, Porcia und Pocci, faßten in Bayern und in München Fuß und wetteiferten in Aufwand und Prunk mit dem landsässigen Lehenadel, z. B. den Preysing, Törring, Tattenbach, Sandizell und Seinsheim. Das Münchner Kreuzviertel (der Bereich zwischen der Kaufinger-, Neuhauser und der Wein- bzw. Theatinerstraße) war hinsichtlich seines Baubestandes zu Beginn des 18. Jahrhunderts fest in nichtbürgerlicher, mehrheitlich in adeliger Hand.

Mit der Zeit kam es innerhalb der gesamten Münchner Bürgerstadt zu ernsthaften Wohnproblemen. Die bisher relativ bescheiden ausgebauten Bürgerhäuser mußten auf Kosten der Hausgärten, Schuppen, Scheuern und verwinkelten Innenhöfe erweitert werden; sie wuchsen um mehrere Stockwerke nach oben und veränderten dadurch das einst ausgeglichene spätmittelalterliche Stadtbild, wie es noch das Sandtnersche Stadtmodell von 1570 zeigt, empfindlich. Die mit Haus und Handlung versehene Bürgerschaft hatte nur den Vorteil, daß durch die ständige Bevölkerungsvermehrung der Konsum anstieg und Preise und Mieten nach oben kletterten. Derartige positive Konsequenzen einer negativen Entwicklung wollte man sich seitens der Stadtrepräsentanten freilich keineswegs eingestehen. Hauptaugenmerk war stets die leidige Konkurrenz, die durch Stadtfremde verursachte Schmälerung der «Mannsnahrung», die von den Zunftmitgliedern als Erbrecht betrachtet wurde. Seit dem späten 16. Jahrhundert hatte man im Umgang mit Hof- und Landesbehörden einen regelrechten Abwehrreflex entwickelt, der lautstarken Protest und eine kleinliche Verweigerungshaltung miteinander verknüpfte und durch den obligatorischen Rückzug auf den Buchstaben des verkrusteten kom-

Peter Jakob Horemans, Damen der gehobenen Gesellschaft beim Tee, 1772.

munalen Privilegienrechts keinen gerechten Ausgleich unter den Einwohnerschichten, sondern allein maximale Schadensbegrenzung für den eigenen Stand anstrebte. Sowenig der Stadtherr Rücksicht auf seine Bürger nahm, so wenig bemühten sich Magistrat und Gemeinde um positive Impulse zur Überwindung der zerrütteten Beziehung zwischen Bürgerschaft und Fürst. Mehr als die Festung München schadete am Ende die Festungsmentalität der Münchner dem bürgerlichen Wohlstand. Die dumpfe kommunale Ablehnungsfront, die sich aus nachvollziehbaren Gründen während des absolutistischen Fürstenregimes entwickelt hatte, wurde seit der zweiten Hälfte des 18. Jahrhunderts zum größten internen Dauerproblem der Stadt. Wohlgemeinte Verbesserungsvorschläge des inzwischen der allgemeinen ‹Volksbeglückung› verpflichteten aufgeklärten Staatsapparats wurden prinzipiell mißtrauisch zur Kenntnis genommen und umgehend mürrisch zurückgewiesen. Dies wiederum hatte als unausweichliche Reaktion die Androhung von Strafen und notfalls den Einsatz von Zwangsmaßnahmen zur Folge. Auch Wohltat wurde so zur Plage.

1745–1799: Aufklärung und mißverstandene Reformen

Ein Glücksfall für Bayern war der Regierungsantritt Max III. Josephs im Jahr 1745. Der neue Kurfürst brach umgehend mit der desaströsen Großmachtpolitik seines Vaters und Großvaters sowie mit allen vom absolutistischen Frankreich entlehnten Regierungskonzepten. Den Aufwand für Hof und Heer schränkte er angesichts eines Schuldenstandes von 32 Millionen Gulden drastisch ein. Die Justizpflege wurde durch die höchst fortschrittliche Zivilrechtskodifikation des späteren Staatskanzlers Wiguläus von Kreittmayr entscheidend modernisiert, wie auch die in Süddeutschland rückständige naturwissenschaftliche und historische Forschung durch die Gründung einer «Kurbayerischen Akademie der Wissenschaften» in München 1759 eine entschiedene Förderung erfuhr. Den Stadtbürgern brachten die staatlichen Reformansätze unter Max III. Joseph noch keine nennenswerte Erleichterung, obschon zwischen 1767 und 1769 Revisionen der auf das Jahr 1403 zurückgehenden komplizierten Ratswahlordnung und der nicht minder schwer nachvollziehbaren Gewerbeverfassung versucht wurden. Sympathien der aufgeklärten Oberschichten erwarb sich der Kurfürst, als er nach der durch päpstliche Anordnung 1773 notwendig gewordenen Aufhebung des Jesuitenordens dessen reichen Güterbesitz in Bayern nicht für Hofbedürfnisse, sondern für Schulzwecke einzusetzen begann – eine zukunftsweisende Maßnahme, die durch seinen Nachfolger freilich schon wieder rückgängig gemacht wurde. Die Beliebtheit des Kurfürsten bei der Münchner Bevölkerung resultierte weniger aus greifbaren Erfolgen bei der Bewältigung der Wirtschafts- und Sozialproblematik als vielmehr aus seinem unbedingten Friedenswillen, seinem bescheidenen Auftreten und seinem Bruch mit der für das Land so verderblichen, ‹gloriosen› Vergangenheit der Ahnen. Da Max III. Josephs Ehe kinderlos geblieben war, bangte ganz Bayern seit den sechziger Jahren des 18. Jahrhunderts um die Zukunft des Landes. Gemäß den wittelsbachischen Hausverträgen sollte der jeweilige Pfälzer Kurfürst als Familienoberhaupt der 1329 von der Linie Ludwigs des Bayern abgespaltenen Rudolfinischen Linie (benannt nach Rudolf, dem älteren Bruder von Kaiser Ludwig) die Nachfolge antreten. Der Pockentod des letzten altbayerischen Herrschers Ende 1777 ließ die lange gefürchtete dynastische Katastrophe plötzlich Wirklichkeit werden. Als dem sterbenden Kurfürsten das Bildnis der «Herzogsspital-Muttergottes» ans Sterbebett gebracht wurde, zerfloß ganz München in Schmerz und Trauer.

Georg Michael Weissenhahn, Kurfürst Karl Theodor, 1790.

Sein Nachfolger, Kurfürst Karl Theodor, entstammte der bereits im 17. Jahrhundert zum Katholizismus zurückgekehrten pfälzischen

Die Flößerwirtschaft «Zum Grünen Baum» war ein Versammlungsort aller Stände. Gemälde von Joseph Stephan, vor 1767. Das volkstümliche Gasthaus befand sich bis 1886 zwischen der Ludwigs- und der Maximiliansbrücke.

Linie Neuburg-Sulzbach. Da ihn der Erbvertrag verpflichtete, beim Regierungsantritt in Bayern seine Residenz von Mannheim in die bayerische Hauptstadt zu verlegen, übersiedelte er 1778 mit größtem inneren Widerstreben nach München. Die dem landfremden Herrscher gegenüber zunächst abwartende Haltung der Münchner Bevölkerung schlug schnell in Mißtrauen und Ablehnung um, als man erfahren mußte, daß dieser bereits mit Österreich Kontakt aufgenommen hatte und ernsthaft über eine Besitzaufgabe Bayerns verhandelte. Die schon bei seinem Regierungsantritt gezeigte Bereitschaft, das bayerische Erbe an Kaiser Joseph II. und dessen Mutter Maria Theresia abzutreten, wurde für Karl Theodor zu einer untilgbaren moralischen Hypothek. Alle noch so philantropischen Reformvorhaben seiner Regierungszeit scheiterten an eben dieser vergifteten Ausgangslage. Dabei bemühten sich der Kurfürst und seine aus der Pfalz nach

München übergesiedelte Administration nach besten Kräften, die von den norddeutschen Aufklärern heftig monierte wirtschaftspolitische und soziale Rückständigkeit Altbayerns zu überwinden.

Da der Münchner Wohnraummangel nicht zuletzt durch den von der Pfalz nach München versetzten Mannheimer Hofstaat und zahlreiche in die bayerischen Zentralbehörden versetzte Beamte immer dramatischere Ausmaße annahm, lobte Karl Theodor 1782 einen Wettbewerb zur Anlage einer zeitgemäßen Münchner Vor- oder Neustadt aus. Eine einzige Einsendung signalisierte ihm, wie heftig man in München auf eine staatlich gelenkte moderne Stadtplanung wartete. Das Desinteresse an einer notwendigen Ausdehnung des Stadtraums korrespondierte mit einer nicht minder lebhaften Abneigung gegenüber reformorientierten Veränderungen beim Handel und beim Handwerk. Die Vorstellung der Regierung, daß andauernde wirtschaftliche Erfolge nicht mittels Privilegierung und Subvention, sondern allein durch Freizügigkeit und Wettbewerb zu erreichen seien, unterschied sich himmelweit von den Vorstellungen des Magistrats.

Zu einem folgenschweren Konflikt zwischen Stadt und Stadtherrschaft kam es im Herbst 1788. Kornmangel auf dem Schrannenmarkt (dem heutigen Marienplatz) und eine von der Regierung kategorisch abgelehnte Ausfuhrsperre für bayerisches Getreide waren der Auslöser. Die Menge zog johlend vor die Residenztore und machte Anstalten, sie aufzusprengen. Der Kurfürst wich der Gewalt und verfügte umgehend die vom Volk geforderte Getreidesperre. Hinter der offen gezeigten bürgerschaftlichen Unzufriedenheit steckte natürlich auch der immer wieder neu aufflammende Unmut über den ‹Landesverrat› des Herrschers sowie eine allgemeine Aufregung über die harten Polizei- und Justizmaßnahmen gegen den in München und Ingolstadt ans Licht getretenen Geheimbund der Illuminaten. Dieser akademische Geheimbund war auf die Prinzipien der Freimaurerei ausgerichtet und zählte gerade unter der Münchner Intelligenz viele Anhänger. Da die Illuminaten auch politische Kontakte zum Ausland unterhielten und in der Abtretungsfrage Bayerns mit den Gegnern Karl Theodors konspirierten, hatte sich der Kurfürst zu einer umfassenden Unterdrückung des Bundes überreden lassen.

Der Erfolg bei der Durchführung der Getreidesperre 1788 ermutigte den Stadtmagistrat zu einer schriftlichen Eingabe an den Stadtherrn, in der man sich keine Zurückhaltung mehr auferlegen wollte und die seiner Meinung nach in München übliche despotische Behandlung durch die kurfürstlichen Behörden kritisierte. Karl Theodor, der – entgegen der von der bayerischen Landesgeschichtsschreibung lange vertretenen negativen Einschätzung – tatsächlich ein menschenfreundlicher und wohlwollender Regent Bayerns war, zeigte sich über diese völlige Verkennung seiner humanen Herrscherziele tief verstimmt und beschloß eine exemplarische Bestrafung der Münchner. Gegen die Bestimmungen des Erbvertrags verlegte er sein Hoflager wieder nach Mannheim. Der unvermutete und plötzliche Abzug des ungeliebten Kurfürsten schmerzte die Münchner Bevölkerung weniger als der Abschied von den am Konsum und Umsatz in der Stadt überproportional beteiligten Hofbediensteten. Er bedeutete für die Gewerbetreibenden einen nicht hinnehmbaren Einnahmeneinbruch. So kam es ein halbes Jahr später aus Geschäftsinteresse zur notwendigen, wiewohl nur vordergründigen Versöhnung der Bürgerschaft mit Karl Theodor und in der Folge zur Rückkehr des Kurfürsten nach München.

Karl Theodors Regierungsjahre nach 1789 waren noch stärker als das vorausgehende Jahrzehnt von Reformansätzen geprägt. Im Mittelpunkt standen jetzt eine pfalzbayerische Militärreform und eine darauf gegründete «Landesmelioration» durch den Soldatenstand. Das von dem Amerikaner Benjamin Thompson, dem späteren Reichsgrafen Rumford, reorganisierte Heer sah seine große Zukunftsaufgabe in der durchgreifenden Veränderung der teilweise noch mittelalterlichen bäuerlichen Lebensverhältnisse. Nicht durch Zwang, sondern durch Vorbild und Erziehung wollte man die Menschen für neue Anbau- und Erwerbsmethoden gewinnen. Karl Theodor förderte die Trockenlegung der großen Moore (z. B. des Donaumooses und des Dachauer Mooses), die Verbesserung der Pferde- und Rinderzucht und auch den Anbau der in Bayern noch so gut wie unbekannten Kartoffel. «Militärgärten» in den Hauptstädten dienten als Musterbetriebe der Landeskultur, wobei unter allen der Münchner Militärgarten in der unwirtlichen Isarniederung des Hirschangers und der Hirschau vor dem Schwabinger Tor den größten und zugleich bleibendsten Erfolg erzielte. Freilich stieß die im Juni 1789 angeordnete Anlage des Nutzgartens in völliger Verkennung der positiven Absichten des Initiators bei der Bevölkerung mehrheitlich auf Unverständnis und beim Magistrat auf Ablehnung. Auch die von Karl Theodor verfügte Ergänzung des Militärgartens durch einen ausdrücklich dem Stadtpublikum gewidmeten, öffentlich zugänglichen Erholungspark änderte daran wenig. Selbst als der Schwetzinger Hofgärtner, Friedrich Ludwig von Sckell, diesen zunächst «Theodors Park» genannten neuen Erholungsbereich unter Einbeziehung des Militärgartens als einzigartiges gärtnerisches Kunstwerk gestaltet hatte (heute Englischer Garten), blieben die Münchner bei ihrer Verweigerungshaltung. Immer wieder kam es zu absichtlichen Beschädigungen und Zerstörungen der neu gepflanzten Bäumchen. Auch das in Mode gekommene Spazierengehen galt lange bei der Münchner Bevölkerung als eine unziemliche, nur auf Vermehrung des öffentlichen Müßiggangs angelegte Neuerung der ungeliebten Pfälzer.

Die im Juli 1789 beginnende Französische Revolution blieb nicht ohne Auswirkungen auf das politische Klima in München. Auch bei den Münchnern regte sich zunehmend Oppositionsgeist. Benjamin Thompson hatte deshalb die etwas ausgefallene Idee, ausgerechnet am ersten Jahrestag des Pariser Bastillesturms (14. Juli 1790) die Münchner zu einer Dankadresse an den angeblich doch stets so väterlich handelnden Kurfürsten zu animieren. Damit kam er aber schlecht an. Man verweigerte Thompson jede Gefolgschaft, desavouierte eine von ihm in Umlauf gegebene schmeichlerische Broschüre mit einer Aufzählung der kurfürstlichen Wohltaten und brüskierte damit Karl Theodor. Dieser wiederum nahm diesen Eklat zum Anlaß, eine Generalabrechnung mit dem halsstarrigen Magistrat seiner Residenzstadt anzuordnen. Alle Ratsmitglieder mußten vor einer Untersuchungskommission erscheinen, eine turnusmäßig durchgeführte Ratswahl war rasch verworfen, und anstelle des für abgesetzt erklärten Stadtrats wurde vorübergehend eine kurfürstliche Administration zur Regelung der kommunalen Verhältnisse eingesetzt. Um die rebellische Stadtspitze vollends zu erniedrigen, mußten die mehrheitlich des Majestätsverbrechens angeklagten Stadträte in der Herzog-Max-Burg vor einem Gemäl-

Gustav Wilhelm Kraus, Spaziergang beim Apollo-Tempel im Englischen Garten. Aquarell, 1820. Die zunächst «Theodors Park» genannte öffentliche Gartenanlage wurde von der Münchner Bevölkerung nur zögerlich angenommen. Die neue Mode des Promenierens war den Münchnern Ende des 18. Jahrhunderts eher suspekt.

de Karl Theodors und einem leeren Thronsessel wie gewöhnliche Delinquenten nacheinander kniefällig Abbitte leisten. Diese im Mai 1791 vollzogene Mißhandlung der Münchner Stadtspitze übertraf alle vom fürstlichen Absolutismus bisher in Szene gesetzten Demütigungen der Münchner Bürgerschaft. Tragisch daran war, daß dieser Unterdrückungsexzeß eigentlich nur die harsche Antwort auf die nicht erwiderte Zuneigung des Fürsten und auf eine demonstrativ abgelehnte öffentliche Danksagung war.

Die unvermutete Suspendierung und Kriminalisierung der hauptstädtischen Autoritäten lähmte natürlich das sich unter dem Einfluß der französischen Ereignisse neu entwickelnde landständische Selbstbewußtsein. Dennoch ließen die Nachrichten aus Paris die Regierung bald wieder zittern. Die kurfürstliche Regierung spielte in der Folge die in der Stadt zugelassenen 72 Zünfte geschickt gegen die bürgerschaftliche Oberschicht aus, überlieferte ihnen einmal sogar die gesamte Ratsorganisation, um sie kurz darauf als «angemaßte Volksrepräsentanten» wieder in der Versenkung verschwinden zu lassen. Maßstab des landesherrlichen Entgegenkommens oder Einschreitens waren stets Fortschritte oder Rückschritte der Revolutionäre in der französischen Hauptstadt bzw. die Erfolge oder Mißerfolge des republikanischen Heeres in den Koalitionskriegen.

Immer wieder kam es in München zu öffentlichen Unruhen. 1796 mußte Graf Rumford im Auftrag des Hofs deshalb eine eigene Polizei-Oberdirektion organisieren, die im Bedarfsfall die städtischen Polizeikräfte anleiten und sie sogar für staatliche Einsätze rekrutieren durfte. Überhaupt erwies sich Rumford in den schwierigen Jahren nach 1789 als umsichtiger und kluger Organisator. Auf seinem Namen gründete eine städtische Wohltätigkeitseinrichtung, der zufolge man alle Bettler und Hausarmen registrierte und sie entweder einer zumutbaren Tätigkeit oder dem öffentlichen Almosen zuwies. Letzteres durfte aber nicht selbst verabreicht werden, sondern mußte mittels einer Listensammlung bei den Haushalten erhoben werden. Da man auch die vielen Versorgungsfälle in der außerhalb des Burgfriedens liegenden Au diesem Wohltätigkeitsinstitut aufbürdete, herrschte natürlich wieder allgemeiner Unmut über den Kurfürsten und seine Berater. Eine einfache, aber kräftige Suppe aus Erbsen und Kartoffeln, die sogenannte Rumfordsuppe, wurde allen Bedürftigen als Volksspeisung gereicht. Die Münchner Suppenanstalten nach den Empfehlungen Rumfords entwickelten sich zu einer festen und dauerhaften Einrichtung, die noch im 19. Jahrhundert einen festen Platz im Sozialsystem der Stadt behauptete.

Als sich 1796 die durch das neutrale Bayern gegen die Österreicher ziehende französische Rheinarmee München näherte und der Kurfürst das Weite suchte, übernahm Graf Rumford die Verhandlungen mit den kriegführenden Mächten. Er erreichte die Einhaltung der Neutralität für die Hauptstadt und lenkte die feindlichen Armeen um die in mehreren Segmenten eilig abgetragene Außenlinie der Bastionen. Eine Entscheidung Karl Theodors vom Juni 1796, daß München fortan keine Festung mehr sein könne, hatte diesen längst überfälligen Bruch mit der fortifikatorischen Vergangenheit der Stadt möglich gemacht. Die Festung München hatte weder im Spanischen noch im Österreichischen Erbfolgekrieg standgehalten, weshalb die Bürgerschaft das Gelände schon längst mit Gärten und Sommerhäuschen überzogen hatte. Jetzt aber war die Öffnung des Münchner Stadtraums Wirklichkeit geworden, und es entstanden, wie im sogenannten Schönfeld nahe dem Englischen Garten, auch auf dem freigeräumten Platz der einstigen «Karls-Tor-Bastion» moderne Wohnhäuser (das heutige Karlstor-Rondell), die deutlich machten, daß für München eine neue Zeit begonnen hatte. Es muß nicht erwähnt werden, daß alle diese Maßnahmen – selbst die angeordnete Begradigung der so kompliziert über die Festungswälle und Torbastionen geführten Zufahrten zur Stadt – nur das Murren der Bevölkerung und den Protest der Gemeindevertretung zur Folge hatten. Den Münchnern war nicht zu helfen. Der anfangs durchaus wohlmeinende, aber durch die der Fürstenmacht bedrohlichen Zeitläufe seit 1789 vorsichtig und streng gewordene Karl Theodor mußte in der Schmähkritik der Stadtbewohner für alle Sünden des fürstlichen Absolutismus büßen. Als er am 16. Februar 1799 verschied, war von Trauer keine Spur, ja ein schlimmer Alptraum schien von München zu weichen. Lorenz Westenrieder notierte in sein Tagebuch: «Man läutete bey den Theatinern und die ganze Stadt fing endlich an frey zu athmen […] Man hatte heute nur eine Gesinnung und man zerstieß sich taumelnd die Gläser in den Händen, um selbe recht zu bekräftigen. Den Mannheimern, die man überlaut hohnneckte, war anders zu Muth. Die meisten verdientens nicht besser, und sie haben uns seit 1779 arg genug mitgespielt.»

1802: Das Ende der exklusiven Katholizität und die Klostersäkularisation

Der Jubel beim Einzug des Pfalzgrafen Max Joseph aus der Pfälzer Nebenlinie Zweibrücken-Birkenfeld war groß. Denn der Erbe des pfalzbayerischen Kurstaates kam aus jenem Zweig der Dynastie, der zuletzt den territorialen Tauschabsichten Karl Theodors mannhaft widerstanden und dagegen sogar ein nationales und internationales Bündnis zustandegebracht hatte. Ein Jahr später war der Jubel der Münchner verflogen. Wieder war es zum Waffengang gegen das revolutionäre Frankreich gekommen, und der neue Kurfürst, der heimlich englische Subsidien angenommen hatte und trotz offizieller bayerischer Neutralität Österreich mit bayerischen Truppenkontingenten versorgte, hatte sich wie sein Amtsvorgänger beim Herannahen des Feindes als ‹Hasenfuß› erwiesen. Er hatte sich nämlich mit seiner Familie, dem Hofstaat und seinem wichtigsten Minister, Maximilian von Montgelas, von München aus in das sichere oberpfälzische Amberg zurückgezogen. In Bayern selbst machten sich inzwischen die Österreicher breit, die sich wie eine Militärverwaltung im Feindesland benahmen und damit dem seit der Sendlinger Mordweihnacht von 1705 tiefsitzenden Haß neue Nahrung zuführten. Als schließlich die Franzosen in München einzogen, begrüßte man sie ungeachtet der vielen Plackereien und Nahrungs- und Futterrequisitionen wie Befreier und ließ bei dieser Gelegenheit auch gleich die «Süddeutsche Republik» hochleben. Auch der neue Seitentrieb aus dem Pfälzer Zweig der Wittelsbacher konnte hier keine Sympathien erringen. Lieber eine Allianz mit dem revolutionären Frankreich als die vom Kurfürsten verursachte Unterdrückung durch Österreich!

Ende des Jahres 1800 wurde man beim Münchner Magistrat auf eine in Amberg unterzeichnete Verfügung des Kurfürsten aufmerksam, die – merkwürdig genug – nicht auf übliche Weise der Stadtverwaltung mitgeteilt und auch nicht im Regierungsblatt publiziert worden war. Ihr zufolge war es Meinung, Wunsch und Maßgabe des Kurfürsten, daß die katholische Konfession künftig keine Bedingung mehr für die dauernde Ansässigmachung in den «heroberen» Kurlanden sein könne. Eine Absichtserklärung, welche Bayern und die Oberpfalz auf den nämlichen Fuß stellte wie die «herunteren» Kurlande, also die Kurpfalz und deren weit verzweigte Nebenterritorien am Rhein, in denen seit jeher Luthertum und Calvinismus zu Hause waren. Schon allein dieser Ansatz gab Anlaß zum Erstaunen. Denn er zeigte deutlich, daß man in Amberg anscheinend jegliches Gespür für die hochkomplizierte Verfassungsproblematik des seit 1778 ja nicht wiedervereinigten, sondern nur in Personalunion verknüpften pfalzbayerischen Länderkonglomerats verloren hatte. So konnte es auch nicht ausbleiben, daß der Münchner Magistrat die Verlautbarung nur als blanke Theorie, ja als menschheitsbeglückendes Luftschloß des Staatsministers Montgelas verstand, der sich damit die Amberger Langeweile zu vertreiben suchte. Man legte das Papier zu den vielen anderen Papieren, die aus der Oberpfalz einliefen und deren Wert man nicht höher veranschlagte als die Assignaten der französischen Besatzer.

Natürlich hatte man sich in München seit dem Regierungsantritt Karl Theodors an die unauffällige Präsenz protestantischer Beamten und Militärs in der Stadt gewöhnt, doch war diesen leibhaftigen Vertretern des Unglaubens entsprechend der Landesverfassung und dem Mandatenrecht der altbayerischen Herrscher der Erwerb von Grundeigentum und Bürgerrecht in der Stadt untersagt. Auch eine protestantische Kurfürstin hatte man 1799 in München schweren Herzens als notwendigen dynastischen Opfergang verstanden. Denn das nur noch durch zwei pfälzische Linien repräsentierte Haus Wittelsbach brauchte dringend männlichen Nachwuchs, weshalb auch eine nicht zur rechten Konfession zählende, aber zumindest ihren weiblichen Pflichten fleißig ergebene Landesmutter nebst einem Seelsorger ihrer Wahl großmütig akzeptiert wurde. Selbst ein bei geschlossenen Türen praktizierter evangelischer Privatgottesdienst in der Residenz brüskierte im Grunde niemanden. Aber man war auch nicht traurig darüber, daß die Protestantin mitsamt ihrem Kabinettsprediger seit Ende Juni 1800 in der Oberpfalz hofhielt.

Unter Bezugnahme auf die staatsrechtliche Situation rechnete der Münchner Magistrat also nicht damit, daß die Amberger Religionsverlautbarung in Altbayern und München umsetzbar war. Im Frühjahr 1801 – die Franzosen waren inzwischen aus der Stadt und der Kurfürst wieder in der Residenz – bemühten sich zwei der protestantischen Religion angehörige pfalzbayerische Untertanen um die bürgerliche Ansässigmachung in München, wobei der Lieferant Johann Balthasar Michel sogar eine «Weingastgebengerechtigkeit» erwerben wollte.

Der 1755 in Mannheim geborene Michel, auf den sich in der Folge die ganze Aufregung konzentrierte, scheint dem Kurfürsten persönlich bekannt gewesen zu sein. Leider ist man heute nicht mehr in der Lage, die damaligen Gerüchte zu überprüfen, denen zufolge der auch als Pferdehändler und Geldverleiher auftretende Michel dem in ständigen pekuniären Verlegenheiten lebenden Max Joseph bereits vor seinem Regierungsantritt in München aus manch finanzieller Bredouille geholfen hatte. Es ist hier anzumerken, daß in der schwierigen Umbruchsituation der Jahre nach 1799 derartige Unternehmerpersönlichkeiten und Finanziers in Altbayern noch recht selten waren, weshalb Michels Etablierung in München nicht den vordergründigen Aspekt einer Zulassung zum Bürgerrecht, sondern vielmehr den Eindruck einer dringend notwendig gewordenen ‹Berufung› in die Residenzstadt beinhaltete.

Der Münchner Magistrat wandte sich nach dem Vorliegen der Bürgerrechtsbewerbungen im Frühjahr 1801 an den «Landschaftsausschuß Oberlandes», führte ihm die Fatalität der Situation vor Augen und bat um Unterstützung. Der Versuch, das Problem auf

Königin Karoline von Bayern, um 1806. Die protestantische Prinzessin aus Baden, die zweite Gemahlin König Max I. Josephs, hatte einen Hofprediger nach München mitgebracht, um den sich die erste evangelische Gemeinde Münchens scharte.

den Schultern des Landschaftsausschusses abzuladen, scheiterte jedoch gänzlich. Bevor man sich im Rathaus weitere Schritte überlegen konnte, war an den Magistrat schon seitens der Landesdirektion der allerhöchste Befehl übermittelt worden, den ungeduldigen Bewerber Michel wegen seiner Religionszugehörigkeit nicht im geringsten zu behindern. Man wolle und werde keine *contravention* von seiten des Magistrats gestatten. Wieder ging ein Unterstützungsersuchen an die Landschaftsverordnung, die in ihrer Hilflosigkeit den sinnlosen Rat erteilte, bei weiterer Unnachgiebigkeit der Regierung die ganze Angelegenheit dem «Landschaftlichen Universali», also der Vollversammlung des ober- und niederbayerischen Ständeausschusses, vorzutragen, wo man sich dann gemäß der Landtagsinstruktion von 1669 (!) in dieser Angelegenheit beraten würde.

Am 28. Juli 1801 unternahm der inzwischen von den Zunftvertretern bedrängte Münchner Stadtmagistrat – von der eigentlich zuständigen Landschaftsvertretung nur mit Ausflüchten bedient und in der Sache schmählich allein gelassen – den denkwürdigen Versuch, dem Kurfürsten gegenüber in wohlgesetzten Worten und sozusagen stellvertretend für ganz Altbayern das Primat der katholischen Religion und ihre Exklusivität beim Erwerb bürgerschaftlicher Rechte in München zu verteidigen. Der Magistrat verbat sich in höflicher Form jede amtliche Drohgebärde und pochte selbstbewußt auf die von Max Joseph 1799 selbst feierlich beschworene Landesverfassung. Abschließend verstieg er sich zu der kühnen Bitte, man möge ihn mit dem Antrag zur Bürgeraufnahme Michels «verschonen». Der von den Stadtvätern in naiver Fehleinschätzung der isolierten Lage angeschlagene feierliche Ton gab dem Kurfürsten die erwünschte Gelegenheit, seinen Münchnern eine längst überfällige Lektion zu erteilen und sich gleichzeitig für die heimliche und die offene Kritik an seiner Person zu revanchieren. Außerdem war ein grundsätzliches Versäumnis nachzuholen. Denn die so auffallend störrische Haupt- und Residenzstadt hatte wohl noch nicht begriffen, worum es dem allmächtigen Staatsminister Graf Montgelas überhaupt ging. Tradition und Observanz, Grundsätze, an denen noch ein Teil der wohlgemeinten Reformen Karl Theodors zerrieben worden war, hatten endgültig ausgespielt, es galt jetzt nur noch eine auf Vernunftgründe bauende Staatsautorität, die neben ihrem einmal erklärten Willen keinen anderen Standpunkt zu akzeptieren beabsichtigte. Besiegeltes Pergament aus vergangenen Jahrhunderten war ein an Archivare und Historiker zu überantwortendes Geschichtszeugnis, zählte jedoch nicht mehr als stichhaltiges aktuelles Argument.

Für immer denkwürdig bleibt deshalb jenes Schreiben Max Josephs vom 29. Juli 1801, das er eigenhändig und mit der für ihn so charakteristisch zittrigen Handschrift an den Stadtmagistrat richtete. Es war eine beinharte Demonstration der in Anspruch genommenen Souveränität des Herrschers und durch die Eigenhändigkeit des Anschreibens zugleich eine in der Münchner Stadtgeschichte noch nie dagewesene, freundliche Herablassung des Stadtherrn gegenüber einer ungehorsamen Bürgerschaft. Kurz und bündig bereinigte der Kurfürst mit wenigen Sätzen die leidige Affäre: «Nach reifer Überlegung und mit der Gewisheit, daß das Recht auf meiner Seite ist», befahl Max Joseph dem Stadtmagistrat, bis zum Ablauf des nächsten Tages dem Handelsmann Michel das Münchner Bürgerrecht zu erteilen, und er setzte hinzu: «Für den geringsten Exzeß haftet jedes Magistratsmitglied persönlich.»

Diese Mischung aus formaler Väterlichkeit und diktatorischer Strenge verfehlte ihre Wirkung nicht. Durch eine prompte Verfügung des städtischen Amtssyndicus wurde Johann Balthasar Michel tags darauf angezeigt, daß man seinen Kaufvertrag ratifiziert und ihn als Bürger und Weingastgeb aufgenommen habe. Als die gesamte Landschaft «Ober- und Unterlandes» aus Gründen der Gesichtswahrung in der Angelegenheit nochmals nachlegte, wurde auch sie kurz und bündig abgefertigt. Der Kurfürst negierte die langatmige Argumentation mit dem bestehenden bayerischen Staatsrecht völlig und setzte nur dagegen, daß er nach dem Beispiel «weiser Regenten» gehandelt habe.

Dies war die Antwort, die dem allgemeinen Zeitgeist entsprach. Wenn sie auch vielen im Lande nicht gefiel, so war man sich im kurfürstlichen Kabinett doch der anerkennenden Aufmerksamkeit des Auslandes sicher. Am selben Tag wurde auch die Amberger Verlautbarung vom November 1800 überarbeitet und neu formuliert und kurz darauf in gehöriger Form publiziert. Der Weg für die Ansässigmachung nichtkatholischer Bürger in Altbayern und München war frei. Auch die Juden, die seit 1442 offiziell aus München vertrieben waren und dennoch seit dem 18. Jahrhundert durch einige wenige geduldete Münchner «Hoffaktoren» den wackeligen landesherrlichen Kredit stützten durften, wurden nun von ihrem nachgeordneten rechtlichen und sozialen Status befreit und des staatlichen Schutzes ihres Ritus versichert. Die bürgerschaftliche Gleichberechtigung der Protestanten, nicht minder die 1805 bzw. 1812 durchgesetzte Freizügigkeit für Juden in Bayern waren Marksteine auf dem Weg zu einer im modernen Sinne leistungskräftigen Münchner Einwohnerschaft. Die Erinnerung an diese Befreiung wurde von den Münchner Protestanten und der Israelitischen Kultusgemeinde noch über Generationen hinweg mit besonderer Dankbarkeit hervorgehoben und verewigte den Namen Max Josephs nachhaltiger als manch andere auf ihn zurückgeführte Ereignisse und Entwicklungen.

War schon die Durchsetzung religiöser Toleranz für weite Teile der Münchner Bevölkerung kaum nachvollziehbar, so wurde die kirchenfeindliche Religionspolitik Montgelas' mit ihrer Aufhebung der seit alters beliebten Bettelordensklöster, der Streichung vieler bislang gebotener Feiertage sowie der Schließung von Kirchen und Kapellen und der Plünderung der Kirchenschätze mit noch größerem Unverständnis kommentiert. Die ganz offensichtlich aus der Religionsverachtung der Französischen Revolution abgeleitete Bekämpfung des Klerus und seiner historischen Positionen wurde als Rückfall Bayerns in ein neues Heidentum aufgefaßt. Als man am Pfingstdienstag 1802 die traditionelle Prozession der Marianischen Kongregation nach Andechs untersagte und die Prozession in Begleitung eines Inneren Rats und des Stadtkämmerers trotzdem abgehalten wurde, kam es bei der Rückkehr der Wallfahrer zu Ausschreitungen und zum Einsatz der Polizei. Diese handgreifliche Kritik am Kurs Montgelas' zog am folgenden Tag eine massive Streikbewegung unter den Münchner Gesellenverbänden nach sich. Bei den Handwerksgesellen war aber weniger der religiöse Standpunkt maßgeblich als der lauthals beklagte Umstand, daß sich wegen der abgeschafften Feiertage die Arbeitstage ohne Lohnausgleich vermehrt hätten. Die Regierung brachte daraufhin die

Anläßlich der 1802/03 durchgeführten Klostersäkularisation wurden auch in München zahlreiche Kirchen und Klostergebäude zerstört. Besonders schmerzlich empfunden wurde der Abbruch des Franziskanerklosters, das sich an der Stelle des heutigen Nationaltheaters befand. Kupferstich von F. Bollinger, 1805.

bewaffnete Macht zum Einsatz. 167 Gesellen wurden festgenommen, ein Teil von ihnen schwer mißhandelt. Das Eingreifen des Magistrats zugunsten der Gesellen machte die Sache nicht besser: Die Stadträte mußten heftige Schuldzuweisungen über sich ergehen lassen und wurden wegen fehlender Wachsamkeit und mangelnder Entschlossenheit gerügt.

«Isar-Athen»

1806: Hauptstadt einer bayerischen Monarchie

Am 1. Januar 1806 verkündete ein durch die Straßen Münchens reitender Reichsherold, daß Bayern zu der «angestammten» Würde eines Königreiches aufgestiegen sei und Max IV. Joseph nunmehr als König Max I. Joseph die Regierung über seine Länder ausübe. Glockengeläute, Paraden und eine nächtliche Illumination durch die Bürgerschaft feierten diesen für Stadt und Land bedeutenden Umstand gebührend, doch hielt sich die Begeisterung der Münchner in Grenzen, da gerade zu diesem Zeitpunkt eine neue Einquartierung der verbündeten französischen Truppen angekündigt war. Die angestammte Würde Max Josephs war eine fabelhafte Geschichtskonstruktion, bei der man die im 9. Jahrhundert in Regensburg regierenden ostfränkischen Karolinger bemühen mußte, und der Königstitel basierte allein auf der Gunst Napoleons, der seinen süddeutschen Verbündeten nicht nur an der territorialen Umschichtung des Deutschen Reichs partizipieren lassen wollte, sondern auch an der allgemeinen Inflation der europäischen Würden.

1809 wurde München, wie schon so oft in den vorausgegangenen 20 Jahren, in das süddeutsche ‹Kriegstheater› einbezogen: Vom Frühjahr bis in den Winter dauerten die militärischen Durchzüge von Österreichern und Franzosen, das Einbringen gefangener Tiroler und die Versorgung der jämmerlich zugerichteten bayerischen Soldaten. Dafür stand man wiederum auf der Seite des Siegers; der Erzfeind Österreich war erneut gedemütigt, und Bayerns Grenzen waren in ihrem neuerdings exorbitanten Umfang gesichert. Der ständige Schacher mit dem französischen

Proklamation des Königreichs Bayern auf dem Münchner Schrannenplatz (heute Marienplatz) durch einen Reichsherold. Kupferstich von Jakob Laminit nach Johann Mettenleiter, 1806.

Kaiser um provisorisch angegliederte und rasch wieder abgetrennte Provinzen spielte dabei angesichts der riesigen Dispositionsmasse von Territorien eigentlich keine Rolle.

1810 ergab sich für die Münchner Bevölkerung eine Gelegenheit, der dank Napoleon so erfolgreichen wittelsbachischen Königsdynastie Anerkennung zu zollen: Kronprinz Ludwig feierte mit der sächsischen Prinzessin Therese Hochzeit. Neben den üblichen Festveranstaltungen erfreute sich das auf der großen Freifläche unterhalb des Sendlinger Berges abgehaltene Pferderennen, das die Kavalleriedivision der Münchner Nationalgarde auf Veranlassung des Majors Andreas Dall'Armi ausrichtete, eines besonders regen Zulaufs. Mit dieser dynastischen Feier vom Oktober 1810, die ob der allgemeinen Zustimmung in den folgenden Jahren wiederholt wurde, begann die Reihe der heute weltberühmten Münchner Oktoberfeste. Der festliche Schauplatz wurde zu Ehren der Braut umgehend «Theresienwiese» genannt. Ein wichtiger Programmpunkt der Oktoberfeste waren Preisverleihungen für besondere Erfolge in der Viehzucht. Sie lockten auch die Landbewohner in die Stadt und verursachten so das Zusammenströmen vieler Bevölkerungsteile des neuen Königreichs in München. Die in ihren Trachten zum Leistungsvergleich vor dem Königszelt erschienenen Besucher des Münchner Nationalfestes machten die in Richtung Schwaben, Franken und schließlich über den Rhein vorgeschobene Ausdehnung des neuen Vaterlandes sichtbar. Bei den Münchnern erregten sie das stolze Gefühl, Bewohner der Hauptstadt eines mächtigen deutschen Staates zu sein.

Dieser äußere Glanz lenkte vom inzwischen eingetretenen Ruin der alten Stadtverfassung ab. Trotz einer Jahrhunderte hindurch andauernden Aushöhlung konnte sie noch einige wichtige symbolische Positionen in die neue Zeit hinüberretten. Doch hatte Montgelas schon 1802 Hand an die alte Stadtfreiheit gelegt, als auf sein Betreiben hin der hauptstädtische Magistrat die wichtige Gerichts- und Polizeihoheit in München an den Staat abgeben mußte. Bis auf weiteres durfte man im Ratsgremium nur noch über die eigenen Steuergefälle und über das Kirchen- und Wohltätigkeitswesen bestimmen. An den Magistratssitzungen nahm nun ein landesherrlicher Kommissär teil, der alle Beschlüsse durch seine Unterschrift

Allegorie auf König Max I. Joseph. Anonym, um 1806. Der König wird von Personifikationen der Gerechtigkeit und der Weisheit mit Lorbeer bekränzt, an den Seiten Gestalten der antiken Mythologie.

bekräftigen mußte. 1804 wurde auch noch die seit 1304 bestehende Organisationsform der Stadtvertretung endgültig beseitigt. An die Stelle von Innerem und Äußerem Rat trat ein einheitliches Ratskollegium mit zwölf Magistratsräten (darunter zwei rechtskundige Bürgermeister) und zwölf Vertretern der das zugelassene Handwerk repräsentierenden bürgerschaftlichen Gemeinde. 1806 legte der Staat die Hand auf das Gemeindevermögen und das kommunale Stiftungsvermögen, 1808 stellte er nach französischem Vorbild alle Gemeinden unter Staatskuratel und ließ sie durch einen von der landesherrlichen Polizeidirektion ausgewählten Munizipalrat unter dem Vorsitz eines von der Regierung ausgewählten Administrators (er entsprach dem *maire* der französischen Gemeindeverfassung) verwalten. Damit war das vorübergehend noch geduldete Eigenleben der Bürgerschaft zum Ende gekommen. Selbst das traditionsreiche Siegel- und

Wappenbild Münchens, der «Stadtmönch», wurde abgeschafft, weil er als Sinnbild der bis zur Säkularisation herrschenden, angeblich so schädlichen «Mönchsbarbarei» galt. An seine Stelle trat ein kunstloses Produkt der damaligen Kanzleiheraldik. Das neue Stadtwappen zeigte unter der Königskrone ein offenes Portal mit einem Löwen, der in der rechten Pranke ein blankes Schwert und in der linken ein Schildchen mit dem Buchstaben «M» für Maximilian hielt. Verständlich, daß trotz aller außenpolitischen Erfolge des Systems Montgelas und ungeachtet vieler dynastischer Feiern unter der Münchner Bevölkerung Verbitterung herrschte. Das rücksichtslose Vorgehen gegen die alten Selbstverwaltungsstrukturen wurde bei der Bürgerschaft nicht minder negativ vermerkt als der vorausgegangene leidenschaftliche Kampf der Regierung gegen Kirche und Klosterkultur.

Der Erfolg vieler der unter der Regierung Max Josephs in Bayern und München durchgeführten Reformen gründete nicht unbedingt auf deren innerer Überzeugungskraft. Er war oft genug erzwungen durch Einschüchterung und Gewaltbereitschaft seitens der Regierung und wurde herbeigeführt durch eine aufgeblähte, scharf dressierte Bürokratie, die regungslos, ja mechanisch die ministeriellen Maximen umsetzte und die Bevölkerung nur noch als Befehlsempfänger verstand und behandelte. Dieses höchst effiziente Bündnis von Staatsautorität und Bürokratie, das unbestreitbar einen epochalen Einschnitt in der neueren Geschichte Bayerns herbeiführte, wurde zum eigentlichen Motor der neubayerischen Staatlichkeit.

Der Aufbau einer zentralistischen Staatsverwaltung und die dem Ministerium besonders wichtige Erneuerung der Münchner Bildungsanstalten brachten der Stadt einen starken Zuzug von Staatsdienern und Gelehrten, die bevorzugt aus den neubayerischen Landesteilen in Schwaben und Franken angeworben wurden. Dies diente einmal dazu, die geistigen Eliten aller in Bayern aufgegangenen Territorien nachhaltig an den Staat zu binden, andererseits konnte man so auch fremde Bildungsstandards und Administrationserfahrungen in der Hauptstadt des Gesamtstaates nutzen. Auch die Massenberufung protestantischer norddeutscher Akademiker war aus der Sicht der Regierung eine Notwendigkeit, da man den einheimischen Kräften entsprechende fortschrittliche Zielsetzungen nicht zutraute. Die in ihrem Ansehen etwas verwelkte Münchner Akademie der Wissenschaften brauchte neue Impulse, in den Schulen waren neue Lehrpläne notwendig, und die Hofbibliothek nebst Reichsarchiv wartete auf fachlich qualifizierte Bearbeiter für die nach der Säkularisation in München konzentrierten historischen Bildungsschätze des Landes. Auch den schönen Künsten sollten nun in der Hauptstadt bessere Existenzbedingungen gewährt werden: 1808 wurde eine Akademie der Künste begründet, und ab 1812 baute man am repräsentativen großen Hof- und Nationaltheater. Für Architekten, Maler und Schauspieler aus ganz Deutschland wurde München wieder Begriff und Ziel.

Daß es im Zuge dieser ‹Implantation› auswärtiger Künstler und Wissenschaftler zu einer heftigen Konkurrenz mit den ortsansässigen geistigen Führungskräften kommen mußte, war vorherzusehen. Auf der einen Seite gab es in München eine traditionelle Antipathie gegen Landfremde, die sich in Verbindung mit alten konfessionellen Vorurteilen und Neid auf die Bevorzugung der Neumünchner bei öffentlichen Ämtern und Ehrenstellen bis hin zum blanken Haß steigerte. Auf der anderen Seite zeichneten sich die Zugezogenen durch notorische Besserwisserei und Überheblichkeit aus und sahen sich überhaupt in der Rolle von Heidenaposteln, die einer wilden und einfältigen Nation Erleuchtung und Entwicklung bescheren mußten. Die Opposition der einheimischen Oberschicht gegen die «Nordlichter», die in die Nachfolge der vordem verachteten Mannheimer eingetreten waren, pflanzte sich über Kanzel und Katheder schließlich bis in die Wirtshäuser fort. Es kam zu fremdenfeindlichen Umtrieben, und im Februar 1811 ließ sich ein Unbekannter zu einem Messerattentat gegen den mit der Reform der höheren Schulen betrauten Neuhumanisten Friedrich Thiersch hinreißen. Es wäre freilich ein Irrtum anzunehmen, daß dieses Gegeneinander eifersüchtiger und gekränkter Gelehrter die ganz neuartig zusammengesetzte Stadtgesellschaft dauerhaft gespalten hätte. Im Gegenteil – die im Alltag außer Kraft gesetzten Barrieren von Konfession und unterschiedlichen sozialen Positionen führten auch zu einer vorsichtigen Fühlungnahme der Einheimischen mit den «Zugereisten». Gerade in den damals hochmodernen Zusammenschlüssen der Vereine traten die den Reformwillen der Regierung besonders bejahenden fränkischen oder norddeutschen Leistungsträger in Kontakt mit den bei aller Skepsis doch neugierigen Altmünchner Honoratioren aus dem Handels- und Gewerbestand. Besitz und Bildung, konfessionelle oder weltanschauliche Ausrichtung gingen nach und nach Allianzen ein, die neben vielen materiellen Vorteilen für alle Beteiligten auch das gegenseitige Verstehen einschlossen. Die elitären Vereinigungen «Museum» und «Harmonie» von 1802/03 wurden durch die dort geforderte zwanglose Begegnung der Gesellschafts- und Berufsstände zum Vorbild für unzählige, dem Bildungspathos oder der bloßen Erheiterung dienende gesellige Verbindungen. In ihnen vollzog sich in den folgenden Jahren und Jahrzehnten der Umwandlungsprozeß der einst weitgehend von Außenkontakten abgekapselten Bürgerschaft Münchens zu einem weltoffenen Bürgertum im modernen Wortsinn. Das sich von Zusammensetzung und Auftrag her neu definierende Bürgertum verdrängte allmählich den Adel aus seiner gesellschaftlichen Führungsrolle und verstand sich immer mehr als besitz- und bildungsorientiertes Oberhaus des gesamten Untertanenverbands. Es wurde in München und in anderen Städten Bayerns zum entscheidenden Träger des wirtschaftlichen und kulturellen Fortschritts. Der Weg zu politischer Mitverantwortung war freilich noch lang und steinig. Erst mit dem Sturz Montgelas' im Jahr 1817 wurde eine Neuorientierung möglich.

1818 wurde in München eine neue bürgerschaftliche Vertretung eingeführt, die wieder auf bescheidenen Selbstverwaltungsprinzipien basierte. Neben einem aus zwölf Räten und zwei juristisch qualifizierten Bürgermeistern bestehenden beamteten Magistrat gab es künftig 36 Gemeindebevollmächtigte, die über Wahlmänner von allen Inhabern des Gemeindebürgerrechts gewählt wurden. Da dieses Bürgerrecht an Grundbesitz und konzessionspflichtige Gewerbeausübung geknüpft war, blieb die Mehrheit der Stadtbewohner auch weiterhin von politischer Mitbestimmung ausgeschlossen. Die schmählichen Reste des von der staatlichen Kommunal- und Stiftungsadministration nicht verschleuderten Gemeinde- und Stiftungsvermögens kehrten in die Verantwortlichkeit der Bürger zurück. Selbst bei den Stadtsiegeln wurde eine wichtige Konzession gemacht: Erstmals seit 1808 durfte wieder das Mönchshaupt in Erscheinung treten, doch dauerte es noch bis 1834/35, bis das Münchner Siegel- und Wappenwesen wieder an die traditionellen mittelalterlichen Siegelbilder mit einem heraldisierten Mönch anknüpfen konnte.

Die königlichen Initiativen

Der mit der Ausschaltung Montgelas' 1817 erfolgte Kurswechsel in der bayerischen Außen- und Innenpolitik war das Ergebnis einer gezielten Einmischung des bayerischen Kronprinzen Ludwig. Sein Beitrag zur Entwicklung des bisher nur zusammengestückelten neubayerischen Staatsgebildes kann nicht hoch genug veranschlagt werden. Größer als seine positive Wirkung für das Land war freilich seine Lebensleistung für München. Keinem wittelsbachischen Herrscher hat diese Stadt so viel zu verdanken wie König Ludwig I. (1825–1848).

Ludwigs besonderes Interesse galt den Künsten, insbesondere der Bildhauerei und der Architektur. Schon als Kronprinz schuf er aus persönlichem Interesse in München ein Antikenmuseum internationalen Formats, die Glyptothek, und demonstrierte damit, daß

Ludwig I. betrachtet Werke der Plastik und der Malerei. Wilhelm von Kaulbachs Ölskizze gehört zu einem 19teiligen Zyklus, der 1848–1854 im Auftrag Ludwigs I. entstand. Die Bilder waren Vorlagen für die Fresken an den Außenwänden der Neuen Pinakothek.

eine ernstzunehmende europäische Hauptstadt an den historischen Kulturgütern Europas aktiv Anteil nehmen müsse. Ludwigs Engagement für das antike Griechenland sowie für den 1821 einsetzenden griechischen Befreiungskampf vom Türkenjoch war so ausgeprägt, daß sein Sohn Otto nach 1832 zum ersten König des neuen «Hellas» ernannt wurde. Die Residenzstadt München errang sich dank des ludovizianischen Philhellenismus und der vielen auf den klassisch-antiken Architekturkanon ausgerichteten Neubauten und majestätischen Platz- und Straßenanlagen den in ganz Europa verbreiteten Ehrentitel eines «Neuen Athens». Zentraler Ort der künstlerischen und politischen Griechenlandbegeisterung Ludwigs wurde der Königsplatz mit Glyptothek und Antikensammlung. In den Giebelfeldern der 1862 fertiggestellten Propyläen ließ der König die durch den wittelsbachischen König Otto empfangenen Segnungen Neugriechenlands zur Darstellung bringen. Es war eine Botschaft an die Münchner und zugleich eine Botschaft an die gesamte zivilisierte Welt: Durch die moralische und finanzielle Unterstützung der Dynastie Wittelsbach sei aus dem Mutterboden des Abendlandes wieder ein grünendes Bäumchen emporgewachsen. Der dem hauptstädtischen Magistrat geschenkte monumentale Torbau am Königsplatz wurde zum Symbol der neuen Geschichtsdeutung. Die maßgeblich auch von München ausgegangene Wiedererweckung und Neubegründung hellenischen Selbstbewußtseins überstrahlte die bisher in der Architektur der Altstadt gespiegelte Wahrung königlicher Würde und konfessioneller Integrität. «Isar-Athen» übernahm die Vormundschaft für das wiedergeborene Athen.

Es konnte nicht ausbleiben, daß der schon seit der Kronprinzenzeit Ludwigs übliche Vergleich Münchens mit Athen auch ungezügelte Spottlust auf den Plan rief. Der ob seiner scharfen Zunge gefürchtete Archivar Karl Heinrich Ritter von Lang schrieb bereits 1822 in seinen anonym veröffentlichten «Hammelburger Reisen» eine hinreißende Satire: «Endlich in Athen angelangt, konnte ich mich nicht genug verwundern über die falschen Vorstellungen, die ich mir bisher gemacht; zum Glück, daß mir die akademischen Reden des Herrn von Schlichtegroll bewiesen, wie nach München das genaue Muster und Abbild von Athen, so wie umgekehrt Athens von München sey […] Es ergab sich daher, […] daß der Aristophanes der Lipperl, das Olympische Kampfspiel das October Fest auf der Theresien Wiese […] der Sokrates Domvikar an der Frauenkirche, der Plato geistlicher geheimer Rath und Generalsekretär der Akademie der Wissenschaften, der Perikles rechtskundiger Magistratsrath und Gerbermeister, der Demosthenes Hauptprediger an einer Wallfahrtskirche, der Themistokles ein Stadtflößer, der Appelles ein Bilderhändler und der Phidias Handlanger bei der polytechnischen Schule gewesen. Das Prytaneum hat ursprünglich Herzogspital, die Akropolis der Gasteig und der Piräus Giesinger Berg geheißen.» Heinrich Heine faßte sich 1828 in dieser Angelegenheit kürzer: «Daß man die ganze Stadt ein neues Athen nennt, ist unter uns gesagt etwas ridikül […].» Auch das Verständnis der Münchner für die künstlerischen Höhenflüge ihres Monarchen und die allgemeine Bewunderung des Auslands hielten sich in Grenzen. Sie registrierten nur die finanziellen Folgen der königlichen Baumanie und versuchten sich der immer wieder geforderten Beteiligung an kostenintensiven Planungen und am Baulanderwerb weitgehend zu entziehen – ein Vorhaben, das jedoch nur bedingt gelang. Eifersüchtig wachte der König auch über sein angemaßtes Vorrecht, nach außen als einziger Förderer und Mäzen der Stadt in Erscheinung zu treten. Als Münchens Erster Bürgermeister Jakob Bauer in einem gedruckten Rechenschaftsbericht einmal die vielen Zuschüsse der Stadtgemeinde für Ludwigs Lieblingsprojekte auflistete, fiel er umgehend in allerhöchste Ungnade; die anstößige Broschüre selbst wurde polizeilich eingezogen.

Das Kalkül König Ludwigs war einfach: Als politischer Mittelpunkt des seit 1806 existierenden souveränen neubayerischen Königreichs sollte sich München über den bisherigen Status einer süddeutschen Residenzstadt hinausentwickeln und als königliche Hauptstadt alle anderen Städte des Landes überflügeln. Bereits in der zweiten Hälfte der Regierungszeit seines Vaters, König Max I. Joseph, also seit etwa 1812, wurde deshalb dank der Anregungen Ludwigs den zahlreichen im neuen Staatsgebilde des Königreichs aufgegangenen gewichtigen historischen Stadtindividualitäten (z.B. Augsburg, Regensburg oder Nürnberg) ein glänzendes Regierungszentrum von europäischem Format demonstrativ gegenüber-

Ansichten der Brienner Straße und des Karolinenplatzes aus einem 1838 erschienenen München-Reiseführer.

gestellt. Auf diese Weise sollten keine Zweifel aufkommen, daß München in Bayern keine Stadtkonkurrenzen mehr duldete und daß es mit Paris, Wien und Berlin in einem Atemzug genannt sein wollte. In der Folgezeit formte ein rund vier Jahrzehnte andauernder Prozeß das alte München zu einer Repräsentativstadt um, wobei der Bauwille des Monarchen dem spätmittelalterlich-barocken Stadtareal eine den besten Architekturtraditionen verpflichtete Kulisse von Palästen, Museen, Amtsgebäuden und Villen vorblendete. Es war Ludwigs Überzeugung, daß die internationale Geltung eines deutschen Mittelstaates nicht unbedingt von machtpolitisch-militärischen Manifestationen, sondern vor allem vom Glanz der Hauptstadt abhinge. Am beeindruckendsten zeigte sich Münchens Wandel in dem von Karl von Fischer bereits seit 1808 geplanten Neubaugebiet der «Maxvorstadt», einer auf gerasterter Grundfläche angelegten Stadterweiterung nordwestlich des einstigen Schwabinger Tors. Den von Ludwig I. gebilligten Planungen des Architekten Leo von Klenze entsprang in der Folge eine großzügige Raumordnung in Richtung Schwabing, bei welcher der Odeonsplatz und die sich daran anschließende breite, monumental bebaute Ludwigstraße zwischen der Residenz und der Maxvorstadt vermittelten. Nach der Ablösung Klenzes vollendete Friedrich von Gärtner den Nordteil der Ludwigstraße, wo mit Staatsbibliothek, Ludwigskirche und Universität ein von der bisherigen feingliedrigen klassizistischen Gestaltung abweichendes, wuchtigeres Architekturprinzip zum Zug kam. Alle Bauschöpfungen der ludovizianischen Epoche rekapitulierten in ihrer Gesamtheit den Katalog der älteren europäischen Baukunst. Glyptothek, Kunstausstellungsgebäude (heute Antikensammlung), Propyläen, Alte Pinakothek, Neue Pinakothek, Bonifatius-, Ludwigs- und Allerheiligenhofkirche, Ruhmeshalle, Auer Mariahilfkirche, Residenz (Königsbau, Hofgartentrakt), Feldherrnhalle, Odeon, Staatsbibliothek, Universität und Siegestor – all diese Monumentalbauten veränderten den gewachsenen Stadtcharakter und die Stadtsilhouette Münchens, beeinflußten den gleichzeitig entstehenden Privatbau und setzten darüber hinaus Qualitätsmaßstäbe, an denen sich Architekturstudenten aus ganz Europa orientierten. Der dänische Dichter Hans Christian Andersen hat diese unter dem königlichen Bauherrn Ludwig I. in einzigartiger Weise kulminierende Verschönerung Münchens 1840 sehr poetisch umschrieben: «Der alte Theil der Stadt München kommt mir vor wie ein veredelter Rosenstock, aus welchem jährlich neue Zweige hervorschießen, aber jeder Zweig ist eine Straße, jedes Blatt ein Palais, eine Kirche oder ein Monument, und alles erscheint so neu, so frisch, denn es hat sich in diesem Augenblick entfaltet [...] Übereinstimmung habe ich hier nicht gefunden, jede hübsche Einzelheit schien von ihrer eigentlichen Heimat herberufen und um das alte München aufgestellt, welches eine Stadt ist, wie hundert andere [...].»

Nicht unerwähnt bleiben darf, daß Ludwig auch die seit der Antike beinahe vergessene Kunst des monumentalen Erzgusses neu belebte. Mit der von Johann Baptist Stiglmaier und Ferdinand von Miller geschaffenen Figur der Bavaria (1850 eingeweiht) entstand ein Staatssymbol, das hoch über der Theresienwiese als Personifikation des vom Haus Wittelsbach regierten neubayerischen Staates vor Augen trat. Daneben erlebte die in den mittelalterlichen Domen so eindrucksvoll wirkende Glasmalerei eine neue Blüte. Glasfenster aus München schmückten in den folgenden Jahrzehnten viele Kirchenbauten in der Alten und in der Neuen Welt.

Die Aussöhnung des Staates mit Religion und Kirche wurde zu einem besonderen Anliegen des Monarchen. Manche der durch die Säkularisation verödeten Klöster konnten auf Ludwigs Wunsch hin wieder von Ordensgemeinschaften besiedelt werden. Der in München begründeten Benediktinerabtei St. Bonifaz wurde auch das ehemalige Kloster Andechs hoch über dem Ammersee anvertraut, gleichzeitig bestimmte der König die dem hl. Bonifaz, dem «Apostel der Deutschen», gewidmete Basilika zu seiner und seiner Gemahlin Grablege. Damit imitierte er die byzantinischen Kaiser, deren Porphyrsarkophage einst in Konstantinopel in der Apostelkirche aufgestellt waren. Das Konkordat mit Rom von 1817 hatte ein neues Erzbistum München und Freising geschaffen, weshalb der Oberhirte der in ihrer Bedeutung erhöhten Diözese seinen Wohnsitz nun auch in München nahm und die Münchner Frauenkirche neben dem Freisinger Dom zur zweiten Bischofskirche erhoben wurde. Der Freisinger Bischof als Stadtherr des frühen Münchens wurde unter gänzlich veränderten Vorzeichen jetzt selbst zum Münchner, und das als wittelsbachische Herrschaftskirche gebaute Gotteshaus zu Unserer Lieben Frau war nunmehr Zentrum seiner oberhirtlichen Amtsführung.

Die vorübergehend in Landshut untergebrachte einstige Ingolstädter Universität wurde vom König 1826 nach München geholt.

Bayerns künftige Elite sollte am Sitz der Staatsmacht studieren und am allgemeinen geistigen und künstlerischen Aufschwung der Hauptstadt teilnehmen, der durch die Berufung namhafter Professoren aus ganz Deutschland garantiert war. Auch bedeutende wissenschaftliche Erfindungen wurden in München zuerst nutzbar gemacht: Franz Xaver Gabelsberger begründete ein praktikables System der Stenographie, Aloys Senefelder baute die von ihm erfundene Lithographie zu einer Druck und Graphik revolutionierenden Vervielfältigungsmethode aus, und Carl August von Steinheil schuf den ersten elektrisch betriebenen Telegraphenapparat. Ungeachtet der beachtlichen wissenschaftlich-technischen Entwicklungsschübe, die von Bayern ausgingen (z.B. der Bau der ersten deutschen Eisenbahn zwischen Nürnberg und Fürth im Jahr 1835), und der persönlichen Aufgeschlossenheit des Königs für diese Thematik wollte sich die Residenzstadt in erster Linie als zentrale europäische Kunststadt verstehen. Das Königswort «Ich werde aus München eine Stadt machen, die jeder kennen muß, der Deutschland kennen will» wurde für ein ganzes Jahrhundert zum Motto einer dem Erhabenen und Monumentalen verpflichteten Staats- und Stadtbaukunst und zugleich zum ersten ‹Werbeslogan› des Münchner Fremdenverkehrs. München als Zentrum der politischen «Teutschheit», als Hauptstadt der Künste, als Impulsgeber der griechischen Erneuerung, als Hochburg der christlichen Romantik, als Sammelplatz der Wissenschaft – dies alles waren erfolgreich umgesetzte Ideen des Königs, die trotz eines notorischen bürgerschaftlichen Unverständnisses das Bild der Stadt langfristig prägten. Die von Ludwig I. herbeigeführte Situation blieb nicht ohne Auswirkung auf die Einwohnerzahl der Stadt; zwischen 1800 und 1840 stieg sie von 36 000 auf 95 000.

1848: Die Entfremdung zwischen König und Bürgern

Ludwigs Regierung scheiterte an einem häßlichen Zerwürfnis mit der Münchner Einwohnerschaft. Das skandalöse Auftreten seiner Mätresse, der Tänzerin Lola Montez (Gräfin Landsfeld), und die starre, unbeugsame Haltung des Königs, der nicht begreifen wollte, daß moralische Maximen nicht mehr ausschließlich für Untertanen bestimmt waren, gaben den eigentlichen Anlaß. Die Münchner Bevölkerung ging auf Distanz zu ihrem Monarchen, die Geliebte des Königs wurde Gegenstand der allgemeinen Volkswut.

In den Tagen zwischen dem 7. und dem 10. Februar 1848 kam es zu öffentlichen Auseinandersetzungen zwischen dem der Lola Montez besonders ergebenen studentischen Korps «Alemannia» und dem Gros der Münchner Studentenschaft. Die Zusammenrottungen und Prügeleien erreichten ein vom Universitätsrektorat nicht mehr zu steuerndes Ausmaß – es floß Blut. Als Lola Montez sich am 9. Februar in der Innenstadt zeigte, entstand sofort Aufruhr. Angesichts bevorstehender Handgreiflichkeiten mußte sie sich in die Theatinerkirche flüchten und wurde anschließend unter Gendarmeriedeckung in die Residenz eskortiert. Auch ihr Palais in der Barer Straße wurde zum Ziel tätlicher Angriffe und mußte von Gendarmerie und Militär geschützt werden. Am 10. Februar kam es in der Neuhauser Straße zu einem Zusammenstoß zwischen der Staatsmacht und den Studenten; daß dabei ein junger Mann durch einen Bajonettstich verletzt wurde, verursachte eine ungeheure Aufregung in der Stadt.

Die Antwort König Ludwigs auf die gegen Lola Montez gerichtete Randale entsprach seinem heftigen Naturell: Er ließ mit sofortiger Wirkung die Münchner Universität bis zum Wintersemester 1848/49 schließen. Alle nicht in München beheimateten Studenten wurden aufgefordert, binnen zweier Tage die Stadt zu verlassen. Dies war eine harte Maßnahme gegen das akademische München und zugleich auch ein Angriff auf alle vom Universitätsleben existenziell abhängigen Bürger. Die Folge davon war eine unerwartete Aktionseinheit zwischen der Studentenschaft und dem Stadtbürgertum. Interessant ist dabei, daß sich das Vorgehen der Münchner Bürger in historischen Formen abspielte. Man erinnerte und berief sich auf das seit der Montgelas-Zeit ausgelöschte, uralte Selbstverantwortungsrecht der Kommune, das in Extremsituationen einen korporativen Zusammentritt aller Bürger vorsah. Dieses bürgerschaftliche Remonstrationsrecht hatte sich zuletzt in den spektakulären Aktionen der unzufriedenen Münchner Bürgerschaft während der Regierungsperiode Kurfürst Karl Theodors auf sehr nachdrückliche Weise artikuliert. Ohne Zutun, ja zunächst gegen den Willen von Magistrat und Gemeindebevollmächtigten versammelten sich am 10. Februar 1848 «weit über Tausend der achtbarsten Bürger» im großen Rathaussaal, also an jener Stätte, an der vor dem Ende der privilegierten Selbständigkeit Münchens zu Beginn des 19. Jahrhunderts seit alters alle wichtigen Belange der Gesamtgemeinde beschlossen worden waren. Tausend Bürger – das entsprach immerhin einem Viertel der mit dem vollen Bürgerrecht ausgestatteten Einwohner der Stadt und machte eine Marginalisierung des öffentlichen Protestes schlechterdings unmöglich. Unter der Führung des Zweiten Bürgermeisters, Kaspar von Steinsdorf, ging eine sechsköpfige städtische Deputation zu Ludwig I., um die Aufhebung der verfügten Universitätsschließung zu erreichen. Diese traditionelle Reaktionsform einer bedrückten Bürgerschaft galt nicht dem bayerischen König, sondern dem Münchner Stadtherrn, der an seine besondere Verantwortung für das Wohl und Wehe der hauptstädtischen Bevölkerung erinnert werden sollte. In mustergültiger Ordnung begleiteten die auf dem Rathaussaal versammelten Bürger die Deputation zur Residenz; schweigend nahmen sie in langen Reihen auf dem Max-Joseph-Platz Aufstellung. Kürassiere und Infanterie sicherten die Residenzzugänge, doch war ihr Verhalten gegenüber der Volksmenge zurückhaltend, ja «rücksichtsvoll», wie der Stadtchronist ausdrücklich vermerkte. Die Sympathien der Offiziere und sicher auch der Mannschaft waren deutlich bei den Münchner Bürgern.

Ludwig weigerte sich zunächst standhaft, die Abordnung zu empfangen, da er die wartende Menge als Bedrohung empfand und nicht unter Druck verhandeln wollte. Allein die Intervention seiner Söhne, Adalbert und Luitpold, sowie ein Kniefall von Luitpolds Gattin Auguste stimmten ihn um. Der König überhäufte die Abgesandten mit Vorwürfen und schlug ihnen die Bitte um die Wiedereröffnung der Universität rundweg ab. Erst als die Deputation und mit ihr die auf dem Platz versammelte Bürgerschaft – noch immer schweigend – abgezogen waren, lenkte er ein und ließ den Bürgern auf dem Rathaus ausrichten, er wolle die Universität bereits zum Sommersemester 1848 wieder eröffnen. Doch diese Geste war der Bürgerschaft zu wenig. Dem Abgesandten des Königs erklärte man,

Die aufgebrachte Münchner Bevölkerung attackiert das Innenministerium in der Theatinerstraße, 2. März (oben); Unterschriftensammlung der Münchner Bürgerschaft im Alten Rathaus gegen Lola Montez, 3. März 1848 (rechts).

daß die Hochschule sogleich wieder zu eröffnen sei und daß Lola Montez die Stadt zu verlassen habe – «oder wir stürmen ihr Haus und erzwingen's mit Gewalt».

Damit war die Angelegenheit entschieden. Ludwig, der nie ein Freund des Militärs gewesen war und die Armee finanziell stark vernachlässigt hatte, wußte, daß er sich bei einem öffentlichen Aufruhr, in deren Mittelpunkt seine beim Volk verhaßte Liebschaft stand, nicht auf die Soldaten verlassen konnte. Am folgenden Tag signalisierte selbst Fürst Karl zu Leiningen, der hochangesehene Präsident der Kammer der Reichsräte, sein Verständnis für die Forderungen der Münchner Bürger. Als Ministerpräsident Fürst Ludwig Oettingen-Wallerstein im Rathaus der Bürgerschaft eröffnete, daß ihre Forderungen vom König

akzeptiert seien, rüstete sich unter dem Gejohle einer ständig wachsenden Menschenmenge in der Barer Straße Lola Montez zur Flucht. Auf Umwegen versuchte sie zunächst, in die Residenz zu gelangen, doch blieben ihr diesmal alle Tore verschlossen. Inzwischen begann in der Barer Straße der Pöbel, ihr Haus zu demolieren. Nur Ludwigs persönliches Erscheinen und sein Hinweis, daß es sich hier um sein Eigentum handle, vermochte das Werk der Zerstörung zu verhindern. Im allgemeinen Tumult traf den König sogar ein Stein.

Die Auswirkungen der in ganz Deutschland zu hellen Flammen aufschlagenden «Märzrevolution» 1848 vertieften den Konflikt zwischen König und Bürgern. Wieder kam es zu heftigen Auseinandersetzungen, erneut trat die Bürgerschaft im großen Rathaussaal zusammen. Studenten und Straßenpöbel plünderten das städtische Zeughaus am St.-Jakobs-Platz (heute Stadtmuseum) und versahen sich mit Morgensternen, Hellebarden, Schwertern, Musketen und Säbeln. Am Ende standen sich am Dultplatz (heute Lenbachplatz) und dem Promenadeplatz Militär und Volk in Waffen gegenüber. Erneut gab Ludwig nach und versprach die geforderte Einberufung der Ständeversammlung. Doch die mehrfache ihm abgenötigte Nachgiebigkeit gegenüber den Volkswünschen, die auf Abschaffung der Zensur, die Einführung von Geschworenengerichten, ein neues Wahl- und Polizeirecht, auf Ministerverantwortlichkeit und die Vereidigung des Heeres auf die Verfassung zielten, war nicht mit Ludwigs autokratischer Auffassung vom Königtum vereinbar. König Ludwig I. entschloß sich deshalb am 20. März 1848 zu einem gänzlich unerwarteten Schritt: Er dankte ab.

Der doppelte Erfolg der Bürgerschaft und der Sieg der politischen Märzbewegung waren freilich nur eine Seite der Medaille. München mußte auch die negativen Folgen der Abdankung Ludwigs I. zur Kenntnis nehmen: Mit dem Ausklingen der vom König unterhaltenen Baukonjunktur und dem Ende des monarchischen Mäzenatentums verschlechterte sich die Auftragslage des in München so erfolgreichen Kunsthandwerks drastisch. Ludwig I. lebte noch 20 Jahre als Privatmann und – wie er es selbst einmal ausdrückte – als «beurlaubter Stadtbaurat». Begonnene Bauten kamen zum Abschluß, neue Architektur- und Kunstschöpfungen traten hinzu, doch große Projekte blieben aus. Der noble, gelassene und huldvoll-freundliche Exkönig konnte die Schmach der Februartage 1848 nie ganz verwinden. Er war kein Privatmann aus Neigung, er war es aus Einsicht und aus bedingungsloser Treue zu seinem monarchischen Selbstbewußtsein.

1862, also noch zu Ludwigs Lebzeiten, errichtete die Stadtgemeinde München dem Monarchen ein Denkmal am Odeonsplatz, für das die beiden städtischen Kollegien 100 000 Gulden bereitstellten. Vorbild war eine von Ludwig Schwanthaler entworfene Reiterstatue König Stephans von Ungarn, die durch die ausführenden Künstler nur adaptiert wurde. Ludwig griff in die Planungen für das Denkmal ein und verlangte, daß der Originalentwurf, bei dem zwei Pagen das Pferd des Königs führten, abgeändert würde: Er habe während seiner Regierungszeit die Zügel des Staates stets selbst in Händen gehalten. So erhielten die beiden Knaben anstelle der Zügel Tafeln mit des Königs Devise: «Gerecht und beharrlich». Bei Ludwigs Tod – er

Carl Friedrich Heinzmann, Getreideschranne auf dem heutigen Marienplatz. Aquarell, 1836. Am Hauptplatz der Stadt fand bis 1853 auch der wöchentliche Getreidehandel statt, der in der Folge in die neue Schrannenhalle an der Blumenstraße verlegt wurde.

starb 1868 in Nizza – senkte sich tiefe Trauer über die Stadt. Erst jetzt begriff München, daß es seinen enormen Aufschwung vor allem der persönlichen Tatkraft des Königs zu verdanken hatte. Verblaßt waren die einstigen Vorbehalte gegen den eigensinnigen und manchmal leichtlebigen Patriarchen sowie die ungute Erinnerung an seine neoabsolutistischen Praktiken, die lange Zeit die Entwicklung des Verfassungsstaates gehemmt hatten. In den Vordergrund der kollektiven Erinnerung schob sich die bewundernde Anerkennung seines leidenschaftlichen Engagements, seines Kunstsinns und seiner Wohltätigkeit. Auszüge aus den Journalen der Kabinettskasse ergaben, daß Ludwig I. für Bauten und Kunstanschaffungen aus seinem privaten Kabinettsfonds die immense Summe von 17 889 988 Gulden ausgegeben hatte, wobei der größte Teil dieses Aufwands der Stadt München zugute gekommen war. Als der Leichnam des Exkönigs in München angekommen war, gedachten die Münchner Künstlergenossenschaft und viele aus ganz Deutschland zusammengeströmte Künstler in einer ergreifenden Trauerfeier auf dem Königsplatz des Verstorbenen – ein Abschied ganz nach dem Geschmack des Königs.

König Ludwigs Zuneigung zu München war nicht vererbt worden, ebensowenig sein finanzielles Engagement. Für seinen Sohn und Nachfolger, König Maximilian II. (1848–1864), bedeutete der Repräsentativcharakter Münchens zwar weiterhin eine Verpflichtung, doch kamen nur drei größere Bauprojekte zustande: die in Richtung Isar geführte neogotische Maximilianstraße, das «Maximilianeum» (eine Studienstiftung für qualifizierte Abiturienten) und die Max-II-Kaserne auf dem Oberwiesenfeld. Letztere war eine Defensivkaserne, die durch Positionierung und Anlage die Erfahrungen des Jahres 1848 aufarbeiten und ein erneut rebellierendes München unter Kontrolle halten sollte; geheime Vorgaben regelten alle Details einer eventuellen Beschießung der aufständischen Hauptstadt. Des neuen Königs Leidenschaft waren aber weder die Architektur noch das Militärwesen, sondern der bei Hof in gelehrten «Symposien» kollegial geführte Dialog mit Forschern und Literaten aus ganz Deutschland, darunter der Dichter Paul Heyse, der Hygieniker Max von Pettenkofer, der Chemiker Justus von Liebig, der Kulturhistoriker Wilhelm Heinrich Riehl sowie die Historiker Leopold von Ranke und Wilhelm von Giesebrecht. Erneut machte unter der Münchner Bevölkerung für die königlichen Gesprächspartner der abwertende, neidbesetzte Begriff der «Nordlichter» die Runde.

Für König Ludwig II. (1864–1886) war München nach der überwiegenden Ablehnung seines Protegés, des Komponisten Richard Wagner, und dem Scheitern des Projekts eines Wagner-Festspielhauses am rechten Isarufer kein Thema mehr. Richard Wagner hatte den jungen und enthusiastischen König von Anfang an fasziniert, weshalb sich zunächst eine enge Freundschaft entwickelte, die der Komponist geschickt nicht nur für seine künstlerischen Vorstellungen, sondern auch zu seinem privaten Vorteil nutzte. Der mit dem Bau eines Theaters für die Wagnerschen Musikdramen beauftragte Architekt Gottfried Semper plante in der Nähe des Maximilianeums ein das Stadtbild beherrschendes Gebäude, dessen auf fünf Millionen Gulden veranschlagte Baukosten bei der Bevölkerung große Aufregung hervorriefen und eine grundsätzliche Oppositionshaltung gegen den Tonschöpfer auslösten. Die architektonische und künstlerische Traum- und Kulissenwelt des Königs entfaltete sich in der Folge in größenwahnsinnigen privaten Schloßbauten der Voralpen- und Alpenregion.

Die Münchner Bevölkerung verlor rasch den Bezug zu dem menschenscheuen, verschwenderischen und kranken Monarchen. Erst sein geheimnisvoller Tod im Starnberger See verhalf ihm zu einer allein vom Mythos bestimmten posthumen Anerkennung und Zuneigung. Diese späte Liebe der Bayern zu ihrem unglücklichen König erfuhr in den Jahren nach 1918 eine besondere Aktualisierung: Das von dem konservativen Kulturhistoriker Georg Jakob Wolf 1922 verfaßte Lebensbild «König Ludwig II. und seine Welt» modellierte das Ideal eines majestätisch denkenden und empfindenden Herrschers, dessen weit über allen Niedrigkeiten von Hof, Ministerien und Landtag stehendes Gottesgnadentum hier grell gegen die glanzlose Realität des zerstrittenen Parteienstaates der Weimarer Republik gesetzt wurde. Ludwig II. als verkannter kulturpolitischer Visionär und als ‹echter›, weil ganz und gar unbürgerlicher Souverän – diese Interpretation zielte nicht allein auf die damals von vielen erhoffte Wiedereinführung der Monarchie in Bayern, sondern schürte die Erwartungshaltung auf einen antidemokratischen politischen ‹Messias›, auf eine nicht so sehr dem Alltag als vielmehr den emotionalen Sehnsüchten der Masse und dem Mythos bayerischer Selbständigkeit zugewandte künftige Herrscher- und Führerpersönlichkeit. Eine verhängnisvolle Wunschvorstellung!

Unter Prinzregent Luitpold (1886–1912), der nach dem Tod Ludwigs II. die Amtsgeschäfte für dessen schon lange geisteskranken und in Fürstenried internierten jüngeren Bruder Otto übernehmen mußte, verflüchtigte sich die königliche Initiative für München völlig. Der vorletzte Repräsentant der wittelsbachischen Monarchie zehrte nur noch vom Ruhm Ludwigs I., dessen jüngster Sohn er war. Aus Attitüde besuchte er Künstlerateliers, kaufte Bilder an, verschenkte Zigarren, protegierte und eröffnete die Ausstellungen der Künstlergenossenschaften und ging ansonsten seiner ausgeprägten Jagdleidenschaft nach. Die bestimmende Rolle der Monarchie für München war längst zu Ende, immer entschiedener wechselte die

Haupt- und Residenzstadt in die Eigenverantwortung ihrer Bürgerschaft. Ein Hort der Künste, ein Schauplatz wohlberechneter architektonischer Perspektiven konnte sie aber dennoch bleiben.

Der Bürger als Stadtherr – die erfolgreichen Jahrzehnte nach 1870

Der eigentliche Souverän Münchens war spätestens seit der Gemeindeordnung von 1869 nicht mehr der Monarch, sondern der wahlberechtigte Bürger. Das kommunale Wahlrecht, das die Beteiligung an der inneren und äußeren Stadtgestaltung garantierte, war aber beileibe keine Selbstverständlichkeit: Seine Voraussetzung war der kostenpflichtige Erwerb des Bürgerrechts, das zusätzlich an die Zahlung eines bestimmten direkten Steuersatzes gebunden war. Obwohl die Gemeindeordnung von 1869 eine relativ liberale Handhabung des eigenen kommunalen Aufgabenkreises garantierte, unterstand (und untersteht bis heute) die Hauptstadt München der Rechtsaufsicht der Regierung von Oberbayern, wodurch die Münchner Stadtspitze abweichend von ihrem tatsächlichen politischen Gewicht in ihrer protokollarischen Position nach dem Regierungspräsidenten rangiert. Bedeutungsvoll für die Mehrung der magistralischen Aufgaben wurde die Eingliederung Bayerns in das neue Deutsche Reich von 1870/71. Dies bedeutete eine verstärkte Konkurrenz zu Berlin, der neuen Reichshauptstadt.

Bereits die ersten Wahlen nach der Gemeindeordnung von 1869 hatten dem Kollegium der Gemeindebevollmächtigten (ihm entspricht heute der Ehrenamtliche Stadtrat) jene liberale Mehrheit beschert, die dann – mit einer einzigen kurzzeitigen Unterbrechung infolge des «Kulturkampfes» – durch Jahrzehnte hindurch bestimmend bleiben sollte. Wahlkreiseinteilung und Mehrheitswahlrecht favorisierten lange eine Stadtvertretung, die keineswegs den politischen und gesellschaftlichen Kräfteverhältnissen in der Gesamtbevölkerung entsprach, sondern lediglich den vom Besitzbürgertum mittels des Bürgerrechtskaufes gewahrten Platzvorteil festschrieb. Die seit 1893 im Kollegium der Gemeindebevollmächtigten vertretene Sozialdemokratie bekam erst nach der Wahlrechtsänderung von 1908 einen ihrem gesellschaftspolitischen Gewicht entsprechen-

Die Luitpoldbrücke im Bau. Ölskizze von Fritz Martin, 1889. Seit 1854 wurden immer mehr Gemeinden auch jenseits der Isar eingemeindet, was neue Flußüberquerungen notwendig machte.

den Einfluß auf die Stadtpolitik. Trotz systematischer amtlicher Behinderung gelang es ihren Vertretern bei der Gemeindewahl 1914 sogar, zur stärksten Rathausfraktion aufzusteigen.

Bereits seit der Mitte des 19. Jahrhunderts hatte sich die Problematik der Stadt grundsätzlich verändert. Auf räumliche Expansion ausgerichtete Entwicklungsperspektiven veranlaßten die Stadtverwaltung, die Eingemeindungsbegehren der östlichen Vorstädte, dann auch anderer Umlandgemeinden positiv zu bescheiden. 1854 wurden die Au, Giesing und Haidhausen in den Münchner Burgfriedensbereich integriert, 1864 folgten Ramersdorf und 1877 Untersendling. Mit der Eingemeindung Neuhausens und Schwabings 1890 und Bogenhausens 1892 gab es einen neuerlichen Erweiterungsschub, bei dem die angegliederten Areale ihren faktisch längst bestehenden Zusammenhang mit dem Münchner Wirtschaftsraum nun auch formal bestätigten.

Der bisherige Burgfriedensbereich erfuhr tiefgreifende Veränderungen. Im Bereich der Isarvorstadt entstand um den strahlenförmig angelegten Gärtnerplatz ein neues Wohnviertel mit einfach konzipierten Mietskasernen, deren Fassaden allerdings eine gefällige spätklassizistische Gestaltung erhielten. Die Stadterweiterung machte neue Straßenverbindungen notwendig, denen ausgedehnte Partien der mittelalterlichen Befestigungsanlagen geopfert werden mußten. Im Gegensatz zu König Ludwig I. entwickelte der Münchner Magistrat zu keinem Zeitpunkt ein besonderes Verhältnis zu den Geschichtsdenkmälern der Stadt; die Beseitigung der mittelalterlichen Stadtmauer, in der man nur ein Verkehrshindernis sah, wurde in den vierziger und fünfziger Jahren mit großer Rücksichtslosigkeit vorangetrieben. Bereits 1835 hatte Ludwig das Isartor gegen den Willen der Bürgerschaft vor dem drohenden Abriß gerettet. Den Bürgern stand nämlich der Sinn mehr nach zweckmäßigen und modernen Bauanlagen, wie sie beispielweise die 1851/1853 als erste Eisen-Glas-Konstruktion errichtete «Schrannenhalle» nahe dem Viktualienmarkt oder der 1854 für eine Industrieausstellung ebenfalls aus Eisen und Glas ausgeführte «Glaspalast» im Alten Botanischen Garten darstellten. Das bieder-gemütliche München, wie es uns in den Karikaturen der seit 1847 vom Verlag Braun und Schneider herausgegebenen «Fliegenden Blätter» immer wieder begegnet, war nur ein ironisches Zerrbild. Bierseligkeit und Desinteresse an allem Großen, Schönen und Modernen mochten einer vorurteilsbelasteten Wahrnehmung von außen entsprechen, in der Realität war jedoch der Münchner Mittelstand seit der Jahrhundertmitte von außergewöhnlicher wirtschaftspolitischer Aktivität.

Vorbildlich löste München die strukturellen Fragen seines enormen flächenmäßigen Wachstumsprozesses: Die Frage einer sinnvollen Anbindung und Erschließung der eingemeindeten Stadtteile und der seit der «Gründerzeit» nach 1870/71 zunehmend um Eingemeindung ansuchenden Stadtrandkommunen führte 1892 zu einem von der Stadt ausgeschriebenen städtebaulichen Wettbewerb, der für die nahe und weitere Zukunft ein verbindliches Entwicklungskonzept des Großraums München postulierte. Das zur Konkretisierung der zahlreichen Ideen und Vorschläge geschaffene «Stadterweiterungsbüro» unter dem Architekten Theodor Fischer setzte auf die Strukturierung des ins Umland vorrückenden Stadtgefüges mittels einer genau durchdachten Abfolge von teils verdichteter und teils aufgelockerter Bebauung, der viele Jahrzehnte gültigen «Staffelbauordnung» von 1904. Durch die vorgegebene Aussparung von Freiräumen und Grünzügen sowie die architektonische Akzentuierung der Neubaugebiete mit repräsentativen öffentlichen Bauten (z. B. Schulen und Kirchen) wurde großstädtische Monotonie vermieden. Nachdem in den beiden Jahrzehnten vor 1892 eigentlich nur eine auf geometrische Erschließungsstrukturen ausgerichtete Spekulationsbebauung das Stadtwachstum geprägt hatte (z. B. das Gärtnerplatzviertel und das sogenannte Franzosenviertel um den Ostbahnhof), wurden nun eine punktuell variable Stadtplanung und eine darauf bezogene Baugestaltung zur vielleicht profiliertesten Kernaufgabe der Bürgergemeinde. Die vordem exklusiv königliche Architekturinitiative wurde von den städtischen Gremien weiterentwickelt. Das eindrucksvolle Erscheinungsbild des ludovizianischen «Isarathen» wurde durch qualitätvolle Baukörper und durch brunnengeschmückte, weiträumige Platzanlagen gesteigert.

Mit der Einführung der Eisenbahn nach 1840 waren auch entferntere historische Bezugsräume Münchens (z. B. der Starnberger See mit seinen vielen adeligen Ansitzen) problemlos für jedermann erreichbar. Der Stadtraum selbst erfuhr mit der zunächst noch privat betriebenen Pferde- und Dampftrambahn eine den unterschiedlichen Wohn- und Wirtschaftsbereichen angemessene Verkehrserschließung. Die verbesserten Verkehrsverhältnisse leisteten freilich auch einem raschen Absinken der Wohnbevölkerung in der Altstadt Vorschub. Dieser Prozeß der ‹Citybildung›, der mit dem Verschwinden vieler Altmünchner Bürgerhäuser und der Errichtung imposanter Bankgebäude, Bierhallen, Geschäfts- und Kaufhäuser einherging, nahm massiven Einfluß auf das Altstadtbild, ohne jedoch die künstlerisch sensibel akzentuierten, architektonischen Charakterzüge Münchens zu verwischen. Eine sich nach endlosen Stilrekapitulationen an der Wende vom 19. zum 20. Jahrhundert entwickelnde bodenständige Architektur, der sogenannte Heimatstil, setzte auf große Linien und ruhige Konturen und wurde in ihrem Erscheinungsbild auch der massigen, das Stadtbild dominierenden Doppelturmanlage der Frauenkirche gerecht. Die Brüder Gabriel und Emanuel von Seidl, daneben Theodor Fischer

Der Münchner Hauptbahnhof. Aquarell von Heinrich Kley, um 1910. Die nach 1880 errichteten riesigen Abfahrtshallen aus Eisen und Glas setzten einen markanten technischen Akzent im Stadtpanorama.

und Hans Grässel mögen hier stellvertretend für jene Architektengeneration stehen, der damals eine allgemein bewunderte und bis heute überzeugende Verbindung von Altem und Neuem gelang.

Diese nicht mehr monarchisch, sondern großbürgerlich angelegte Präsentation einer Hauptstadt wäre ohne den durch die Gründerjahre nach 1870/71 ausgelösten Wohlstandsschub nicht möglich gewesen. Der rasche Aufschwung des Gewerbestandortes München mit Großindustrie und Exportgewerbe (Bierbrauereien, graphisches Gewerbe, Instrumenten-, Maschinen- und Lokomotivbau) setzte einen neuen Akzent im überkommenen München-Bild. Von der Öffentlichkeit wahrgenommen wurde aber in erster Linie die durch die Konzentration vieler kleiner Braustätten auf wenige, modern ausgestattete Großbetriebe in nur wenigen Jahren erreichte

Verdoppelung des Bierausstoßes bei gleichzeitig steigender Qualität des Bieres. Die Münchner Großbrauereien konnten im In- und Ausland immer mehr Konkurrenz vom Markt vertreiben, so daß die Stadt schließlich weltweit als Metropole der Braukunst angesehen wurde.

Münchens Aufbruch in eine industrielle Moderne führte zu einem kontinuierlichen Anwachsen der Bevölkerung, wobei dieser Wachstumsprozeß vorrangig durch die Zuwanderung Beschäftigungssuchender aus bayerischen Notstandsgebieten, wie z. B. dem Bayerischen Wald, zustande kam. Die Einwohnerzahl kletterte von 170 000 im Jahr 1871 auf 500 000 um die Jahrhundertwende und auf 600 000 im Jahr 1910. Noch vor Ausbruch des Ersten Weltkriegs stieg München – nach Berlin, Hamburg und Breslau – zur viertgrößten Stadt im Deutschen Reich auf. Bedeutend waren auch die hier von Wissenschaftlern erbrachten Leistungen. Dem 1852 nach München berufenen Chemiker Justus von Liebig war Adolf von Baeyer, der Protagonist der deutschen Farbenindustrie, auf dem Lehrstuhl gefolgt; wie Baeyer wurde auch seinen Nachfolgern, Richard Willstätter und Heinrich Wieland, der Nobelpreis zugesprochen. 1874 entwickelte Carl von Linde die erste Eismaschine, 1897 ließ Rudolf Diesel an der Technischen Hochschule erstmals seinen Motor laufen, und auch der die praktische Medizin revolutionierende Nobelpreisträger Wilhelm C. Röntgen lehrte seit 1899 in München. Allgemeine Aufmerksamkeit errangen die auf den Gebieten der Physik, Chemie und Technik vollbrachten großen Leistungen freilich erst durch die Aktivitäten Oskar von Millers (Sohn des Erzgießers Ferdinand von Miller). Als dieser in der Kunst- und Museumsstadt München die Idee eines technischen und naturwissenschaftlichen Museums, des «Deutschen Museums», durchsetzte, gab es für diese richtungweisenden Entwicklungssparten endlich tieferes Verständnis und wachsende öffentliche Bewunderung.

Die größte Leistung der Stadtbürgerschaft war und blieb jedoch die in der zweiten Hälfte des 19. Jahrhunderts durchgeführte Stadtsanierung. Die aufgrund seichter und unhygienischer Grundwasserbrunnen hohe Seuchengefahr in München (insbesondere Typhus und Cholera) war durch die von Max von Pettenkofer initiierte Einrichtung einer Schwemmkanalisation entscheidend reduziert

Münchner Familie im Hof des Königlichen Hofbräuhauses, vor 1914. Durch seine gesteigerte Qualität wurde das Münchner Bier seit der zweiten Hälfte des 19. Jahrhunderts zu einem wichtigen Exportgut. Für die Stadtbevölkerung galt es seit dem 17. Jahrhundert als Grundnahrungsmittel.

worden, wie andererseits die 1883 vollendete, erstklassige Frischwasserversorgung aus dem Mangfalltal eine weitere wichtige Voraussetzung für die sanitäre Perfektion der Stadt bildete. Öffentliche Zierbrunnen, die durch ihre besondere künstlerische Gestaltung zusätzliche städtebauliche Akzente setzten, und eine wachsende Anzahl von Badeeinrichtungen (Schwimmbäder, Schulbäder, Brause- und Wannenbäder) sowie eine seit 1891 betriebene städtische «Hausunratsbeseitigung» zeugten vom hohen hygienischen Verantwortungsbewußtsein des Magistrats. Jugendgerechte Schulbauten, Altersheime, modern ausgestattete Krankenhäuser und vorbildlich angelegte große Friedhöfe standen ebenso im langen Katalog des kommunalen Leistungsangebots. Zum Zwecke einer besseren Verbindung der durch die Isar getrennten Stadtteile wurden zahlreiche neue Brücken gebaut bzw. alte Übergänge durch moderne Konstruktionen ersetzt. Die wegen ihrer jährlichen Hochwasser gefürchtete Isar selbst wurde im Stadtgebiet in hohe Kaimauern eingezwängt und in zwei Arme geteilt, die «Große» und die «Kleine» Isar. Erhebliche Ausgaben verursachte der Stadtkämmerei die notwendige Verbesserung der innerstädtischen Verkehrswege durch Makadam (gewalzte Kieselsteine) und durch Pflasterungen. Die seit 1876 von einer privaten Trambahngesellschaft betriebene Pferdebahn wurde wegen des wachsenden Verkehrsaufkommens und zur größeren Bequemlichkeit der Bürger ab 1895 elektrifiziert und 1907 in städtische Regie übernommen. Die beginnende Versorgung Münchens mit elektrischer Energie (Nutzung der Wasserkraft der Isar durch Elektrizitäts- und Kraftwerke) minderte keineswegs die seit 1850 bestehende Bedeutung der Münchner Gasanstalt, die 1899 durch die Stadt von einer privaten Gesellschaft übernommen wurde. Alle städtischen Versorgungsunternehmen warfen dank einer guten Organisation sogar beträchtliche Überschüsse ab, die von der Stadt sofort wieder in neue Investitionen eingebracht wurden.

Die zentrale Persönlichkeit der Stadterneuerung wurde Dr. Wilhelm von Borscht, der zwischen 1888 und 1893 als Zweiter und von 1893 bis 1918 als Erster Bürgermeister amtierte. Sein Name müßte auf einer Ehrentafel für

Die langjährigen Bürgermeister der Stadt München, Dr. Wilhelm von Borscht (rechts; Zweiter Bürgermeister 1888–1893; Erster Bürgermeister 1893–1919) und Dr. Philipp Brunner (Zweiter Bürgermeister 1893–1914).

Münchens amtliche Wohltäter unmittelbar nach dem Namen König Ludwigs I. eingetragen werden. Nicht Prinzregent Luitpold, sondern der die Bürgerschaft und immer mehr auch die gesamte nichtbürgerschaftliche Einwohnerschaft Münchens repräsentierende Bürgermeister Borscht war an der Wende zum 20. Jahrhundert der Motor der Stadtentwicklung. Doch ungeachtet dieser unübersehbaren Akzentverschiebungen pochte die in völlige politische Untätigkeit gefallene und nur noch mit sich selbst beschäftigte Dynastie Wittelsbach weiterhin auf ihren traditionellen Führungsanspruch.

Ein gutes Beispiel für die in der Regel im Hintergrund ausgetragenen Konflikte zwischen Rathaus und Residenz ist der Bau des Neuen Rathauses am Marienplatz. Das von dem Architekten Georg von Hauberrisser 1867 in neugotischem Stil begonnene Gebäude war in seinem ersten Bauabschnitt eine Huldigung an die Bürgergemeinde. Deshalb repräsentieren die über dem Haupteingang angebrachten Plastiken klassische bürgerliche Tugenden, nämlich den «Gewerbefleiß», die «Häuslichkeit», die «Wehrhaftigkeit» und die «Mildtätigkeit». Der Saal der Gemeindebevollmächtigten wurde 1880 durch den damals renommiertesten Münchner Maler, Karl von Piloty, mit einem Historienbild geschmückt, das die stolze

Frauengestalt der «Monachia» als Personifikation der Stadt zeigt, um die sich wichtige Personen der Stadtgeschichte unabhängig von Stand und Geschlecht gruppieren. Damit wurde die Vision einer egalitären Bürgergesellschaft in die mehr als 700jährige Stadtgeschichte zurückprojiziert – ein für damalige Verhältnisse unerhört kühnes Unterfangen. Die Dynastie Wittelsbach trat in dieser Komposition nur in einigen blassen Bildnissen im Gemäldehintergrund in Erscheinung. Diese Bildinszenierung scheint das «allerhöchste» Mißfallen ausgelöst zu haben, weshalb acht Jahre später bei der Ausgestaltung des magistratischen Sitzungssaals ein malerischer Ausgleich hergestellt wurde: Der ausführende Künstler, Wilhelm Lindenschmit, zeigte in seinem Fresko erneut eine «Monachia», die nun aber von König Ludwig I. feierlich gekrönt wurde. Dieser über die Malerei ausgetragene Streit um beginnende Emanzipation oder fortdauernde Untertänigkeit der Münchner Bürgerschaft erlebte einen weiteren Höhepunkt, als nach Vollendung des dritten Bauabschnitts des Neuen Rathauses 1904 die Fassaden am Marienplatz und an der Weinstraße mit mehr

Skizze zu Karl von Pilotys Kolossalgemälde «Monachia», um 1875. Das Bild, das alle für bedeutend erachteten Personen der Stadtgeschichte versammelt und damit eine egalitäre Einwohnergemeinde projeziert, hängt nach langer Abwesenheit seit 2005 wieder im Großen Sitzungssaal des Neuen Rathauses.

als 40 Standbildern aller Stadt- und Landesherren der regierenden Dynastie ausgestattet wurden – ein Kuriosum, das in krassem Kontrast stand zu der inzwischen faktischen Souveränität der Bürgerschaft. Der imposanten Baumanifestation des noch jungen kommunalen Selbstbewußtseins wurde damit die historische Abhängigkeit ein letztes Mal deutlich ‹auf die Stirn› geschrieben.

Die Eleganz des von erstrangigem architektonischen Eklektizismus geprägten Stadtbildes und die optische Regie der vornehm gestalteten Blickachsen waren um die Wende zum 20. Jahrhundert ein sichtbarer Beweis dafür, daß das bürgerliche Gemeinwesen die Tradition der ludovizianischen Kunststadt nicht verlassen, sondern konsequent fortentwickelt hatte und daß Künstlertum und Künstlergeist elementare Bestandteile des urbanen Wachstumsprozesses geblieben waren. Es war Thomas Mann vorbehalten, in seiner Erzählung «Gladius Dei» jenes im Glanz seiner architektonischen Schönheit und genießerischen Selbstgefälligkeit «leuchtende» München etwas ironisch zu hinterfragen. Denn die allgemeine Kunststadteuphorie der Jahrhundertwende war eine gut eingespielte Attitüde, hinter der in manchen Bereichen nur eine mittelmäßige Kunstproduktivität oder gar nur eine aufgeblähte künstlerische Reproduktions- und Imitationsindustrie steckte. Nicht geistige Grundlagen, sondern kommerzielle Gesetzmäßigkeiten bestimmten demnach den Charakter des lebhaften Münchner Kunstbetriebs und damit auch das reale künstlerische Profil Münchens. Allein die Netzwerke der unterschiedlichen, voneinander in ständiger Abspaltung begriffenen und in bitterer Konkurrenz agierenden Künstlergenossenschaften, etwa die 1892 gegründete «Sezession» und die 1913 gebildete «Neue Sezession», definierten Ruhm und finanziellen Erfolg. Franz von Lenbach regierte diese Eigenwelt als «Malerfürst» und hielt in seiner Villa draußen vor den Propyläen standesgemäß Hof, und auch Franz von Stuck verwaltete von Bogenhausen aus seinen Anteil am Münchner Kunstimperium. Doch noch gab es in der Stadt genügend Kraft, um die aus Konvention so hoch geschätzte und so teuer bezahlte akademische Produktion immer wieder in die Schranken zu fordern. Erinnert sei hier nur an die kämpferischen Ideale des vom Exilrussen Wassily Kandinsky geführten Freundeskreises «Der Blaue Reiter».

Nicht nur im Bereich der bildenden Künste, auch im literarischen Leben amalgamierte München seit der Mitte des 19. Jahrhunderts die gutsituierten Produktivkräfte und deren rebellische Herausforderer. Der spätidealistische Münchner Dichterkreis um Emanuel Geibel und Paul Heyse ist hier ebenso zu erwähnen wie (etwas zeitversetzt) Franziska zu Reventlow, das Brüderpaar Thomas und Heinrich Mann, Max Halbe, Rainer Maria Rilke, Erich Mühsam und Ludwig Thoma. Die 1896 von dem Verleger Georg Hirth herausgegebene Zeitschrift «Jugend» schrieb gegen die prahlerische und selbstgefällige Gründerzeit der satten Friedensjahre nach 1870/71 an und prägte nebenher einen eigenen Kunststil, den Jugendstil, der besonders in der Innenausstattung und im Kunsthandwerk floralfragile Gebilde von bizarrer Schönheit schuf. Auch die von Albert Langen seit 1896 herausgegebene Satirezeitschrift «Simplicissimus» war ein typisches Münchner Produkt. In den von genialen Künstlern gezeichneten Karikaturen wurden der kleinkarierte altbayerische Partikularismus wie das rigide und militärbesessene wilhelminische Preußentum gleichermaßen der Lächerlichkeit preisgegeben. In der näheren Umgebung von Universität und Akademie der Schönen Künste verdichteten sich künstlerische Produktions- und Lebenssituationen. Gerade von Schwabings Mansardenwohnungen und Ateliers ging ein mächtiger geistiger Impuls aus: Stefan George und sein elitärer Kreis etwa sollten in ihrer – allerdings sehr temporären – Wirkung nicht übersehen werden. Zahlreiche andere, oft nur kurzzeitig gepriesene Zelebritäten oder Talente wären noch anzufügen. Die Produktivität dieser vielen «Enormen und Belanglosen» – so die Differenzierung der Münchner Literaten durch den George-Kreis – war natürlich auch stark von Gedankenverwirrung, Selbstbeweihräucherung und habituellem Größenwahn geprägt. Der Kult um die exzentrischen Literatur-Bohemiens war allerdings unverzichtbarer Bestandteil der Ausrichtung Münchens auf übergeordnete, den Alltagsrahmen übersteigende Zielsetzungen. Die in den Platitüden des Alltags verhafteten Kleinbürger dagegen, die als Vermieter oder als Ladenbesitzer mit den Lebensäußerungen der Schwabinger Originalgenies befaßt waren, dachten freilich über die Sache anders. Im freundlichsten Fall wurden die Kunstjünger generalisierend als «Schlawiner» apostrophiert, wobei im Münchner Sprachgebrauch

Titelblatt des von Wassily Kandinsky und Franz Marc herausgegebenen Almanachs «Der Blaue Reiter», 1912.

diese auf eine unbestimmbare slawische Topographie gründende Zuordnung ja keineswegs eine eindeutige Negativeinschätzung zum Ausdruck bringt, sondern eine durchaus freundliche Konnotation einschließt – die beinahe neidische Anerkennung achtenswerter Schlitzohrigkeit. Grollend und doch auch wieder augenzwinkernd akzeptierte das Münchner Bürgertum die Ungezwungenheit, Ausgelassenheit und Frivolität des Künstlervölkchens. Selbst moralische Anstößigkeiten waren eben unabdingbare Facetten des Kunststadtcharakters. Die Situation Schwabings als die eines gesteigerten, ja auf die Spitze getriebenen Münchens umschrieb Franziska zu Reventlow mit dem sonderbaren Begriff «Wahnmoching», einer genialen Abbreviatur der dörflich-kleinbürgerlichen Lebensverhältnisse, überlagert von geistiger Bewegung, radikalem Protest und sexueller Libertinage. Erwähnt sei in diesem Zusammenhang, daß um die Jahrhundertwende auch ein russischer Exilant unter dem Decknamen «Meyer» in Schwabing ein Domizil gefunden hatte – der nachmals die Welt gründlich verändernde russische Revolutionär Wladimir Iljitsch Lenin.

Die unbestreitbaren Vorzüge der erst von kunstsinnigen Fürsten, dann von einer fortschrittlich-selbstbewußten Bürgerschaft ausgestalteten Metropole wurden in Werbeschriften zu platten, aber wirksamen Klischees pervertiert. Das weitverbreitete Bild einer als ‹Architekturlexikon› fungierenden, nichtindustriellen, aber gleichzeitig sehr wohl allen Zukunftsperspektiven aufgeschlossenen und allen Zuwanderern wohlgesinnten, gemütlichen, gutnachbarlichen und stets biervergnügten Großstadt setzte sich nachhaltig durch und schuf irreversible Bewußtseinsinhalte, die inner- und außerhalb Münchens bis heute nachwirken. Die Einseitigkeit dieses

Titelblatt der Münchner Illustrierten Wochenschrift «Jugend». Die ab 1896 erschienene Zeitschrift verstand sich als eine vielseitige Unterhaltungszeitschrift, die dem traditionellen Münchner Kulturkanon kritisch gegenüberstand. Durch die von ihr bevorzugte Ornamentik wurde sie namengebend für den sog. Jugendstil.

München-Bildes einer angeblich ‹guten alten Zeit› kann hier nur andeutungsweise korrigiert werden. Jenseits der wirkungsvollen Architekturkulisse – nämlich in den Hinterhöfen der Altstadt, in den Mietskasernen beim Ostbahnhof, im Westend, in den Zinshäusern der äußeren Maxvorstadt, der Ludwigsvorstadt, Untersendlings und anderer Randbezirke, besonders aber in den malerisch-elenden Herbergsvierteln entlang der Isar – lebte bzw. vegetierte eine andere, gänzlich perspektivlose Schicht der Alt- oder Neumünchner, die in den hymnischen Lobpreisungen «Isar-Athens» nie erwähnt wurde. Es waren dies die kleinen Angestellten, die erfolglosen Freiberufler, die schlecht entlohnten Fabrikarbeiter, die Tagelöhner, die Arbeitslosen, kurz jene Klasse, die man damals mit dem Begriff «Proletarier» umschrieb. Sie fanden unter den bürgerlichen Gemeindebevollmächtigten keine Interessenvertreter und konnten sich allein über die – von der Obrigkeit allerdings in ihrer politischen Wirkung stark beschnittene – Sozialdemokratische Partei (SPD) artikulieren. Die Wohnsituation dieser Minderbemittelten verbesserte sich erst in den neunziger Jahren, als gemeinnützige Bauunternehmungen auch Angehörigen der Arbeiterklasse die Möglichkeit boten, durch Erwerb von Geschäftsanteilen in vereinseigenen Neubauten zu einer zweckmäßigen und hygienischen Wohnung zu kommen. Die Beteiligung an der politischen Macht konnten jene sich freilich nur von einem Umsturz der bestehenden Verhältnisse erhoffen.

1918: Die Revolution des Kurt Eisner

Der schöne Schein des gründerzeitlichen Münchens ging 1914 zu Ende. Unter Trommelwirbel wurde am 1. August 1914 auf öffentlichen Plätzen die Kriegsproklamation des Deutschen Reichs verlesen. Der Kriegsbeginn provozierte zunächst noch eindrucksvolle Manifestationen öffentlicher Begeisterung: Üppiger Fahnenschmuck und der feierliche Klang der Kirchenglocken begleiteten die ersten Siegesmeldungen. Doch man war sich durchaus bewußt, daß der große Krieg, der in wenigen Tagen beinahe alle Staaten Europas gemäß ihren Bündnisverpflichtungen erfaßt hatte, ein hohes

Risiko darstellte. Wie überall in Deutschland reagierte auch die Münchner Bevölkerung mit einer Massenhysterie. Überall witterte man feindliche Spione, französischsprachige Aufschriften oder Firmenschilder wurden abgenommen oder abgerissen; Hotels, deren Namen auf eine Verbindung mit den Feindstaaten schließen ließen (z.B. Englischer Hof), mußten sich umbenennen; selbst Angehörige neutraler Mächte waren erniedrigenden Verhaftungen und Vernehmungen ausgesetzt. Das bislang so weltoffene München verdüsterte sich schlagartig.

Vom Münchner Hauptbahnhof aus wurden bayerische Truppen an die Westfront transportiert, Sommer 1914.

Nach Berlin besaß München die zweitgrößte Garnison im Reich, weshalb sich bei den Münchner Truppenverladungen und Abschiedsparaden das starke militärische Moment der Stadt erstmals aufdringlich ins Bild schob. Da Bayerns Feldheer über 500 000 Mann zählte und die Gesamtstreitmacht des Königreichs einschließlich der Landwehr sogar 900 000 Mann überstieg, wurde München darüber hinaus zur wichtigsten Drehscheibe der bayerischen Mobilmachung. Kriegsfreiwillige und Einberufene strömten in den Erfassungsstellen zusammen, blumengeschmückt marschierten sie in die Kasernen und zum Hauptbahnhof, um von dort an die Front transportiert zu werden.

Bald jedoch wich der bunte Zauber der Montur dem trüben Feldgrau, die Siegesfanfaren verstummten. Am Hauptbahnhof mußten die ersten Verwundetentransporte entladen werden. Schulen wurden als Massenquartiere und Reservelazarette requiriert, Kriegsversehrte und Invaliden gehörten plötzlich zum normalen Straßenbild. Tätigkeiten, die bisher Männern vorbehalten waren, wurden zunehmend von weiblichem Personal ausgeführt; Frauen arbeiteten als Straßenbahnschaffnerinnen oder an den Werkbänken der Fabriken. 1916 entstand in Freimann mit den Bayerischen Geschützwerken ein Zweigwerk von Krupp, daneben produzierten auch die Bayerischen Motorenwerke (BMW) und die Bayerischen Flugzeugwerke kriegswichtige Rüstungsgüter. Tausende von Arbeitskräften aus dem Ruhrgebiet und aus Sachsen wurden nach München geschafft, um die Stadt zu einem süddeutschen Zentrum der Kriegswirtschaft auszubauen.

Die Materialschlachten im Westen ließen die täglich am Kriegsministerium in der Ludwigstraße angeschlagenen Verlustlisten rasch länger werden; in den Amtsstuben hatte man sich längst an den Anblick verängstigter oder tränenüberströmter Menschen gewöhnt. Der seit 1915 zunehmende Mangel an Lebensmitteln, an Rohstoffen, Kleidung und Kohlen zeigte den Münchnern, daß es neben den Schützengräben auch noch eine ‹Heimatfront› gab, an der Alte, Frauen und Kinder ihren besonders schweren Teil der Kriegslast zu tragen hatten. 1916 zogen hungernde Frauen vor das Rathaus und forderten die Erhöhung der Brotrationen. Fensterscheiben gingen zu Bruch, und nur durch den Einsatz von Polizei und Militär konnte die aufgebrachte Menge zerstreut werden. Die elende Steckrübenernährung im harten «Dotschenwinter» 1916/17 trug Mitschuld an der rasanten Ausbreitung einer Grippeepidemie, die wahrscheinlich Tausende von Opfern forderte.

Das schwindende Durchhaltevermögen des deutschen Heeres an der Westfront und die ungeheure Kriegsmüdigkeit der Zivilbevölkerung kontrastierten ab 1916 immer auffallender mit der von der militärischen Führung zur Schau getragenen Siegeszuversicht und den territorialen Annexionswünschen der königlichen Familie.

König Ludwig III. (1913–1918) war bei der Münchner Bevölkerung nicht hoch angesehen, da er 1913 seinen geisteskranken Neffen, König Otto (1886–1916), durch eine Verfassungsänderung entthront hatte. Ludwigs Bruder Leopold stand als Generalfeldmarschall an der Ost-, Kronprinz Rupprecht in gleicher Funktion an der Westfront. Diese direkte Verbindung maßgeblicher Vertreter des Hauses Wittelsbach mit der Obersten Heeresleitung unter Paul von Hindenburg und Erich Ludendorff und ihr scharfmacherisches Auftreten nach preußischem Muster machten in den Augen der Münchner die Dynastie Wittelsbach mitverantwortlich für den menschenverachtenden militärischen Führungsstil, von dem die geschundenen Heimaturlauber berichteten. So nahm unter der Münchner Bevölkerung die Abneigung gegen das in jeder Hinsicht rücksichtslose und politisch sowieso überholte monarchische System von Tag zu Tag zu.

Im Rahmen der zunehmenden Proteste gegen Krieg und Hunger kam es 1918 zu massiven Streiks in der Münchner Rüstungsindustrie, die von den Unabhängigen Sozialdemokraten (USPD) unter Kurt Eisner und der Spartakusgruppe ausgelöst worden waren, jedoch von den Mehrheitssozialdemokraten (MSPD) unter Erhard Auer keine nennenswerte Unterstützung erfuhren. Als sich im Herbst 1918 die militärische Lage an der West- und Südfront immer bedrohlicher zuspitzte, verhinderte das Konkurrenzdenken der sozialistischen Gruppierungen eine einheitliche Machtdemonstration der kriegsmüden Arbeiterschaft. Während einer Massenversammlung auf der Theresienwiese am 7. November 1918 entschloß sich Kurt Eisner, auf eigene Faust zu handeln und das morsche monarchische System im Alleingang zu stürzen. Mit seiner Anhängerschaft zog er vor die Münchner Kasernen. Die Soldaten öffneten willig die Tore und solidarisierten sich mit den Demonstranten. Die Münchner Garnison stand auf der Seite der Revolution. Am Abend desselben Tages konstituierte sich im Mathäserbräu nahe dem Karlsplatz ein erster «Arbeiter- und Soldatenrat», der Eisner zu seinem Vorsitzenden wählte. Obwohl der Führer der MSPD, Erhard Auer, gemäß den Tagebuchaufzeichnungen des letzten königlichen Innenministers, Friedrich von Brettreich, in der Nacht vom 7. auf den 8. November 1918 alle zuständigen Ministerialstellen sowie auch den amtierenden Kriegsminister um ein sofortiges militärisches Eingreifen gegen Eisner bat und sinngemäß ausführte: «Eine Unterdrückung sei ihm ganz recht, sie könne aber nur noch heute Nacht erfolgen», kam wegen des gänzlichen Mangels an loyalen Truppen das letzte Zweckbündnis zwischen der stets als «königlich-bayerisch» verspotteten Sozialdemokratie und der abtretenden Staatsmacht nicht mehr zustande. Eisner siegte auf ganzer Linie. In der Nacht zum 8. November erklärte der «Rat der Arbeiter, Soldaten und Bauern» im Sitzungssaal des Landtags Bayern zur Republik («Volksstaat»/«Freistaat») und die Herrschaft des Hauses Wittelsbach für beendet. Erhard Auer und mit ihm die bayerische Mehrheitssozialdemokratie traten daraufhin in die neue Regierung Eisner ein.

Der rasche Zusammenbruch der Monarchie in Bayern kam nicht von ungefähr. Seit Jahrzehnten in seniler Untätigkeit und Hilflosigkeit erstarrt, hatte sie zuletzt nur noch einer autokratischen Ministerialbürokratie als stets bequeme Firmierung gedient. Eisners Revolution von 1918 war keineswegs «Meineid und Hochverrat» (so der Münchner Kardinal-Erzbischof Michael von Faulhaber noch im Jahr 1923), sondern sie war das praktizierte Grund- und Notrecht des Volkes gegen ein durch und durch reformunfähiges Herrschaftssystem. Eisners Revolution war auch kein überwiegend durch «landfremde Elemente» ausgelöster Umsturz, wie später immer wieder behauptet wurde. Obwohl sich tatsächlich zahlreiche Nichtmünchner Rüstungsarbeiter und viele der nur vorübergehend in München stationierten Militärpersonen (z. B. Matrosen der kaiserlichen Kriegsmarine, die nach dem Zusammenbruch der Donaumonarchie von den österreichisch-ungarischen Kriegshäfen hier zusammengezogen worden waren) an den Ereignissen vom 7./8. November 1918 beteiligt hatten, waren auch die Münchner selbst Eisners Zug zu den Kasernen nicht ferngeblieben. Die Beseitigung der Dynastie Wittelsbach entsprach im November 1918 dem Mehrheitswillen der Bevölkerung. Keine Hand rührte sich für den alten König, kein Offizier besann sich auf seinen Eid, kein Leibregimentssoldat griff zum Gewehr. Der König floh mit seiner Familie, niemand versuchte, ihn aufzuhalten. Auch der Kronprinz unternahm nichts zur Rettung des Throns. Er blieb weiter «unabkömm-

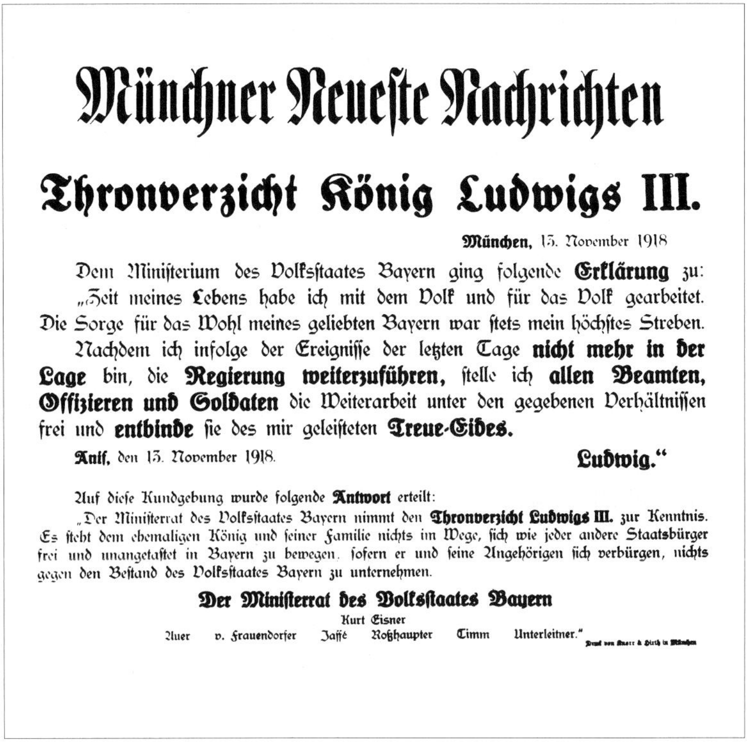

Münchner Neueste Nachrichten

Thronverzicht König Ludwigs III.

München, 13. November 1918

Dem Ministerium des Volksstaates Bayern ging folgende **Erklärung** zu:
„Zeit meines Lebens habe ich mit dem Volk und für das Volk gearbeitet. Die Sorge für das Wohl meines geliebten Bayern war stets mein höchstes Streben.

Nachdem ich infolge der Ereignisse der letzten Tage **nicht mehr in der Lage** bin, die **Regierung weiterzuführen**, stelle ich **allen Beamten, Offizieren und Soldaten** die Weiterarbeit unter den gegebenen Verhältnissen frei und **entbinde** sie des mir geleisteten **Treue-Eides**.

Anif, den 13. November 1918. **Ludwig.“**

Auf diese Kundgebung wurde folgende **Antwort** erteilt:

„Der Ministerrat des Volksstaates Bayern nimmt den **Thronverzicht Ludwigs III.** zur Kenntnis. Es steht dem ehemaligen König und seiner Familie nichts im Wege, sich wie jeder andere Staatsbürger frei und unangetastet in Bayern zu bewegen, sofern er und seine Angehörigen sich verbürgen, nichts gegen den Bestand des Volksstaates Bayern zu unternehmen.

Der Ministerrat des Volksstaates Bayern

Kurt Eisner

Auer v. Frauendorfer Jaffé Roßhaupter Timm Unterleitner.“

Druck von Knorr & Hirth in München

lich» an der Westfront und «weilte» anschließend im neutralen Holland. So endeten 738 Jahre wittelsbachischer Landes- und 678 Jahre wittelsbachischer Stadtherrschaft sang- und klanglos. Doch Eisner war es nicht allein um den Sturz der Monarchie zu tun, sein Ziel waren eine umfassende politische Erneuerung von Staat und Gesellschaft sowie ein tiefgreifender Gesinnungswandel im Sinne der Demokratie.

Am 13. November 1918 entband König Ludwig III. alle Beamten, Offiziere und Soldaten von ihrem Treueid. Der Ministerrat des Volksstaates Bayern interpretierte diese Entpflichtung zu Unrecht als Thronverzicht des Königs.

Die Wirklichkeit sah freilich anders aus: Behörden und Beamten stellten sich auf den stets tragfähigen ‹Boden der Tatsachen›; das um die monarchischen Symbole erleichterte Amtssiegel arbeitete nunmehr im Dienste derer, denen es das Lebensrecht bisher nach Kräften beschränkt hatte. Im katholischen Kirchengebet verstummte die Fürbitte für den regierenden Monarchen, Ladenbesitzer entfernten das Schild «Hoflieferant» vom Eingang. Schnell paßte sich die Stadt dem vollzogenen Wandel an, doch die Einstellungen und Gesinnungen gerade der älteren Menschen blieben hinter den stürmischen äußerlichen Veränderungen zurück. Auch die Sprache der Steine blieb entschieden: Kirchen und Paläste, Brunnen und Plätze trugen die Erinnerung an ein abgeschlossenes Kapitel monarchisch geprägter Stadtgeschichte weiter.

Kurt Eisner, der einer liberalen jüdischen Berliner Familie entstammte, war ein umfassend gebildeter, an Kant und Marx geschulter Journalist und Literat, daneben aber auch ein mit überzeugender Redekunst begabter Volkstribun. Er hatte seit Beginn des Weltkriegs aus Idealismus die Sache der durch den entfesselten Militarismus Unterdrückten und Geknechteten zu seiner eigenen gemacht und sich dabei auch in Gegensatz zur vorherrschenden Richtung der Sozialdemokratie gestellt, die bei Kriegsbeginn die notwendigen Kredite im Berliner Reichstag mitbewilligt hatte.

Die im November 1918 in München übernommene Verantwortung begann Eisner schnell zu zerreiben. Wie im Hohenzollernreich, wo einen Tag nach dem Münchner Umsturz, nämlich am 9. November 1918, die Monarchie ebenfalls beseitigt worden war, so wurden auch in Bayerns Hauptstadt in den folgenden Wochen und Monaten alle Kräfte des Friedens und der Versöhnung als die am militärischen Zusammenbruch Deutschlands eigentlich Schuldigen diffamiert: Sie hätten angeblich dem kämpfenden Feldheer den schon in greifbare Nähe gerückten Sieg gestohlen. Diese Lüge, die von den gescheiterten Militärdiktatoren der Obersten Heeresleitung in die Welt gesetzt wurde, vergiftete selbst die Gemüter vieler bislang in der Ablehnung des Kriegs einmütiger Stadtbewohner. Bayerns erster republikanischer Ministerpräsident Eisner versuchte stets eine drohende unitarische Ausgestaltung der neuen Reichsverfassung zu verhindern, wobei der von ihm in die Debatte eingeführte Begriff der «Vereinigten Staaten von Deutschland» weit mehr war als nur ein bloßer Abwehrreflex gegen die schon in Bismarcks Reichskonstruktion von 1871 verankerte preußische Hegemonie. Eisners stark föderalistischer Ansatz zielte auf Gleichberechtigung innerhalb des deutschen Staatengefüges und lehnte eine bayerische Unterordnung unter den von Berlin aus gelenkten Einheitsstaat ab. Separatismus, also eine Loslösung Bayerns von Deutschland, kam für Eisner nicht in Frage.

Angesichts der chaotischen Verhältnisse im Reich nahm Ministerpräsident Eisner die seinem Ressort traditionell zugerechnete Außenpolitik wieder selbst in die Hand; dieser politische Handlungsspielraum war seit der Reichseinheit und insbesondere seit 1914 in Bayern zum Erliegen gekommen. Leider erlebte er gerade auf diesem wichtigen politischen Feld seine schlimmsten Mißerfolge. Ohne Absprache mit der Reichsregierung und in völliger Überschätzung seiner Möglichkeiten glaubte er durch die Veröffentlichung geheimer Dokumente zum Kriegsausbruch und durch das damit verknüpfte Eingeständnis einer deutschen Kriegsschuld die Siegermächte positiv beeinflussen zu können. Damit machte er sich aber Millionen deutscher Kriegsteilnehmer, die vier Jahre lang unsägliche Strapazen auf sich genommen hatten, zum Gegner. Sie konnten nicht akzeptieren, daß ihr jahrelanges Durchhalten nicht allein einer überholten politischen Ordnung, sondern sogar einer von Anfang an verbrecherischen Konzeption gedient haben sollte. Auch Eisners Werben um eine entgegenkommende Behandlung des republikanischen Deutschlands sollte vergebens bleiben. Das Friedenskonzept der alliierten Sieger, insbesondere Frankreichs, kannte keine Schonung für Deutschland, die harten Blockademaßnahmen der Kriegsjahre wurden nicht gelockert. Den Reparationsforderungen zuliebe wollte man die politisch Einsichtigen und die Versöhnungswilligen in Deutschland lieber nicht zur Kenntnis nehmen. Die erhoffte und den Massen stets versprochene «Morgenröte» der Völkerversöhnung und des sozialen Neubeginns blieb deshalb aus.

In München verschärften sich Zwist und Intrige innerhalb der beiden in einer Regierung zusammengespannten sozialdemokratischen Parteiflügel, der Unabhängigen (USPD) und der Mehrheitlichen (MSPD). Öffentlich als Vaterlandsverräter und politischer Bankrotteur gescholten, geriet der Ministerpräsident immer mehr ins Abseits. Der vom «Arbeiter- und Soldatenrat» zugespitzte Rätegedanke und die Zunahme seiner radikalen Befürworter steigerten nicht nur die Dissonanzen im Kabinett, sondern auch die Turbulenzen auf der Straße. Demonstrationen und Straßenschlachten richteten sich nun erstmals auch gegen die beiden Regierungsfraktionen. Am 19. Januar 1919 wurde im Reich eine konstituierende Nationalversammlung gewählt; am 25. Januar fanden sich in Berlin Vertreter von Reich und Ländern zusammen, um eine neue Verfassung zu beraten, die in ihrem Endergebnis schließlich weit über den bundesstaatlichen Ansatz von 1870/71 hinausgehen sollte und – gegen den erklärten Willen Eisners – einen Reichszentralismus etablierte, der das Eigenleben der deutschen Staaten vernichtete.

Nach der von Eisner und den Unabhängigen Sozialdemokraten haushoch verlorenen Landtagswahl vom 12. Februar 1919 (die USPD stellte nur drei Abgeordnete), welche erstmals das Frauen- und Verhältniswahlrecht realisierte, spitzten sich die Gegensätze in München weiter zu. Während die Linkssozialisten und Spartakisten den Ausbau des Rätesystems forderten, formierten sich die Mehrheitssozialisten am 14. Februar zu einem Demonstrationszug, der Bolschewismus und Spartakismus verurteilte und den zum 21. Februar einberufenen Landtag hochleben ließ. Zwei Tage später kam es zu einer spartakistischen Gegendemonstration, bei der auf Plakattafeln eine deutliche Sprache angeschlagen wurde: «Hoch die Bolschewiki! Nieder mit der Nationalversammlung! Nieder mit den Bluthunden Scheidemann, Ebert und Noske! Hoch die Diktatur des Proletariats!» Während Eisner im Auto an der Spitze des Zuges fuhr, hielten sich die mit der Mehrheitssozialdemokratie sympathisierenden Arbeiter entsprechend einer Weisung ihrer Parteileitung von der Veranstaltung fern.

Eisners offenkundiges Liebäugeln mit einer zweiten Revolution und die innere Schwäche und Zerrissenheit der Regierung ermunterten sowohl die bislang geduckten Gegner der demokratischen Veränderung als auch die vielen Verfechter der «Dolchstoß-Legende». Diese lasteten das katastrophale Ergebnis des verlorenen Weltkriegs nicht der Obersten Heeresleitung und ihren politischen Helfern, sondern den von der Komplexität des Zusammenbruchs überforderten ‹Konkursverwaltern› der militärischen Niederlage an. Für diese Kategorie Zeitgenossen zählte im politischen Alltag nicht mehr die Auseinandersetzung mit Argumenten, sondern allein der von Tag zu Tag potenzierte Haß auf die angeblichen Vaterlandsverräter und schließlich der offen herbeigeredete Fememord.

Das umkränzte Bild Kurt Eisners am Schauplatz des am 21. Februar 1919 verübten Mordanschlags. Eine am Beginn der Kardinal-Faulhaber-Straße in das Bodenpflaster eingelassene Gedenktafel erinnert heute an das Attentat.

Am 21. Februar 1919 machte sich Kurt Eisner auf den Weg zum damaligen Landtagsgebäude in der Prannerstraße, um seinen Rücktritt zu erklären. Wenige Schritte nach dem Verlassen seines Amtssitzes, des Montgelas-Palais, traf ihn die Mörderkugel. Der Schütze, Anton Graf Arco auf Valley, nahm als Offizier für sich in Anspruch, das alte monarchisch-militaristische System an dessen Überwinder zu rächen. Der als ehemaliger königlicher Minister jeglicher Eisner-Sympathie gewiß unverdächtige Friedrich von Brettreich notierte bestürzt in seinem Tagebuch: «Vormittags, 9.45 Uhr wurde am Weg zum Landtag der Ministerpräsident Eisner vom Grafen Arco-Valley erschossen; eine große Dummheit, die üble Folgen zeitigen wird.»

Kaiser.

Exerzierplatz politischer Extremisten

Die Münchner Räterepublik von 1919

Die «Dummheiten» – wenn man politische Morde überhaupt so charakterisieren darf – setzten sich noch am selben Tag fort. Als sich die Nachricht von der Ermordung Eisners in der Stadt verbreitete, verübte Alois Lindner, ein Mitglied des «Revolutionären Soldatenrats», aus Zorn im Landtag einen Anschlag auf Erhard Auer, der diesen schwer verletzte und den sozialdemokratischen Abgeordneten Heinrich Osel tötete. Mit dem Tod Eisners war die letzte Klammer zwischen den untereinander verfeindeten SPD-Gruppierungen und den Kommunisten (KPD) beseitigt. Zugleich wurde das Attentat im Landtag zum Auftakt für eine handfeste Abrechnung zwischen den verschiedenen Lagern. Unmittelbar nach dem Tod Eisners beschloß ein «Zentralrat der Bayerischen Republik», der aus Vertretern der linksorientierten Parteien und den «Vollzugsräten» der Arbeiter-, Soldaten- und Bauernräte bestand, die Macht in Bayern an sich zu reißen und über München den Belagerungszustand zu verhängen. Dieser Rätekongreß des Münchner Zentralrats beanspruchte trotz des einberufenen Landtags und einer rechtmäßig gewählten mehrheitssozialdemokratischen Regierung die höchste staatliche Macht in Bayern. Das Ringen zwischen dem demokratischen Parlamentarismus und dem Rätegedanken nach russisch-sowjetischem Vorbild ging nach der gleichzeitigen Errichtung einer Räterepublik in Ungarn in einen offenen Machtkampf über.

Berta Kaiser, Rotgardist auf dem Münchner Marienplatz, 1919.

Am 7. April 1919 proklamierte der neue Zentralrat als «Rat der Volksbeauftragten» die «Bayerische Räterepublik» und erklärte den Landtag als «unfruchtbares Gebilde des überwundenen bürgerlich-kapitalistischen Zeitalters» für aufgelöst. Grußtelegramme aus

München gingen an die Sowjetrepubliken Rußland und Ungarn. Die demokratisch gewählte SPD-Regierung unter Johannes Hoffmann verließ München und verlegte ihren Sitz nach Bamberg, von wo sie erst Ende August 1919 wieder zurückkehrte. Trotz des Linksrutsches war die KPD-Ortsgruppe München nicht mit der Ausrufung der «Räterepublik» einverstanden und erklärte diese zu einer «Schein-Räterepublik», der jegliche proletarische Legitimation mangele. Hektische Aktivitäten des Zentralrats (Sozialisierung der Presse, Einsetzung von Revolutionstribunalen, Bildung einer «Roten Armee», Freilassung der Kriegsgefangenen) waren die Antwort auf diese Herausforderung durch die Kommunisten. Am 9. April konstituierte sich im Wittelsbacher Palais ein zehnköpfiger revolutionärer «Zentralausschuß», der Vorbereitungen für die Errichtung einer kommunistischen Räterepublik traf. Als am 13. April Teile der Münchner Garnison und eine von den Mehrheitssozialdemokraten gelenkte «Republikanische Schutztruppe» gegen den Zentralrat putschten und einige seiner Mitglieder verhafteten, gingen die Kommunisten zum Gegenangriff über. Rotbeflaggte Lastwagen fuhren durch die Straßen und agitierten für eine kommunistische Räterepublik. Am Marienplatz und beim Hauptbahnhof kam es zum Feuerwechsel; man zählte 21 Tote und eine große Anzahl Verwundeter. Es folgte nun tatsächlich die Einrichtung einer kommunistischen Räterepublik nach sowjetischem Muster, die sogenannte Zweite Räterepublik, die auf systematische Kontrolle und Unterwerfung der bürgerlichen Bevölkerung setzte, die Entwaffnung aller oppositionellen Kräfte unter Todesandrohung anordnete und die Safes der Münchner Banken öffnen ließ. Darüber hinaus trat sie auch in den militärischen Abwehrkampf gegen die bereits bei Dachau versammelten «Weißgardisten» der regulären, nach Bamberg ausgewichenen SPD-Regierung ein. Der Rätegedanke wurde konsequent weiterentwickelt, weshalb sogar ein «Revolutionärer Zentralschülerrat» gegründet wurde. Ein das gesamte öffentliche Leben lähmender Generalstreik verstand sich als Demonstration des klassenbewußten Proletariats. Bürgerliche Zeitungen durften nicht mehr erscheinen.

Ende April 1919 war München vollständig von der Außenwelt abgeschnitten. Reichswehrtruppen unter General Ernst von Oven so-

Verteidigung des Münchner Hauptbahnhofs durch Rotgardisten, 1919.

wie zahlreiche Freikorps, darunter das «Bayerische Schützenkorps» unter Oberst Franz Ritter von Epp, bereiteten sich zum Angriff auf die Stadt vor. Dort wurden angesichts der wachsenden Bedrohung die Verhältnisse immer chaotischer: Während die Revolutionäre sich untereinander verfolgten und bekämpften, schüchterten Hausdurchsuchungen, Beschlagnahmungen und Plünderungen die verhaßte «Bourgeoisie» ein. Plakatanschläge und Flugblätter, deren Revolutionspathos die emotionale Befindlichkeit der aus intellektuellen Kreisen stammenden Machthaber erkennen ließ, erhitzten die Gemüter zusätzlich. Die in den Ämtern mit ungewohnten Verwaltungsaufgaben betrauten Arbeiter und die auf knatternden Automobilen durch die Straßen jagenden Rotarmisten genossen

Die Münchner Bürgerwehr (mit weißen Armbinden) eröffnet aus den Gängen der Münchner Residenz das Feuer auf die Revolutionäre. Vermutlich gestelltes Foto, 1./2. Mai 1919.

sichtlich die ihnen entgegengebrachte Unterwürfigkeit der Bevölkerung. Der 1918 beendete ‹reguläre› Krieg war zum Bürgerkrieg geworden, zu einem Krieg, der die Durchsetzung höchster Werte einforderte und deshalb den jeweiligen Feind automatisch auch zum Bösewicht stempelte. Er war zwar nicht mit dem Massensterben an den Fronten zu vergleichen, doch wurde er von den Menschen als die grundsätzlichere Auseinandersetzung verstanden, weil sie keinen Friedensschluß und keine Versöhnung mehr zuließ, sondern den einmal definierten und angenommenen Gegner nur vor die Wahl bedingungsloser Unterwerfung oder physischer Auslöschung stellte. Das zur Anwendung gebrachte Drohpotential der Machthaber war beträchtlich. Das öffentlich geschmähte und erniedrigte Bürgertum dienerte vor den beinahe wöchentlich wechselnden Exponenten des Proletariats. Seine beflissene Willfährigkeit kompensierte es mit einem latenten Rachebedürfnis.

Ende April 1919 zeigten über der Stadt kreisende Flugzeuge der Reichswehr bereits den bevorstehenden Umschwung an, weshalb die in die Enge getriebenen politischen Extremisten mit dramatischen Aktionen reagierten: Stadtkommandant Rudolf Egelhofer, ein ehemaliger Matrose, stellte den Antrag, alle Angehörigen der Münchner Bourgeoisie auf der Theresienwiese zusammenzutreiben und sie beim Einmarsch von Regierungstruppen zu erschießen. Rotarmisten drangen in die päpstliche Nuntiatur ein und bedrohten den Nuntius Eugenio Pacelli, den späteren Papst Pius XII.

Am 29. April brach die Kommunistische Räterepublik schließlich zusammen. Ein am selben Tag einlaufendes Grußtelegramm Lenins erreichte die beiden Führer «Sowjetbayerns», Max Levien und Eugen Leviné, nicht mehr. Die Münchner Außenstelle des Weltkommunismus begann sich aufzulösen.

In den Tagen bis zum 1. Mai 1919 folgte – als Schlußkapitel der Münchner Räterepublik – eine dreitägige Diktatur der «Roten Armee». Plakatanschläge, die zum Widerstand gegen die anrückenden Reichswehreinheiten aufriefen, appellierten an preußenfeindliche Instinkte und versprachen die Liquidierung aller inneren und äußeren Feinde des Systems. Tatsächlich wurden am 30. April im Luitpold-Gymnasium drei militärische Gefangene und sieben bürgerliche Geiseln erschossen, die man als Mitglieder der nationalistischen «Thule-Gesellschaft» dort festgesetzt hatte. Als sich die Nachricht von der Geiselerschießung in der Stadt verbreitete, war das Entsetzen groß. Selbst der Schwabinger Literat Ernst Toller, der als Vorsitzender des vom 7. bis zum 13. April 1919 amtierenden Zentralrats der Ersten Räterepublik maßgeblichen Anteil an den dramatisch verlaufenden Münchner Ereignissen genommen hatte, erklärte nun, daß er am liebsten einen Revolver nehmen und sich aus der Welt schaffen würde. Am 1. Mai 1919, als der Geschützdonner der anrückenden «Weißgardisten» bereits deutlich zu hören war, kam es, unterstützt von Soldaten des ehemaligen Leibregiments, zum Aufstand der «Republikanischen Schutztruppe». Auch Bürger und Studenten beteiligten sich an den beginnenden Straßenkämpfen. Verbissen wurde um den Karlsplatz, den Hauptbahnhof und die von Rotarmisten dominierten Stadtviertel, insbesondere um Giesing, gekämpft. Ein erster Plakataushang der Weißgardisten gab bekannt: «Die bayerische Regierung hat den Kriegszustand und das Standrecht verhängt. Wer den Regierungstruppen mit der Waffe in der Hand entgegentritt, wird mit dem Tode bestraft.» Am 2. Mai schließlich brach der Widerstand der Rotarmisten gegen die Regierungstruppen und Freikorps zusammen. Die Wut der in den Arbeitervierteln unter Feuer genommenen Weißgardisten und bürgerlichen Kampfverbände war groß, die Abrechnung verlief grausam. Bereits entwaffnete Rotgardisten wurden massakriert; 52 kriegsgefangene Russen, die sich an der Seite der Spartakisten an den Gefechten beteiligt hatten, wurden außerhalb der Stadt in einer Kiesgrube standrechtlich erschossen. Auch in den folgenden Tagen kam es bei der Suche nach Rotarmisten und den Aktivisten der Räterepublik zu fürchterlichen Übergriffen der Freikorps. Im Hofbräuhauskeller wurden zwölf unbewaffnete Arbeiter und Handwerker aus Perlach wegen angeblicher Beteiligung an den Kämpfen erschossen; wenige Tage später gab es ein Gemetzel unter Mitgliedern eines katholischen Gesellenvereins, die man als «Spartakisten» denunziert hatte.

Ein Menschenalter hindurch blieb die Bewertung der Münchner Vorgänge von 1919 der jeweiligen politischen (und damit auch historischen) Position der Urteilenden überlassen. An der Münchner Räterepublik schieden sich die Geister. Für viele war der kurzzeitige Sowjetstaat des Münchner Proletariats ein Versuch, Politik und Gesellschaft von der Basis her zu reformieren, der aber durch den Verrat der Mehrheitssozialdemokratie und durch militärische Brutalität unterdrückt worden war. Anderen hingegen galt die Münchner Räteherrschaft als ein abschreckendes Beispiel für roten Terror. Erst ein gutes halbes Jahrhundert nach dem Ende der blutigen Auseinandersetzung waren die Historiker in der Lage, ein einigermaßen objektives Bild der Abläufe und Ergebnisse zu zeichnen. Freilich war der 1968, also 50 Jahre später, unternommene Versuch einer Teilrehabilitierung der Räterepublik allzu einseitig von der damaligen politischen Öffnung nach links bestimmt; es kam zu einer falschen Heroisierung der antidemokratischen kommunistischen Unterdrückung vom Frühjahr 1919.

Die wenigen Wochen des Bürgerkriegs hatten die Münchner Bevölkerung gründlicher und dauerhafter verwirrt und gespalten als die vorausgegangenen vier Jahre Weltkrieg. Der Sommer 1919, in dem der Versailler Friedensvertrag unterzeichnet und zugleich die neue, in Bayern ungeliebte Reichsverfassung aus der Taufe gehoben wurden, war in München noch ganz von der Schadensanalyse der vorausgegangenen Monate geprägt. Das politische Klima hatte sich grundlegend gewandelt: Das gedemütigte Bürgertum erhob wieder das Haupt, und eine rechtslastige Justiz rechnete unbarmherzig mit den Anführern des revolutionären Proletariats ab. Es war auch die große Stunde der Hetzer, die eine Beteiligung jüdischer Intellektueller und Idealisten (z.B. Ernst Toller, Gustav Landauer, Tobias Axelrod, Erich Mühsam, Eugen Leviné) in den «sowjetbayerischen» Entscheidungsgremien zum Anlaß nahmen, die Münchner Räterepublik als Konstrukt und Werkzeug des «Weltjudentums» zu diffamieren. Ludwig Thoma etwa, der große bayerische Volksschriftsteller, der schon während der Kriegsjahre immer entschiedener in das Lager der Nationalisten und Antisemiten übergewechselt war, hob in seinem von Haß getränkten Essay «Die große Münchner Revolution anno 1919» ganz auf eine Verführung des Münchner Proletariats durch jüdische Intellektuelle ab: «Es mag die lohnende Aufgabe einer späteren Erforschung sein, den Gründen nachzugehen, die eine so nahe Seelenverwandtschaft zwischen dem rauen Stenz am Isarstrande und zartbesaiteten Schmock vom Weichselufer herbeiführte. Mag sein, daß der vom ehemaligen Starkbier umnebelte Intellekt des Altmünchners sich grollend gegen das Fremde des nördlichen Deutschtums gewandt hatte, gegen Osten setzte seine Zuneigung keine Grenzen […] München ergab sich der Intelligenz; zum Zeichen der Unterwerfung trug der letzte Bürger seinen furchtbaren Zimmerstutzen auf die Polizei; die Mitglieder des Winzerer Fähnleins lieferten ihre Mordwaffe, die Armbrust, ab, und die Gilden der Handwerksmeister entfernten die trotzigen Gemsbärte von ihren Hüten, um die Söhne Galiziens nicht durch allzu kriegerisches Aussehen zu beleidigen.» Antisemitismus und Antiintellektualismus wurden nun zu festen Bestandteilen der von den rechten Gruppierungen gepredigten Ausgrenzung aller «Bolschewisten». In München gab es seit Mai 1919 einen bürgerlichen

Das Wahlplakat der Bayerischen Volkspartei warnt vor einem von Sowjetrußland auf deutsche Städte übergreifenden Kommunismus, 1919.

Gruppenhaß, bei dem sich jeder Vergleich mit der traditionellen altbayerischen Preußen- und Fremdenfeindlichkeit verbietet. Die systematische Verteufelung aller Sozialisten, Sozialdemokraten, Juden und jedweder idealistisch ausgerichteten Intelligenz war ganz darauf angelegt, zur großen Abrechnung mit den Kräften der Revolution von 1918/19 aufzustacheln. Diese Vision der unausweichlichen Revanche schloß bereits einen bedingten Vernichtungsvorsatz ein. Die Münchner Schriftstellerin Annette Kolb umschrieb in ihrem Roman «Daphne Herbst» die Situation Münchens im Jahr 1919 wie folgt: «Wer dem so gemächlichen, so schönheitsliebenden München geweissagt hätte, daß es in wenigen Jahren ein München des roten und des weißen Terrors werden würde, den hätte man prompt der ‹Psychiatrischen› zur Beobachtung überliefert. Und doch … Bestes München hatte einen Teil an der Auswirkung des Schlimmsten. Seine Abgekehrtheit von der Politik, sein ‹lascia fare›, seine Ahnungslosigkeit, ebenso viele Momente der Unschuld – München hatte, weiß Gott, keinen Krieg gewünscht – setzte es außerstande, die Ereignisse zu übersehen. Zweifach überrumpelt und verwirrt, verdummte es zwiefach.»

Der Umstand, daß Bayern durch die neue Bayerische Verfassung und die Weimarer Reichsverfassung vom Sommer 1919 von einem Bundesstaat zu einem bloßen Land des neuen Reiches degradiert und München, die einstige Hauptstadt der bayerischen Monarchie, unversehens zu einer der Reichshauptstadt nachgeordneten beliebigen deutschen Landeshauptstadt verwandelt wurde, der man obendrein durch «Reichsexekution» militärischen Beistand hatte leisten müssen, nagte sehr am Selbstbewußtsein des bürgerlichen Münchens. Wenn man politisch schon derart abqualifiziert war, dann nahm man sich wenigstens das Recht, gegen alle Verursacher dieser beispiellosen Herabwürdigung – sei es in München oder in Berlin – zu polemisieren und zu agitieren. Diese zornige Verweigerungshaltung gegen die nach 1918 eingetretene republikanische und demokratische Entwicklung wurde zum deutlichsten Ausdruck des Münchner Niedergangs. Doch war dieser Niedergang mit der Beschimpfung der politischen Realität noch nicht abgeschlossen.

1923: Der Hitler-Putsch und die Folgen

Adolf Hitler war im Mai 1913 nach München gekommen und nicht – wie er selbst in allen autobiographischen Zeugnissen stets hervorhob – bereits im Frühjahr 1912. Dieses absichtliche Vordatieren seiner Münchner Ankunft scheint einerseits mit seiner Flucht vor dem österreichischen Militärdienst zusammenzuhängen, andererseits sollte damit eine besonders enge Verbindung zu München suggeriert werden. In seinem Buch «Mein Kampf» behauptete Hitler, er habe in München viel studiert und sich ausführlich mit Architektur beschäftigt; er versuchte auf diese Weise, einen konsequenten Bildungsweg und eine länger andauernde Zugehörigkeit zur künstlerisch-geistigen Bohème vorzutäuschen. Wir wissen heute jedoch, daß sich der Militärdeserteur Hitler in München keineswegs um eine Fortbildung an der Kunstakademie bemühte, sondern daß er das Jahr bis zum Kriegsausbruch 1914 als Berufsloser weitgehend mit Nichtstun verbrachte und vom Verkauf selbstgezeichneter, höchst dilettantisch ausgeführter Postkarten lebte.

Der Kriegsbeginn gab Adolf Hitler die Möglichkeit, sein ärmliches Dasein zu beenden. Von der allgemeinen patriotischen Begeisterung mitgerissen, beschloß er, als Kriegsfreiwilliger beim deutschen Heer Unterschlupf zu suchen. Unwahr ist auch Hitlers spätere Aussage, er habe als freiwillig dienender Ausländer eine besondere Genehmigung zum Eintritt in die bayerische Armee erhalten. Tatsächlich wurde seine persönliche Situation in der Hektik der ersten Mobilmachungstage einfach übersehen. Hitlers Stammrollenauszug im Bayerischen Kriegsarchiv informiert über einen couragierten Frontkämpfer, der trotz zweimaliger Verwundung den Krieg vom Anfang bis zum Ende mitmachte und als einfacher Gefreiter sogar mit dem Eisernen Kreuz I. Klasse ausgezeichnet wurde.

Nach dem Waffenstillstand kehrte Hitler nach München zurück. Auch während der Monate Januar bis März 1919 war er – entgegen seiner eigenen Darstellung – in der vom Radikalismus schwer geprüften Stadt. Seine persönliche Haltung zur Revolution und zu ihren unmittelbaren Folgen ist jedoch nicht mehr zu rekonstruieren. Man weiß nur, daß er vorübergehend zur Bahnhofswache abgestellt war. Belegt ist seine Wahl zum «Bataillonsrat», was bedeutet, daß er im Rahmen der Räteverfassung des 2. Infanterieregiments eine politische Rolle spielte, an die er sich allerdings nach dem Ende der Räterepublik nicht mehr erinnern wollte. Bei der Demobilisierung der Bayerischen Armee gelang es ihm, zu einer weltanschaulichen Propagandaschulung abkommandiert zu werden, in deren Verlauf er an der Münchner Universität bei Vorträgen namhafter Professoren und in Diskussionsrunden Bekanntschaft mit deutschnationalen, alldeutschen und antisemitischen Ideen machen konnte. Derartige Veranstaltungen hatten den Zweck, die Enttäuschung und die Wut der abgedankten Soldateska über den chaotischen und ergebnislosen Verlauf der Münchner Räteherrschaft in reaktionäre politische Orientierungsmuster umzumünzen. Damit begann Hitlers Karriere als Diskussionsleiter und Redner. Seine Vorgesetzten erkannten rasch sein besonderes Talent für vereinfachende Erklärungsversuche und suggestiv vorgetragene Argumentationen. Auch Hitler selbst fand Gefallen an seinem rhetorischen Talent. Er erprobte diese Fähigkeit insbesondere an der noch kleinen Anhängerschaft einer «Deutschen Arbeiterpartei» (DAP), deren Mitglied er im Herbst 1919 geworden war. Bekannt war er mit dieser Partei, seit er sie im Auftrag seiner Einheit als «schwer einschätzbare» Gruppierung zu observieren hatte. Die spezielle politische Programmatik der DAP, nämlich eine angeblich in Krieg und Frieden vom jüdischen Sozialismus und Internationalismus betrogene Arbeiterschaft auf die nationale und völkisch-antisemitische Seite zu ziehen, gefiel Hitler, da er hier eine innovative Möglichkeit zur Aufweichung der scheinbar festgefügten politischen Lager erkannte. Adolf Hitler wurde zum Agitator der DAP, die sich 1920 in «Nationalsozialistische Deutsche Arbeiterpartei» (NSDAP) umbenannte. Aufgrund von Hitlers Überzeugungskraft und des inzwischen rechtslastigen Klimas in Bayern verfügte die Gruppierung bis Jahresende 1920 bereits über 2000 Mitglieder in München und sogar über einige Ortsgruppen außerhalb der Stadt. Die Thematik Hitlers war nicht sonderlich weit gespannt: «Marxismus», «Judentum», «Berliner November-Verbrecher», «Versailler Diktat», «Zinsknechtschaft gegenüber den Großbanken» – dies waren die Stereotypen in seinen Ausführungen. Die Reduktion der komplizierten politischen und gesellschaftlichen Lage auf simple Strukturen und auf ein festumrissenes Feindbild war und blieb das eigentliche Geheimnis seines Erfolgs. Die öffentliche Wirkung Adolf Hitlers blieb in den Kreisen der politisch interessierten gehobenen Münchner Gesellschaft nicht unbemerkt. Der zunächst noch sehr unbeholfen auftretende ‹Mann aus dem Volk› fand Zutritt zu den Häusern des Verlegers Bruckmann, des Kunsthändlers Hanfstaengl und des Pianofabrikanten Bechstein. Als gehätscheltes ‹Naturtalent› erreichte Hitler dort rasch jene Akzeptanz, nach der er bisher stets gehungert hatte.

Der reaktionäre Berliner «Kapp-Putsch» von 1920 hatte in Bayern eine konservativ-bürgerliche Staatsregierung unter dem Regierungspräsidenten von Oberbayern, Gustav von Kahr, an die Macht

Der junge Adolf Hitler als Redner. Das erst nach 1933 entstandene NS-Propagandabild von H. O. Hoyer trug den blasphemischen Titel «Am Anfang war das Wort».

gebracht. Diese legte sich auf gefährliche Weise mit der Berliner Reichsregierung an, indem sie sich gegen die angeordnete Auflösung der Einwohnerwehren stellte. Die Jahre 1921 bis 1923 waren durch eine desaströse politische Entwicklung charakterisiert. Der von Frankreich ausgelöste «Ruhr-Kampf» und der zur Hyperinflation geratene rapide Verfall der Reichsmark mobilisierten die Massen. Nationaler Widerstand und existentielle Ängste gingen Hand in Hand. Anfang September 1923 wurde in Nürnberg ein «Deutscher Tag» gefeiert, bei dem eine gewaltige Heerschau nationaler Kampfverbände unter schwarz-weiß-roten Flaggen und Hakenkreuzfahnen den Widerstand gegen die Besatzungspolitik am Rhein, die nachgiebige Haltung der Reichsregierung und den finanziellen Ruin des Mittelstands demonstrierte. Hitler machte sich dabei zum Koordinator der Kampfverbände. Die Zuspitzung der Lage brachte die in Bayern regierende Bayerische Volkspartei (BVP) in Zugzwang. Man beschloß, neben dem amtierenden Ministerpräsidenten, Eugen von Knilling, einen mit gesetzlichen Vollmachten ausgestatteten Generalstaatskommissär einzusetzen – ein Posten, für den sich der bereits mehrfach als ‹Scharfmacher› bewährte oberbayerische Regierungspräsident Gustav von Kahr empfahl. Als von Kahr die in Bayern stationierten Reichswehreinheiten unter General Otto Hermann von Lossow dem Freistaat unterstellte und Lossow als bayerischen Landeskommandanten einsetzte, mußte die Reichsregierung dieses Vorgehen als Bruch der Reichsverfassung verstehen.

Der offene Konflikt zwischen Bayern und dem Reich verleitete Hitler zu einer ebenso spektakulären wie politisch sinnlosen Aktion: Bei einer «Vaterländischen Kundgebung» im Bürgerbräukeller am 8. November 1923 drang während der Rede von Kahrs der «Stoßtrupp Hitler» in den Saal ein, wobei Hitler selbst einen Pistolenschuß an die Decke feuerte, um sich Gehör zu verschaffen. Vom Rednerpult aus rief er zur «Nationalen Revolution» auf, erklärte die bayerische Regierung für gestürzt und versprach die sofortige Bildung einer neuen provisorischen Regierung; anschließend nötigte er im Nebenzimmer von Kahr und von Lossow zur Zustimmung. Sich selbst erklärte Hitler zum Vorsitzenden einer neuen Reichsregierung, während General Erich Ludendorff Oberkommandierender einer «Nationalen Armee» werden sollte. Führende Persönlichkeiten der Staatsregierung wurden in Haft genommen, doch konnten einige Minister zusammen mit Heinrich Held, dem Vorsitzenden der Landtagsfraktion der BVP, noch in der gleichen Nacht nach Regensburg ausweichen, um von dort aus die Regierungsgeschäfte fortzusetzen. Von Kahr rückte bereits nach dem Ende der Veranstaltung im Bürgerbräukeller umgehend wieder von seiner erzwungenen Zusage einer Unterstützung Hitlers ab und begab sich in den Schutz der Kasernen, um tags darauf den Putsch mit Hilfe der bayerischen Landespolizei niederzuschlagen. Unterdessen hatte Hitler weitere Kampfbundtruppen in München zusammengezogen. Um die durch widersprüchliche Nachrichten über den Putschverlauf beunruhigte und verwirrte Bevölkerung für sich zu gewinnen, beschlossen Hitler und Ludendorff am Morgen des 9. November einen großen Demonstrationszug durch die Stadt. An der Feldherrnhalle hatte eine Hundertschaft der Landespolizei die Straße gesperrt; es kam zum Schußwechsel, bei dem 15 Demonstranten, ein Passant und vier Angehörige der Landespolizei getötet wurden. Ludendorff, der als einstiger Chef der Obersten Heeresleitung aufrecht und unbehelligt durch die Postenkette der Landespolizei hindurchgegangen war, wurde am Odeonsplatz verhaftet. Hitler, der sich zu Boden geworfen und dabei verletzt hatte, konnte flüchten. Er wurde zwei Tage später bei der Familie Hanfstaengl in Uffing am Staffelsee festgenommen. Der Münchner Putsch war kläglich gescheitert. Von Kahr veranlaßte die Auflösung der in München konzentrierten Kampfverbände. Das Vermögen der NSDAP, das bereits einen Wert von 170 000 Goldmark hatte, wurde beschlagnahmt. Die berechtigte Forderung der Reichsregierung, die Führer des Putsches vor dem Staatsgerichtshof in Leipzig verurteilen zu lassen, wurde vom bayerischen Ministerpräsidenten Eugen von Knilling zurückgewiesen.

Im Februar/März 1924 wurde der Hochverratsprozeß gegen die Hauptführer des «Hitler-Putsches» vor dem Volksgericht München verhandelt. Er wurde, bedingt durch die reichsfeindliche Grundstimmung in der Stadt, zur juristischen Groteske. Nicht genug damit, daß der Staatsanwalt lobende Worte für den Angeklagten Adolf Hitler fand, dieser selbst nutzte den Gerichtssaal als Forum für Tiraden gegen das seiner Meinung nach zutiefst verkommene System der Republik. Das Urteil wurde zum klaren Rechtsbruch: Hitler erhielt die Mindeststrafe von fünf Jahren Festungshaft, eine bei «ehrenhafter Gesinnung» verhängte, schonende Strafform, wobei ihm eine Bewährung nach sechs Monaten Haft in Aussicht gestellt wurde.

Hitlers vorzeitige Freilassung im Dezember 1924 war kein Gnadenakt der bayerischen Staatsregierung unter Ministerpräsident Heinrich Held, sondern eine Entscheidung der gegen chauvinistische Bestrebungen völlig blinden bayerischen Justiz. Die Absicht der Staatsregierung, Hitler in sein Heimatland Deutsch-Österreich abzuschieben, scheiterte am konsequenten Standpunkt des Nachbarstaates: Hitlers Dienst im deutschen Heer habe den Verlust der österreichischen Staatsbürgerschaft nach sich gezogen.

Nach seiner vorzeitigen Entlassung aus dem Gefängnis von Landsberg verließ Hitler Bayern zunächst, um in Königsberg/Ostpreußen bei dem evangelischen Garnisonspfarrer Ludwig Müller, dem späteren «Reichsbischof», Unterschlupf zu suchen. Von dort aus knüpfte er eine Verbindung zu Reichswehrkommandant General Werner von Blomberg, dem späteren Reichswehrminister, und nahm auch Kontakte zur Schwerindustrie und zu den Großagrariern auf. Die räumliche Distanz Hitlers zu München schwächte die dortige antisemitisch-revanchistische Propaganda nur unmerklich. Der anstelle der verbotenen NSDAP agierende «Völkische Block in Bayern» polemisierte weiter gegen Juden und Bolschewisten, während die in der Regierungsverantwortung stehende BVP ihren eigenen Rechtskurs als legitimen süddeutschen Sonderweg zementierte. Als die NSDAP 1925 neu gegründet wurde, war wieder München das Organisationszentrum, von dem aus die in «Gaue» eingeteilten regionalen Gliederungen betreut wurden. Wichtig wurde nun auch die Schaffung zentraler parteiamtlicher Apparate und Verbände. So erfolgte ab 1925 der Aufbau der «Schutzstaffel» (SS), die als parteiinterne Personenschutztruppe begann und sich mit der Zeit zu einem besonders wirksamen Terrorinstrument entwickelte. Daneben wurde die Ideologisierung der Gesellschaft mittels hochspezialisierter Organisationseinheiten und Berufsverbände vorbereitet. 1926 entstand die «Hitler-Jugend» (HJ), 1928 der «Bund Nationalsozialistischer Deutscher Juristen», 1929 der «Nationalsozialistische Deutsche Ärztebund» und der «NS-Lehrerbund», 1931 schließlich die «NS-Frauenschaft». Entsprechend dem Wachstumsprozeß der Gliederungen und Abteilungen verwandelte sich die bisherige Geschäftsführung der NSDAP zur «Reichsleitung der NSDAP». Doch die reichsweite Ausdehnung der Partei korrespondierte mit einer Stagnation der politischen Erfolge. Nur bei 16 von insgesamt 30 Reichstags- und Landtagswahlen in den Jahren 1925 bis 1930 konnte die NSDAP Erfolge verbuchen. Erst mit der Reichstagswahl vom 14. September 1930 setzte die Entwicklung der NSDAP zu einer echten Volkspartei ein.

Doch München war nicht nur Wiege und Experimentierfeld des Nationalsozialismus. Die Stadt hatte gerade in den Jahren zwischen 1918 und 1923 eine der schwierigsten Perioden ihrer Geschichte zu durchlaufen, die natürlich auch die Bewohner in ihrer politischen Ausrichtung polarisierte. Innerhalb von fünf Jahren war das Pendel zwischen politischen Extremen hin- und hergeschwenkt. Galt die Isarmetropole zunächst als Ausgangspunkt eines allgemeinen Aufbruchs nach «Sowjetbayern», so endete sie schließlich als gesamtdeutsche «Ordnungszelle» und als finsterer Hort jener politischen Reaktion, die unter dem Vorwand der nationalen Wiedergeburt in Wahrheit nur die Ausrottung aller als «undeutsch» deklarierten Kräfte vorbereitete. Kulturelles Banausentum, insbesondere die Abneigung gegen alle Phänomene modernistischer Kunstauffassung, ja sogar gegen die Lebensäußerungen einer zeitgemäßen Großstadtkultur, nahmen beängstigende Formen an. Lichtreklame beispielsweise blieb in München ebenso untersagt wie ein freizügiger Auftritt der Tänzerin Josephine Baker. Mochte Berlin im politischen und künstlerischen Feld den Takt angeben, die Stadt München hielt nach Kräften dagegen, ihr Erfolg und ihre Genugtuung war die bewußt herbeigeführte Dissonanz. Die unheilbare Vergiftung des Münchner Politklimas ließ es in den zwanziger Jahren zweifelhaft erscheinen, ob sich Bayerns Hauptstadt überhaupt noch auf die Tradition einer europäischen Kulturstadt berufen konnte.

Viele hatten der Stadt schon den Rücken gekehrt. Rainer Maria Rilke etwa hatte bereits 1919 München verlassen, nachdem er wegen seiner Bekanntschaft mit Ernst Toller polizeilicher Überwachung ausgesetzt war. Kurt Eisners Satz «Der Künstler muß als Künstler Anarchist sein» war für jede Form der Mißdeutung geeignet. Die Moderne, insbesondere die politisch engagierte Moderne, galt in München als eine Äußerung anarchischer Gesinnung; vielleicht war deshalb die künstlerische Avantgarde ohnehin nur schwach vertreten. Maler und Zeichner wie Max Radler, Christian Schad oder Rudolf Schlichter setzten dennoch mutig gegen die akademische Maltradition der Stadt. Architekten wie Robert Vorhoelzer (Postbauten) oder Hans Döllgast (Siedlungsbau) verteidigten in München die Theorie eines «Neuen Bauens». Die Literaten Oskar Maria Graf, Lion Feuchtwanger, Heinrich Mann und Bertolt Brecht bezogen in ihrem Œuvre sozialkritische Positionen und engagierten sich ungeachtet des Münchner Zeitgeists gegen die latent und offen geschürte Kriegs- und Machtpolitik. Feuchtwangers 1930 erschienener Roman «Erfolg» wurde zur satirischen Chronik der frühen NSDAP und ihres Aufstiegs inmitten einer Welt republikverachtender Spießbürger und kulturfeindlicher Bürokraten. Das Leuchten der einstigen königlichen Residenzstadt München war zu einem schwachen Glimmen geworden, und die von weiten Bevöl-

Karikatur des politisierenden Münchners von Karl Arnold für die Zeitschrift «Simplicissimus», 1923. Sein ‹Bekenntnis› kommt in dem Vierzeiler auf S. 164 zum Ausdruck.

kerungskreisen angenommene Attitüde alpenländischen Trotzverhaltens konnte allein bei ethnologisch interessierten Reisenden Begeisterung hervorrufen. Die Aufmerksamkeit zukunftsorientierter Münchner Künstler begann sich auf die ferne Reichshauptstadt zu richten, deren politisch verworrene und doch zugleich offene Atmosphäre den einst vielgerühmten liberalen Geist Münchens fortzusetzen schien. Thomas Mann, der gefeierte Schriftsteller, brachte bereits 1926 schonungslos seine Kritik am Abstieg Münchens zur «patriotischen Provinzstadt» zum Ausdruck: «Wir mußten es erleben, daß München in Deutschland und darüber hinaus als Hort der Reaktion, als Sitz aller Verstocktheit und Widerspenstigkeit gegen den Willen der Zeit verschrien war, mußten es erleben, daß man es eine dumme, die eigentlich dumme Stadt nannte.» Wie tief die Gegensätze einer politisch verhetzten Öffentlichkeit selbst das jüdische München ergriffen, zeigen die Vorgänge um die Zeitschrift «Süddeutsche Monatshefte», die von dem Juden Paul Nikolaus Cossmann herausgegeben wurde. Zunächst ein Organ süddeutscher Kulturpolitik, wurde das Blatt während des Weltkriegs zu einem nationalen Kampfblatt. Als Cossmann im Frühjahr

1924 in zwei Heften die Sozialdemokratie bezichtigte, die Hauptschuld an der deutschen Kriegsniederlage zu tragen, reagierte die sozialdemokratische Zeitung «Münchner Post» mit einem scharfen Artikel, in dem Cossmann als «Geschichtsfälscher» bezeichnet wurde. Es kam daraufhin zum Beleidigungsprozeß, in dem nicht Cossmann, sondern der Schriftleiter der «Münchner Post» als Verleumder verurteilt wurde. Doch Cossmanns publizistisches Eintreten für die Lebenslüge der Nationalisten und Revanchisten sollte ihm später wenig helfen; seiner jüdischen Abstammung wegen wurde er nach 1933 von den Nationalsozialisten ausgegrenzt und schließlich nach Theresienstadt deportiert, wo er 1941 ums Leben kam. Der fanatische Rassenhaß der Nationalsozialisten negierte Juden, selbst wenn sie politische Verbündete waren.

Am treffendsten drückte die politische Verwirrung Münchens der Zeichner Karl Arnold 1923 in einer Karikatur für die Zeitschrift «Simplicissimus» aus. Ein Münchner Bierkopf, in dessen wäßrigen Triefaugen bereits gefährlich das Hakenkreuz aufblitzt, gibt sein schwachsinniges politisches Credo zum besten:

Mei' Ruah möcht' i hamm und a Revalution,
A Ordnung muaß sei' und a Judenpogrom.
A Diktator g'hört hera und glei' davo'g'haut,
Mir zoagen's Enk scho', wia ma Deutschland aufbaut!

Auch innerhalb des Münchner Stadtrats – er war 1919 aus den Kollegien der Gemeindebevollmächtigten und der Magistratsräte zu einem einheitlichen Gremium umgebildet worden – hatten die weltanschaulichen Verschiebungen längst ihren Niederschlag gefunden, doch war angesichts der grundsätzlichen Verwerfungen in Reich und Land die Aufmerksamkeit der Stadtbevölkerung nicht mehr sonderlich auf das Münchner Rathaus fokussiert. Zu Unrecht, denn man bemühte sich dort nach Kräften, der durch den Krieg eingetretenen Verelendung breiter Bevölkerungsschichten entgegenzuwirken, die Lebensmittelzufuhr zu verbessern und die Zwangsbewirtschaftung abzubauen. Auch die in der Gründerzeit begonnene Übernahme wichtiger öffentlicher Aufgaben durch die Kommune wurde – etwa mit dem Bau neuer Elektrizitätswerke – weiter vorangetrieben.

Nach der Ablösung der durch Bürgermeister Eduard Schmid seit 1919 repräsentierten sozialdemokratischen Mehrheit eroberten im Jahr 1924 auch im Rathaus die konservativen Kräfte die Mehrheit. Mit dem Bäckermeister Karl Scharnagl (BVP) bekam München einen Oberbürgermeister, der zwar keine offene Feindschaft zum Weimarer Staat zeigte, bei der Beflaggung öffentlicher Gebäude aber neben der schwarz-rot-goldenen Fahne der Republik absichtlich auch die schwarz-weiß-roten Farben des alten Reiches setzen ließ. Scharnagl kümmerte sich in erster Linie um den kommunalen Wohnungsbau, da sich die Wohnraumsituation in der Stadt nach 1920 unerwartet verschärft hatte. Baukostenzuschüsse, Darlehen, Sonderbauprogramme mit städtischen Zins- und Tilgungsdarlehen trugen dazu bei, daß innerhalb von drei Jahren 12 000 neue Wohnungen entstanden. Die anspringende Baukonjunktur Münchens schuf auch das erste Münchner Hochhaus nach amerikanischem Vorbild, das sogenannte Technische Rathaus an der Blumenstraße. Das zwischen 1927 und 1929 von Fritz Beblo und Hermann Leitenstorfer ausgeführte Gebäude erreichte mit seinen 13 Stockwerken zwar eine für München beängstigende Höhe, berief sich jedoch in seiner Ziegelverblendung auf die bodenständige Bauform der Frauenkirche und ordnete sich damit dem Wahrzeichen der Münchner Altstadt problemlos unter. Münchens Architekturmoderne war in ihrer augenfälligsten Manifestation eine bewußt historisierende Moderne.

Mit dem Zusammenbruch der Weltwirtschaft am Ende der zwanziger Jahre geriet auch das soziale Engagement der Kommune in die Krise. 1931/32 erreichte die wirtschaftliche Not in München ihren Höhepunkt. Die Angst vor Deklassierung führte den Nationalsozialisten neue Wählerschichten aus dem Mittelstand zu. 1924 verzeichnete die NSDAP bei den Stadtratswahlen nur 5,9 Prozent, 1929 hingegen bereits 15,4 Prozent der Wählerstimmen. Bei den Landtagswahlen stieg die Zustimmung in München zwischen 1928 und 1932 von 6,1 auf 32,5 Prozent, bei den Reichstagswahlen zwischen 1928 und 1930 von 2,5 auf 18,3 Prozent. Bei diesen Zuwachszahlen darf jedoch nicht übersehen werden, daß die Münchner Bevölkerung bei keiner Wahl mehrheitlich für den Nationalsozialismus stimmte.

Kultisches Zentrum des «Dritten Reichs»

Machtübernahme und Machterhalt der Nationalsozialisten

Die seit Mitte der zwanziger Jahre in Bayern maßgebende Regierungspartei, die konservative Bayerische Volkspartei (BVP), hatte 1930 geglaubt, die in ganz Deutschland aufkommende nationalsozialistische Gefahr mittels einer Verfassungsreform, zu der u.a. die Schaffung des Amtes eines Staatspräsidenten gehörte, abwehren zu können. Sie war mit diesem Vorhaben jedoch gescheitert. Nach der Machtergreifung Hitlers in Berlin versuchten monarchistische Kreise im Februar 1933, Kronprinz Rupprecht ins Spiel zu bringen, um ihm – für eine Übergangszeit – das Amt eines mit diktatorischen Vollmachten ausgestatteten «Generalstaatskommissars» anzutragen, was aber wiederum dem amtierenden Ministerpräsidenten, Heinrich Held, nicht gefallen wollte. Da man sich in Bayern im Frühjahr 1933 nicht auf eine parlamentarische Ablehnungsfront gegen Hitler einigte, konnte die von Adolf Hitler geführte neue Reichsregierung in Berlin die geplante Ablösung der demokratisch legitimierten bayerischen Landesregierung ohne größere Schwierigkeiten ins Werk setzen. Im Land Preußen war man ja bereits mit der Einsetzung eines Reichskommissars erfolgreich vorausgegangen. Für das Amt eines bayerischen «Reichskommissars» war von den Nationalsozialisten Franz Ritter von Epp ausersehen, der sich bei der Niederschlagung der Münchner Räterepublik besonders hervorgetan hatte und deshalb bei der Münchner Bevölkerung seit 1919 einige Popularität genoß.

Als sich die Ereignisse am 9. März 1933 zuspitzten, mußte Ministerpräsident Held zur Kenntnis nehmen, daß die in München stationierte 7. Division der Reichswehr bei einer gewalttätigen

Feierlichkeiten auf dem Odeonsplatz 1933 zum Gedenken an den 9. November 1923. Gouache von Ernst Vollbehr.

nationalsozialistischen Machtübernahme nicht eingreifen würde. Die unter der Weimarer Verfassung ohnehin nur mehr formal aufrechterhaltene Eigenstaatlichkeit Bayerns war endgültig zu ihrem Ende gekommen. Noch am selben Abend eröffnete Epp dem Ministerpräsidenten, daß er als rechtmäßig eingesetzter Reichskommissar die Polizeigewalt in Bayern übernommen habe. Am 16. März übernahm Epp kommissarisch auch das Amt des Ministerpräsidenten; am 10. April wurde er zum «Reichsstatthalter in Bayern» bestellt und berief nun seinerseits den kommissarischen Staatsminister der Finanzen, Ludwig Siebert, zum neuen Ministerpräsidenten. Die Machtbefugnisse Epps wie Sieberts waren allerdings von Anfang an eingeschränkt, da die im «Braunen Haus» an der Brienner Straße ansässige NSDAP-Reichsleitung unter Rudolf Heß, dem «Stellvertreter des Führers», ein eigenes politisches Sonderkommissariat bildete. Auch die in München ansässige «Oberste SA-Führung» unter Ernst Röhm war befugt, jederzeit unmittelbar in die Verwaltung einzugreifen. So wurden seit März 1933 der Freistaat Bayern und die Hauptstadt dieses Freistaats von Berlin wie eine eroberte Provinz behandelt. Mit der Aufhebung der Eigenstaatlichkeit und der ‹Verreichlichung› Bayerns hatte Hitler auch die seit 1506 bzw. seit 1806 festgeschriebene Hauptstadtfunktion Münchens eingeschränkt. München war jetzt in seinen zentralörtlichen Funktionen geschwächt und verblieb als beliebige süddeutsche Großstadt des Deutschen Reichs zunächst ohne eigene Vision und Perspektive. Der Staatsstreich wurde von der NS-Propaganda als «Nationale Revolution» gerühmt.

Die SA nutzte den Umsturz umgehend für Rache- und Einschüchterungsaktionen gegen offene, versteckte und vermeintliche Gegner. Die Redaktionen der sozialdemokratischen Zeitung «Münchener Post» und des konfessionell orientierten und dezidiert hitlerfeindlichen Blatts «Der gerade Weg» von Fritz Gerlich wurden noch am 9. März verwüstet, Gerlich selbst erlitt schwere Mißhandlungen.

Münchens Stadtrat wurde am 20. März 1933 durch den erzwungenen Rückzug von Oberbürgermeister Karl Scharnagl dem neuen System angepaßt, wobei Karl Fiehler (NSDAP), ein städtischer Verwaltungsangestellter und überzeugter Antisemit, in das Amt des

SA-Posten vor dem Redaktions- und Druckgebäude der sozialdemokratischen Zeitung «Münchener Post» am 10. März 1933, dem Tag nach der Machtergreifung in Bayern.

Ersten Bürgermeisters gewählt wurde. Linksorientierte Stadträte wurden – soweit sie nicht bereits verhaftet waren – am 9. Mai als «marxistische Arbeiterverräter» aus dem Sitzungssaal geprügelt. Die Bürgervertreter der BVP mußten am 11. Juli das Rathaus räumen. Nun waren die Nationalsozialisten dort ganz unter sich; als «Ratsherren» versuchten sie sich ein gediegeneres Image zu geben. Der neue Amtstitel konnte natürlich nicht darüber hinwegtäuschen, daß die Münchner Stadtratsposten in der nun beginnenden «Regimephase» vornehmlich als Versorgungsstellen an jene Randalierer und Rabauken der «Kampfzeit» zwischen 1923 und 1933 vergeben wurden, die Hitler wegen ihrer mangelnden Qualifikation und Allgemeinbildung nicht für anspruchsvollere Aufgaben in der Münchner Parteileitung oder in Berlin einsetzen konnte.

Wenige Tage nach der nationalsozialistischen Machtergreifung in München wurde mit der Einrichtung eines «Konzentrationslagers» in den Baracken der ehemaligen Pulverfabrik Dachau begonnen, in dem politischen Gegnern des Nationalsozialismus, aber auch den durch Rassenzugehörigkeit oder sexuelle Ausrichtung Mißliebigen eine euphemistisch als «Schutzhaft» umschriebene, traumatische Demütigung drohte. Kontaktsperre gegenüber Familie und Freunden, Massenunterbringung in Holzbaracken, auf die Spitze getriebener militärischer Drill, Todesandrohung für Fluchtversuche, unzureichende Kost, tägliche Schikanen durch die systematisch zum Sadismus erzogenen SS-Wachen, öffentlich vollzogene Leibesstrafen bei geringsten Übertretungen der Lagerordnung und – als eigentliches Haftziel – die möglichst rasche physische Vernichtung der Häftlinge durch schwerste körperliche Arbeit – das war die brutale Konzeption des von Heinrich Himmler eingerichteten Dachauer Lagers. Dachau wurde zum Probebetrieb jener nationalsozialistischen Terroreinrichtungen, die rasch das ganze Reichsgebiet überziehen sollten und schließlich zu ‹Mordhöllen› mit systematischer Massentötung der für das NS-Regime gefährlichen oder als «lebensunwert» definierten Menschen ausgebaut wurden.

Es begann nun umgehend ein Exodus der durch politische Überzeugung oder rassische Zugehörigkeit gefährdeten Menschen. Zahlreiche Politiker, Anwälte, Schriftsteller, Journalisten, Geschäftsleute, Künstler wandten sich von der unter das Joch der Nationalsozialisten gefallenen Stadt ab. Thomas Mann, der sich im März 1933 in der Schweiz aufgehalten hatte, kehrte nicht mehr nach München zurück, sein Bruder Heinrich entkam nach Prag. Viele aber glaubten, die Welle der Gewaltanwendung würde wieder abebben, und hielten trotz unguter Perspektiven an ihrer Heimat fest. Doch die 1933/34 angelaufene Verfolgungs- und Vernichtungsmaschinerie sollte nach Hitlers Willen nicht mehr zurückgefahren werden, da sie sich als das wirkungsvollste Instrument des Machterhaltes erwies. Sie machte schließlich auch nicht vor ‹Abweichlern› aus den eigenen Reihen halt. Am spektakulärsten war Ende Juni 1934 Hitlers Abrechnung mit dem SA-Chef Ernst Röhm. Er und eine Reihe weiterer Funktionsträger der SA wurden von SS-Schergen erschossen. Im Zuge dieser Mordaktion wurden auch viele Oppositionspolitiker liquidiert (so beispielsweise Gregor Strasser, ein einstiger Weggefährte Hitlers, Fritz Gerlich und der ehemalige Generalstaatskommissar von 1923, Gustav Ritter von Kahr). Der Hauptgewinner der Großaktion gegen die SA war Heinrich Himmler, der als «Reichsführer SS» nun alle Fäden der Unterdrückung in Händen hielt.

Die Münchner Bevölkerung erlebte die massive Veränderung der politischen Landschaft, die zunehmende Beschränkung der Meinungsfreiheit und die allgegenwärtige Bedrohung durch Spitzel der «Geheimen Staatspolizei» (Gestapo) mit gemischten Gefühlen. Manche glaubten, daß diese harten Maßnahmen notwendige Konsequenzen der in Angriff genommenen Vertilgung des «Bolschewismus» seien, und hofften auf eine künftige Liberalisierung des Systems. Andere blieben auf kritischer und zugleich vorsichtiger Distanz. Die meisten aber arrangierten sich mit der neuen Situation, und vor allem viele Jüngere gründeten die eigene Karriere auf den herrschenden Ungeist. Die außenpolitischen Erfolge Hitlers in den Jahren 1935 bis 1939 zogen viele Zauderer und auch viele anfängliche Kritiker ins Lager der Nationalsozialisten. Wer dennoch an seiner Verweigerungshaltung festhielt, hatte mit beruflicher und gesellschaftlicher Ausgrenzung zu rechnen. Auch Karl Valentin, der große Münchner Komiker, der sich zunächst hinter der intellektuellen Barriere seines skurrilen Humors relativ sicher glaubte, mußte schließlich zur Kenntnis nehmen, daß er ein jahrelang vermiedenes Bekenntnis zum «Dritten Reich» mit seiner künstlerischen Existenz bezahlt hatte. Als die Engagements ausblieben, zog er sich ins Privatleben zurück. Sein humoristischer Kollege Weiß Ferdl hingegen verbrüderte sich umgehend mit den neuen Machthabern und wurde dank tatkräftiger Unterstützung durch die Partei zum Münchner Publikumsliebling. Die politische und kulturpolitische «Gleichschaltung» Münchens 1933 hörte sich in einem seiner Couplets wie folgt an:

Man hört nicht mehr Saxophone,
tanzt nicht Rumba, Charleston.
Fort mit Jazz und Niggertanz,
sind nicht mehr meschugge ganz.
Alte Weisen hört man wieder,
stramme Märsche, deutsche Lieder,

die man gern im Ohr behaltet:
gleichgeschaltet, gleichgeschaltet.

An dieser Stelle darf angemerkt werden, daß der Humorist und Parteigenosse Weiß Ferdl nach dem Krieg im Spruchkammerverfahren nur unter die «Mitläufer» eingereiht wurde. Zu seiner Entlastung führte er u.a. an, daß er nie mit «Heil Hitler» gegrüßt und durch aufmüpfige Couplets sogar dazu beigetragen habe, daß München reichsweit als die «Hauptstadt der Gegenbewegung» galt.

Doch München kannte nicht nur Aktivisten und Mitläufer. Zur Ehre dieser Stadt muß festgehalten werden, daß ein großer Kreis von Münchnerinnen und Münchnern aus allen Schichten der Bevölkerung und aus verschiedenen politischen und weltanschaulichen Lagern dem Nationalsozialismus konsequent die geforderte Gefolgschaft versagte. Kommunistische, sozialdemokratische, monarchistische und konfessionelle Widerstandsgruppen, Menschen aller Gesellschafts- und Altersschichten nannten Hitlers Herrschaft Tyrannei, Barbarei und Mord und riskierten damit mutig ihr Leben. München wurde sogar Schauplatz spektakulärer Aktionen gegen das Verbrecherregime. Am 8. November 1939 explodierte bei der traditionellen NSDAP-Veranstaltung zum Gedenken an den Hitler-Putsch von 1923 im Bürgerbräukeller eine Zeitbombe, die der Schreiner Johann Georg Elser in einen Wandpfeiler eingebaut hatte. Unter den Todesopfern befand sich allerdings nicht Adolf Hitler, dem das Attentat gegolten hatte; er hatte die Veranstaltung vorzeitig verlassen. Besonders hervorgehoben zu werden verdient der Widerstand junger Akademiker der Münchner Universität. Die Gruppe «Weiße Rose» um die Geschwister Hans und Sophie Scholl und deren geistiger Mentor, Professor Kurt Huber, appellierten ab dem Frühsommer 1942 mit mehreren Flugblattaktionen an das Gewissen der Menschen. «Freiheit und Ehre! Zehn Jahre lang haben Hitler und seine Genossen die beiden herrlichen deutschen Worte bis zum Ekel ausgequetscht, abgedroschen, verdreht, wie es nur Dilettanten vermögen, die die höchsten Werte der Nation vor die Säue werfen. Was ihnen Freiheit und Ehre gilt, haben sie in zehn Jahren der Zerstörung aller materiellen und geistigen Freiheit, aller sittlichen Substanzen im deutschen Volk genugsam gezeigt […] Der deutsche

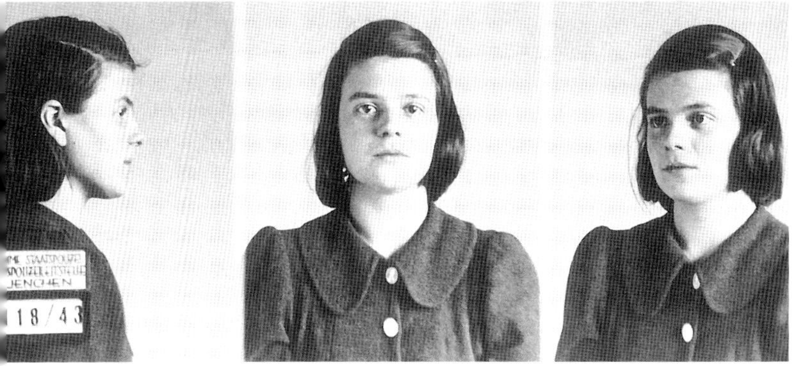

Das unmittelbar nach der Verhaftung am 20. Februar 1943 von Sophie Scholl durch die Gestapo angefertigte erkennungsdienstliche Foto.

Name bleibt für immer geschändet, wenn nicht die deutsche Jugend endlich aufsteht, rächt und sühnt sogleich, ihre Peiniger zerschmettert und ein neues geistiges Europa aufrichtet» – große und herrliche Sätze, festgehalten auf einem unscheinbaren, hektographierten Flugblatt, das am 18. Februar 1943 im Lichthof der Münchner Universität ausgelegt wurde. Die Antwort des Tyrannen auf diese offenen und wahren Worte waren die von seinem ‹Blutrichter› Roland Freisler, dem Präsidenten des Volksgerichtshofs, ausgesprochenen und umgehend im Gefängnis Stadelheim vollzogenen Todesurteile.

Eine tragische Figur des Widerstandes war der Münchner Erzbischof Michael Kardinal Faulhaber. Kämpferisch hatte er sich zu Beginn der NS-Ära gegen die Schmähungen des Alten Testaments und gegen die Propagierung eines «arischen Christentums» zur Wehr gesetzt, doch angesichts seines Amtes versuchte er auch immer wieder, zu einem formalen Arrangement mit der neuen Staatsmacht zu kommen. Viele seiner geschickt formulierten Predigttexte lassen eine klare Stellungnahme gegen das Unrechtssystem vermissen und reden mitunter einer heute unverständlichen Legitimation der Obrigkeit das Wort. Es darf aber auch nicht übersehen werden, daß die päpstliche Enzyklika «Mit brennender Sorge» von 1937, die einzige offizielle Verurteilung des Nationalsozialismus durch Rom, aus Faulhabers Feder stammte. Dessen ungeheure Popularität bei der Münchner Bevölkerung ließ es den Machthabern geraten erscheinen, die Abrechnung mit ihm auf die Zeit nach dem «Endsieg» zu verschieben.

Schonungsloser gingen die NS-Mächtigen dagegen mit dem Münchner Jesuitenpater Rupert Mayer um, der wegen seiner jederzeit unmißverständlich antinationalsozialistischen Einstellung 1937 von der Gestapo verhaftet wurde und in der Folge ein jahrelanges Martyrium zu erdulden hatte. In der Haft formulierte er eine Erklärung, in der er seine Absicht kundtat, nach seiner Entlassung trotz eines entsprechenden Verbots weiterzupredigen. 1939 vorübergehend im KZ Sachsenhausen inhaftiert, wurde Mayer 1940 – im Einverständnis mit dem an einer Deeskalation des Falles interessierten Kardinal Faulhaber – nach Kloster Ettal verbannt, wo er zu völliger Inaktivität gezwungen war. Als Rupert Mayer Ende 1945 verstarb, wurde er zur Symbolfigur eines aufrechten kirchlichen Widerstands. 1987 erfolgte seine Seligsprechung.

1935: «Hauptstadt der Bewegung»

Das Joch, das Hitler München auferlegte, war drückend. Die geistige Unterwanderung der Stadt und der durch den Staatsstreich vom März 1933 ausgelöste Verlust der historischen Sonderrolle sollte nach dem Willen des Wahlmünchners Adolf Hitler durch eine enge Bindung der Stadt an die Parteigeschichte der NSDAP kompensiert werden. Inszenierung und Mythos dieser angeblich alle politischen Grenzen überwindenden «Nationalen Bewegung» nahmen ihren ideologischen Ausgang beim verunglückten Hitler-Putsch von 1923 und berücksichtigten zugleich die Neugründung der NSDAP in München im Jahr 1925. Impulsgeber der Mythologisierung Münchens war die seit 1931 im ehemaligen Barlow-Palais an der Brienner Straße eingerichtete Parteizentrale, das «Braune Haus».

Das von Hitlers Lieblingsarchitekt Paul Ludwig Troost umgebaute Palais wurde auch Ausgangspunkt einer großräumigen Inbesitznahme des einst von Karl von Fischer konzipierten noblen Villenviertels rund um den Karolinenplatz. Eine Vielzahl von Parteigliederungen und diesen wiederum nachgeordneten Ämtern drängte in die dortigen Palaisbauten und Etagenwohnungen, so daß nach kur-

Josef Eglseder, «Neues Parteiforum am Königlichen Platz», 1938. Links der «Führerbau», in der Mitte die «Ehrentempel für die Gefallenen des 9. November 1923», rechts der «Verwaltungsbau der NSDAP». Die gesamte Platzanlage diente als gigantische Aufmarschfläche für Parteiveranstaltungen. Sie wurde deshalb 1935 gepflastert.

zer Zeit der schönste Teil der Maxvorstadt gänzlich von NS-Dienststellen belegt war. Zentrum der nationalsozialistischen Architekturokkupation aber wurde der Königsplatz, der einst von Ludwig I. als symbolischer Ort philhellenistischer und neuhumanistischer Begeisterung gestaltet worden war. Das Ergebnis der noch von Troost begonnenen und von Leonhard Gall zu Ende geführten Umgestaltung war eine Aufweitung des Platzes unter Einbeziehung der Arcisstraße. Akzente im Stil des Neuklassizismus setzten die als Mausoleen errichteten beiden «Ehrentempel für die Gefallenen des 9. Novembers 1923» an der Ecke Brienner/Arcisstraße und die daran anschließenden monumentalen «Führerbauten». Die gesamte Platzgestaltung bezog auch die in unmittelbarer Nähe gelegene Parteizentrale der NSDAP mit ein. Die Brienner Straße übernahm so die Funktion einer ‹braunen› *via triumphalis* zwischen dem Obelisk am Karolinenplatz und den Propyläen. Da der bislang begrünte Platz in seiner Gesamtheit

Vor dem «Münchner Abkommen» 1938: Empfang des britischen Premierministers Chamberlain (3. v. r.) auf dem Flughafen Oberwiesenfeld. Daneben Außenminister von Ribbentrop (4. v. l.), Reichstatthalter Ritter von Epp (2. v. r.) und Oberbürgermeister Fiehler (1. v. r.).

mit Granitplatten belegt wurde, entstand ein antikisierendes Forum gigantischen Ausmaßes, das für die Massenveranstaltungen der NSDAP geeignet war. Die Besitzergreifung des ludovizianischen Königsplatzes (er wurde 1935 in «Königlicher Platz» umbenannt) diente dem Ziel einer Ideologisierung Münchens, die geschickt an alte Markierungen anknüpfte und vorhandenes Potential umwidmete. Durch den «Mythos München» erfuhr auch die 1933 zugunsten Berlins entschiedene Rivalität mit der Reichshauptstadt eine Art Wiedergutmachung. Lakonisch kommentierte Gauleiter Adolf Wagner 1936 die neue Situation: «Der Führer hat verfügt, daß München als Hauptstadt der Bewegung für alle Zeiten Sitz der Reichsleitung der NSDAP bleiben soll. Berlin wird für alle Zeiten Sitz der Reichsregierung bleiben. Von Berlin aus wird das Reich, von München aus wird die nationalsozialistische Bewegung geführt.»

Sichtbarer Ausdruck der neuen Rolle Münchens wurde auch der seit 1934 jährlich als Großinszenierung wiederholte «Marsch zur

Feldherrnhalle», der den mißglückten Putsch vom 8./9. November 1923 als sakrale Handlung zelebrierte und die Feldherrnhalle zum ‹Altar› des neuen Reiches machte. In einem 1936 in München gedrehten Film über diesen Gedenkmarsch wurde ein pseudoreligiöses Gedicht rezitiert, das mit folgendem Satz endete: «Uns sind Altar die Stufen der Feldherrnhalle.» Eine freigestellte Ehrentafel, vor der eine «Ewige Wache» Aufstellung nahm, erinnerte an die damals umgekommenen Putschisten. Auch die vier getöteten Angehörigen der bayerischen Landespolizei wurden durch eine zweite, kleinere Tafel im Sockelbereich der Feldherrnhalle geehrt, da man sie als unschuldige Opfer des Einsatzbefehls deutete und auf diese Weise für sich vereinnahmen wollte.

So kam die Stadt ungefragt zu der zweifelhaften Ehre, der Welt als Musterbeispiel einer idealen nationalsozialistischen Gesinnungsgemeinschaft zu dienen. Der München bereits 1935 von Hitler verliehene Titel «Hauptstadt der Bewegung» prangte auf den Ortsschildern und schmückte auch den Poststempel. Im Gegensatz zu diesen parteiamtlichen Inszenierungen von 1935/36 stehen die Münchner Wahlergebnisse, die nach neueren Forschungen vor 1932 für die Nationalsozialisten keineswegs spektakulär waren. Das nach der Niederschlagung der Räterepublik kurzfristig steigende Sympathiepotential für nationalistische Entwicklungen war nach dem gescheiterten Hitler-Putsch verhältnismäßig rasch wieder zurückgegangen, wobei die traditionell katholische Prägung Münchens wohl die stärkste Barriere gegen die radikalen, ja exzessiven Pläne Hitlers gebildet hatte. Dennoch hat das amtliche München nach 1933 nicht ohne Stolz die offiziell konstatierte besondere Nähe zu «Führer und Bewegung» hervorgehoben und beschworen. Es gehörte mit zum Ehrgeiz der Nationalsozialisten, die Stadt durch die Einführung eines neuen Stadtsiegels und Stadtwappens auch heraldisch zu vereinnahmen. Hitler ließ durch den Parteigenossen und Ratsherrn Richard Klein einen Entwurf ausarbeiten, der sich stark an das älteste Münchner Stadtsiegel der bischöflich-wittelsbachischen Entwicklungsphase anlehnte. Da München nun tatsächlich unter die alle politische Eigenständigkeit vernichtende Obhut des Reichs gekommen war, sollte der seit 1313 nachweisbare Löwe als die heraldische Figur des Hauses Wittelsbach aus dem städtischen Hoheitszeichen getilgt werden. Das neue, von Hitler persönlich gutgeheißene und genehmigte Wappen- und Siegelbild Münchens machte die neuen Verhältnisse durch einen über Stadttor und Stadtmönch gestellten Reichsadler samt Hakenkreuz sichtbar.

Die negative Konnotation, die sich mit dem Begriff «Hauptstadt der Bewegung» verband, erfuhr eine Steigerung durch das 1938 abgeschlossene «Münchner Abkommen» über die Abtrennung des Sudetenlands von der Tschechoslowakei. Hitlers Kriegsplanung wurde damals durch die Friedensinitiative der Regierungschefs von Italien, Frankreich und England unterlaufen, weshalb die nachfolgende politische Preisgabe und Vergewaltigung der Tschechoslowakei zwar den Weltkrieg nochmals um ein Jahr hinausschieben konnte, England und Frankreich als die bisherigen Garanten der tschechoslowakischen Republik jedoch in bestürzender Weise diskreditiert wurden. So wurde der Ortsname «München» für Deutschlands östlichen Nachbarn zum Symbol des politischen Verrats und der nationalen Schmach: eine zusätzliche Hypothek für die begrifflich schon genug belastete Stadt, an der sie nach dem Krieg noch lange abzutragen hatte.

Abgesehen von der in München vollzogenen Erniedrigung der Tschechoslowakei, war die Stadt während des «Dritten Reichs» kein Ausgangspunkt außenpolitischer Aktivitäten. Sie war und blieb Kultplatz der Partei.

Das von der neuen Deutschen Gemeindeordnung vorgesehene Amt eines kommunalen Parteibeauftragten übernahm im Falle Münchens Hitler selbst – auch dies eine Folge des besonderen Interesses des «Führers» an der Stadt seiner politischen Anfänge. Hitlers ständige Einmischung in die Münchner Belange konzentrierte sich freilich in erster Linie auf Fragen einer im nationalsozialistischen Geist und damit unter der Prämisse des allgegenwärtigen Größenwahns betriebenen Stadtplanung und Stadtgestaltung.

Hatte Troosts neues Architekturensemble um den Königsplatz das noble Entree der Maxvorstadt bereits erfolgreich außer Kraft gesetzt, so begann das vom selben Architekten geplante «Haus der Deutschen Kunst» an der Prinzregentenstraße, den Englischen Garten vom Areal des Hofgartens optisch abzutrennen. Die damit verbundene Neubauplanung im Bereich der Von-der-Tann-Straße,

Holzmodell der von Hermann Giesler ausgearbeiteten Ost-West-Achse zwischen dem Karlsplatz und dem neuen Hauptbahnhof bei Laim, 1939/40. Vorne das «Denkmal der Bewegung», ein nahezu 200 Meter hoher Obelisk an der Stelle des alten Hauptbahnhofes.

die als Zugangsstraße zum «Haus der Deutschen Kunst» beträchtlich verbreitert wurde, hätte nicht nur ein geplantes NS-Kulturforum im Bereich der vorderen Prinzregentenstraße erschlossen, sondern auch eine völlige Veränderung des Odeonsplatzes zur Folge gehabt; das den Hofgarten so elegant begrenzende Bazargebäude sollte zugunsten einer tief in die Gartenanlagen eingreifenden Kunsthalle abgetragen werden – Überlegungen, die kriegsbedingt glücklicherweise nicht über das Entwurfsstadium hinauskamen. Im Bereich der Ludwigstraße allerdings griffen der Abriß des Herzog-Max-Palais und die Neubauten des «Zentralministeriums» und des «Hauses des Deutschen Rechts» brutal in die von den Architekten Klenze und von Gärtner geschaffenen Ensembles ein. Am deutlichsten wird die geradezu karikaturhafte Überformung der klassizistischen Bautradition Münchens durch die Nationalsozialisten bei der Betrachtung des noch erhaltenen 14 Meter langen Modells der «Großen Achse», das durch den 1939 von Hitler eingesetz-

Plastilinmodell des Mausoleums für Adolf Hitler. Die monströse Grabanlage sollte an der Stelle des damaligen Wittelsbacher Palais, Ecke Brienner/Türkenstraße entstehen.

ten «Generalbaurat» Hermann Giesler erarbeitet worden war. Gieslers Amt war von der Stadtverwaltung unabhängig, er unterstand – wie Albert Speer in Berlin – der direkten Weisung Hitlers. Die von Giesler gefertigten Plan- und Modellentwürfe nahmen nicht die mindeste Rücksicht auf gewachsene Strukturen oder achteten auf eine Verträglichkeit mit dem überlieferten Stadtbild: Eine von riesigen Marmorpalästen gesäumte Prachtstraße sollte die Münchner Altstadt mit dem nach Laim verlegten Hauptbahnhof verbinden und gleichzeitig auch den Anschluß an einen Autobahnkreisel bei Pasing herstellen. Auftakt dieses Straßenbauwerks mit unterirdischen Parkgeschossen und U-Bahn-Tunnels war ein im Bereich des bisherigen Bahnhofplatzes geplantes, über 200 m hohes, obeliskartiges Denkmal für die NS-Bewegung, das den neuen Ehrennamen Münchens versinnbildlichen sollte. Seine absurde Gigantomanie hätte die sich anschließende Altstadtsilhouette einschließlich der dominierenden Türme der Frauenkirche ins Belanglose abgleiten lassen. Der Kriegsausbruch 1939 verhinderte die

Zerstörung des Münchner Stadtbildes durch den NS-Klassizismus. Höhepunkt der nationalsozialistisch geprägten Altstadtsilhouette in München wäre wahrscheinlich die an der vorderen Brienner Straße geplante «Halle der Partei» geworden, an die sich das als Kuppelraum geplante Mausoleum Hitlers anschließen sollte. Diesem nur in Skizzen und Modellphotos überlieferten Projekt wäre auch das seit 1933 von der Gestapo genutzte Wittelsbacher Palais zum Opfer gefallen, das als einstiger Sitz des kommunistischen «Zentralrates» (1919) aus ideologischen Gründen für die Nationalsozialisten ohnehin zur Disposition stand. Mit einer monumentalen Grabstätte für Hitler hätte der ideologiebesetzte Ausbau der «Hauptstadt der Bewegung» seinen konsequentesten Abschluß gefunden.

Von den vielen Detailprojekten zu einem «zeitgemäßen» Umbau Münchens sollen hier nur einige erwähnt werden: die am Sendlinger-Tor-Platz beginnende Untergrundbahn, der Altstadtring, dem man 1938 im Vorgriff die protestantische Matthäuskirche in der Sonnenstraße opferte, und die Ringumgehung Münchens für die Autobahnanschlüsse nach Berlin, Lindau, Stuttgart und Wien. Bemerkenswert ist auch das 1941 zwischen Hermann Giesler und dem damaligen Münchner Stadtbaurat, Karl Meitinger, diskutierte Projekt einer Bereinigung des Altstadtbildes, bei dem überladene Gründerzeitfassaden abgeschlagen, verwinkelte Innenhöfe ausgeräumt und in den Erdgeschoßzonen der Hauptstraßen Arkaden eingebaut werden sollten. Ringstraßensysteme und Parkplätze am Rande der Innenstadt sollten einer künftig weitgehend motorisierten Gesellschaft Rechnung tragen. Diese in der NS-Zeit angedachten Projekte einer verkehrs- und fremdenverkehrsgerechten Münchner Innenstadt blieben keineswegs bloße Schubladenplanungen. Bei der Enttrümmerung und dem Wiederaufbau der Innenstadt nach Kriegsende wurden diese Veränderungen durchaus berücksichtigt. So entstand u.a. der als häßliche Schneise durch das Lehel und den Oberanger geschlagene Altstadtring sowie das als Zentralparkplatz gedachte, bis auf den heutigen Tag schwer zu integrierende Freigelände des Marienhofes. Auch Arkadeneinbauten und Innenhofsanierungen wurden bei der Rekonstruktion bzw. der Neuschaffung von Bausubstanz entlang der wichtigsten Innenstadtverbindungen durchgesetzt. Selbst die bereits 1941 erklärte Abneigung gegen die überladene Ornamentik der Gründerzeitarchitektur scheint bei exzessiv durchgeführten «Fassadenbereinigungen» der Nachkriegszeit noch Pate gestanden zu haben.

Die «Stadt der Deutschen Kunst»

Das von König Ludwig I. zu einer «Kunststadt» erhobene München hatte sich mit dieser schmeichelhaften Charakterisierung noch Jahrzehnte nach der Abdankung des Monarchen verbunden gefühlt und an einen schicksalhaften ‹Dauerauftrag› geglaubt, ohne diese Vorgabe jedoch in wirklich schöpferischer Weise auszufüllen oder weiterzuentwickeln. Man war an einen vielfältigen Kunstbetrieb gewöhnt, der auf einer beachtlichen heimischen Reproduktions- und Imitationsindustrie basierte, wobei ‹fürstlich› agierende Akademieprofessoren und geschäftstüchtige Galeristen dem Nimbus der «Kunststadt» immer wieder neue Weihen erteilten. Hervorragend ausgestattete Kunstsammlungen und eine solide akademische und private Malschulung waren die sichere Basis dieses auf Kunst und Kunstvermarktung gegründeten Selbstbewußtseins der Stadt. Unzählige Ateliers in der Maxvorstadt und in Schwabing sowie ein lebhafter Kunstmarkt hatten den Münchnern die herausgehobene künstlerische Wertigkeit ihrer Stadt bis zum Ende des 19. Jahrhunderts zur Genüge bestätigt. Nach dem Weggang Max Slevogts und Lovis Corinths nach Berlin in den Jahren 1901 bzw. 1902 war der tatsächliche Rang Münchens erstmals öffentlich hinterfragt worden, wobei sich bereits eine deutliche Schwerpunktverlagerung in Richtung Reichshauptstadt abgezeichnet hatte. Das nach den Umwälzungen von 1918/19 der künstlerischen Moderne feindliche Klima Münchens hatte in den zwanziger Jahren die Wanderbewegung der Talente nach Norden verstärkt und die Stadt in einen Zustand der Desorientierung und Verunsicherung versetzt. Der von einer verbitterten künstlerischen Avantgarde gebetsmühlenhaft behauptete Verlust des «Kunststadt»-Prädikats schmerzte die eingefleischten Münchner nicht minder als der 1919 eingetretene politische Bedeutungsverlust der Stadt. Zu der abhanden ge-

Die «Große Deutsche Kunstausstellung» im Haus der Deutschen Kunst, 1938. Gefördert und gezeigt wurden nur der NS-Ideologie entsprechende Darstellungen von Körperschönheit und Heroismus.

kommenen Kompetenz in Kunstfragen gesellte sich nach 1933 die politische Nachrangigkeit gegenüber Berlin. Adolf Hitler machte sich diese resignative Situation der Stadt zunutze. In angemaßter Nachfolge des ludovizianischen Kunstmäzenatentums versprach der «Führer», die Stadt wieder als erste Referenz in Kunstfragen auszuweisen. Dabei dachte er keineswegs an eine Förderung des überkommenen Münchner Akademiebetriebs, sondern vorrangig an die Schaffung einer im Sinn des Nationalsozialismus «Deutschen Kunst», die er in bewußten Gegensatz zur Moderne der «Banausen» und «Kulturbolschewisten» rückte. Die Übernahme der Bauplanung für den seit dem Glaspalastbrand 1931 projektierten «Neuen Glaspalast» durch Paul Ludwig Troost war das erste Zeichen der in und für München neugesetzten Maßstäbe. Hitler hatte am Rande des Englischen Gartens ein Kulturforum ins Auge

Plakat zu einer ersten Ausstellung «Entartete Kunst» im Jahr 1936 mit Motiven der vom Nationalsozialismus bekämpften Moderne. Was als Anklage gedacht war, wurde unbeabsichtigt zu einer qualitätsvollen Werbung für neue Ausdrucksformen.

gefaßt, das den neuen parteiorientierten Ausstellungsbau der bildenden Künste mit einem «Museum für Zeitgeschichte» (d.h. für den Nationalsozialismus) kombinieren sollte. Die anvisierte kulturpolitische Wirkungszone an der Prinzregentenstraße hätte die für das monarchische München des 19. Jahrhunderts typischen, monumentalen Baufluchten der Ludwig- und Maximilianstraße ergänzt, was wiederum den ‹Führerwillen› als einen konsequent fortgesetzten königlichen Gestaltungswillen legitimiert hätte.

Wichtiger als Positionierung und städtebauliche Einbindung der geplanten neoklassizistischen Kunsthalle war jedoch ihre ideologische Nutzung. Entsprechend Hitlers Kunstverständnis ging es um die Schaffung einer völlig neuen Kunstrichtung, die sich im Gegensatz zu den rasch wechselnden und auf gesellschaftliche Provokation angelegten Produktionen «teils interessierter, teils blasierter

Cliquen» eine einigende und auf «Ewigkeit» gegründete künstlerische Wertschöpfung zum Ziel setzte. Bei der Grundsteinlegung zum «Haus der Deutschen Kunst» (dies war der programmatische Name für das bisherige Projekt «Neuer Glaspalast») im Oktober 1933 wurden in einem gigantischen Festzug die Glanzzeiten der deutschen Kunstentwicklung in Erinnerung gerufen, wobei großformatige Nachbildungen von Bauwerken und Plastiken mit lebenden Bildern abwechselten. Dieser Festzug griff die Tradition der in München beliebten Umzüge der Künstlerschaft auf, wie sie beispielsweise beim Stadtjubiläum im Jahr 1858, bei der Säkularfeier für Ludwig I. im Jahr 1888 oder bei der Grundsteinlegung für das Deutsche Museum 1906 die gesamte Stadt in Bewegung und Begeisterung versetzt hatten. Das ebenso bombastische wie kitschige Schaugepränge (es nahmen mehr als 3500 aktive Mitwirkende, darunter 450 Reiter teil), das auch in den Jahren 1938 und 1939 wiederholt wurde, führte den Münchnern und den vielen Gästen der Stadt vor Augen, daß die gesamte künstlerische Hochkultur der indogermanischen, germanischen und deutschen Rasse nunmehr in München eine neue Heimstätte erhalten habe. Die vorgestellten Perioden der europäischen Kulturentwicklung gipfelten in den Gruppen der «Neuen Zeit», in denen sich der Nationalsozialismus als die Erfüllung aller politischen und kulturellen Hoffnungen der Nation selbst in Szene setzte. Die in der Schlußgruppe des Festzugs angetretenen Marschblöcke der Parteigliederungen und militärischen Waffengattungen unterstrichen, daß alle Zielvorgaben des NS-Systems mit einer steten Bereitschaft zur Gewalttätigkeit verbunden waren.

Anläßlich der Eröffnung des «Hauses der Deutschen Kunst» im Juli 1937 war als Kontrastprogramm zur großen Präsentation ideologisch korrekter Kunst ganz in der Nähe, in der Galeriestraße, die Ausstellung «Entartete Kunst» vorbereitet worden, in der die inzwischen beschlagnahmten und aus den öffentlichen Museen entfernten Spitzenwerke der deutschen Moderne, darunter Werke von Lovis Corinth, Franz Marc, Wassily Kandinsky und Paul Klee, geschickt inszeniert dem öffentlichen Spott und der publizistischen Verachtung ausgeliefert wurden. Diese kompromittierende Vorführung angeblich bolschewistischer, infantiler und pathologischer

Kunstentartung verdeutlichte einmal mehr, daß das neue Reich unerwünschte Ideen, Objekte und Menschen gleichermaßen seinem Ausrottungswillen unterwarf. Unliebsame Maler der vornationalsozialistischen Ära wurden – soweit sie nicht das Exil vorzogen – zumindest mit einem «Malverbot» belegt. Diese Beschränkung einer elementaren Daseinsäußerung korrespondierte mit dem «Schreibverbot», das alle regimefernen Schriftsteller und Gelehrten traf. Schon im Mai 1933 hatte die nationalsozialistisch geführte «Deutsche Studentenschaft» in München auf dem Königsplatz die Bücher marxistischer, jüdischer und pazifistischer Schriftsteller öffentlich verbrannt – ein deutliches Vorzeichen der längst geplanten «Ausschaltung», d.h. Vernichtung, «undeutschen Geistes». Die von Hitlers schlichtem Kunstverständnis definierte erwünschte Kunst dagegen erging sich in der Verherrlichung idealer Körperlichkeit, in naturschönen oder den heroischen Bauern- und Soldatenstand verklärenden Darstellungen und natürlich in ‹sauberen› Aktbildern. Solche vermochte niemand so überzeugend zu malen wie der vom Volkswitz als «Reichs-Schamhaarmaler» verspottete Adolf Ziegler, der es durch sein besonderes Talent in der Folge zum Präsidenten der Münchner Kunstakademie und später der «Reichskammer der Bildenden Künste» brachte.

Hitlers fragwürdigster Kumpan der «Kampfzeit» ab 1923, der Pferdehändler, NS-Ratsherr und SS-Brigadeführer Christian Weber, inszenierte zwischen 1936 und 1939 mit der «Nacht der Amazonen» im Schloßpark von Nymphenburg ein Spektakel mit halbnackten Frauen, das unter dem Prätext von Anmut und Schönheit den parteiamtlichen Voyeurismus und die verklemmte Sexualität der Nazibonzen befriedigte.

Die Bilanz Münchens als einer «Hauptstadt der Deutschen Kunst» gestaltet sich traurig. Das Erbe Ludwigs I. war innerhalb von zwölf Jahren nicht nur in beispielloser Weise herabgewürdigt worden, Hitler hatte es vielmehr geradezu pervertiert. Obschon auch König Ludwig I. die Kunst ganz in den Dienst seiner Politik gestellt hatte, so war die Kunst unter seiner Ägide doch Kunst geblieben, hatte Großes geschaffen und der gesamten Stadtentwicklung Orientierung und Rahmen gegeben. Nun aber bezeugte eine dilettantisch konzipierte Pseudo-Kunst im Namen Münchens und unter ausdrücklicher Berufung auf Münchens Kunsttradition die Vergötzung von Rassebewußtsein und Gewaltbereitschaft.

Die Konsequenz dieses nationalsozialistischen Zugriffs blieb nachhaltig: Aus den Kriegstrümmern des Jahres 1945 erstand zwar wieder Münchner Kunst, jedoch nicht mehr die «Kunststadt München». Begriff und Anspruch waren und blieben aufgezehrt durch jahrelangen Mißbrauch.

Die Vertreibung und Ermordung der Münchner Juden

Das Parteiprogramm der Nationalsozialisten basierte auf politisch und rassistisch begründetem Antisemitismus, weshalb auch die Entwicklung der NSDAP aufs engste mit organisierter Diffamierung und verbaler Hetze gegen Juden zusammenhing. Juden waren demnach für alle als negativ eingestuften Gegebenheiten und Ereignisse des 19. und des frühen 20. Jahrhunderts verantwortlich: Sie hatten nach Auffassung der Nationalsozialisten die Macht der Banken und des Kapitals («Plutokratie») geschaffen, gleichzeitig aber auch das Arbeiterproletariat mit Hilfe des Marxismus und der Sozialdemokratie gegen die bürgerliche Ordnung aufgehetzt; sie waren ferner verantwortlich für den verlorenen Weltkrieg, die drückenden Versailler Verträge, die Wirtschaftsmisere, die Inflation und die hohe Arbeitslosigkeit. Daneben hatten sie nach 1917 angeblich Europa mit dem «Bolschewismus» infiziert und machten nun Anstalten, ihrem Zersetzungs- und Ausbeutesystem die gesamte zivilisierte Welt zu unterwerfen.

Obwohl die Münchner Juden in der Weimarer Zeit nicht einmal zwei Prozent der städtischen Gesamtbevölkerung ausmachten, verkörperten sie nach Auffassung der Nationalsozialisten auch hier den «Volksfeind» schlechthin. Vor allem die seit etwa 1880 und dann wieder nach 1905 aus den polnischen Provinzen des Zarenreichs und der österreichisch-ungarischen Monarchie zugewanderten, in der Regel strengreligiösen ostjüdischen Ashkenasim, die sich durch Fleiß und Sparsamkeit einen kleinbürgerlichen Wohlstand aufgebaut hatten, wurden zum publizistischen Hauptangriffsziel des in München erscheinenden Parteiorgans der NSDAP, des «Völ-

Plakat zur antisemitischen Propagandaausstellung ‹Der ewige Jude› im Deutschen Museum, 1937.

kischen Beobachters». So war es vorhersehbar, daß mit dem Tag der NS-Machtübernahme in München die jüdischen Mitbürger vogelfrei wurden. Schon am 9. März 1933 wurden 280 Juden vorübergehend in «Schutzhaft» genommen und mißhandelt. Wenige Tage später wurde der jüdische Rechtsanwalt Michael Siegel, der sich über Gewalttätigkeiten der SA und der SS bei der Polizei beschwert hatte, mit abgeschnittenen Hosen und einem Pappschild um den Hals durch die Neuhauser und Kaufingerstraße getrieben; auf dem Schild stand: «Ich werde mich nie mehr bei der Polizei beschweren.» Dieser symbolische Vorgang für die eingetretene Entrechtung einer Minderheit war nur der Auftakt zu einem sich über mehrere Jahre hinziehenden Pogrom, das die Menschenwürde der jüdischen Bevölkerung mit Füßen trat. Jüdische Ärzte und Rechtsanwälte wurden mit Berufsverbot belegt, jüdische Firmenteilhaber mußten ihre Ämter «niederlegen», jüdische Journalisten und Künstler erhielten Schreib- und Auftrittsverbot. Außerdem wurden Boykottaktionen gegen jüdische Firmen organisiert, bei denen SA-Posten Kunden am Betreten der Geschäfte hinderten. Die Reaktion der Münchner Bevölkerung war gespalten. Bei vielen Bürgern der Stadt stießen die Entrechtungs- und Ausgrenzungsmaßnahmen auf grundsätzliches Verständnis, andere hingegen zeigten durchaus Betroffenheit und Scham. Unterstützung für die öffentlich mißhandelten Mitbürger oder lautstarke Proteste blieben allerdings aus. Dort, wo man gegen die Tag für Tag neu erzeugte Pogromstimmung tatsächlich Stellung bezog, geschah dies nur in verklausulierter Form. Deutlicher wurde der Münchner Erzbischof Kardinal Michael Faulhaber, der in seinen Adventspredigten 1933 das Alte Testament als den Ausgangspunkt der christlichen Heilslehre herausstellte und betonte, daß die Welt nicht durch arisches, sondern durch jüdisches Blut erlöst worden sei.

Die 1933 begonnene «Ausschaltung» der Juden aus dem öffentlichen Leben Münchens setzte sich – wie in ganz Deutschland – in den Jahren bis 1938 mit bestürzender Konsequenz fort. Der Staat legte die Hand auf das Vermögen jüdischer Verbände und schränkte das jüdische Vereinsleben ein. Durch die «Nürnberger Gesetze» von 1935 wurden Juden offiziell als nachrangige, ja minderwertige Menschen abqualifiziert, denen man den Aufenthalt in Hotels, Gaststätten und Geschäften untersagen durfte, die an Ferienorten als «unerwünscht» galten und bei Bahnreisen weder Speise- noch Schlafwagen benutzen konnten. Ab Oktober 1938 wurden die Pässe jüdischer Mitbürger mit einem «J» gestempelt, obendrein mußte sich jeder einen zusätzlichen Pflichtvornamen eintragen lassen, der bei Männern «Israel» und bei Frauen «Sarah» lautete. Schon im Juni 1938 war die neoromanische Münchner Hauptsynagoge an der Herzog-Max-Straße abgebrochen worden, da sie Hitlers Meinung nach nicht ins Münchner Stadtbild paßte.

Eine dramatische Zuspitzung der Judenverfolgung stellte die als «Reichskristallnacht» umschriebene reichsweite Demolierung jüdischer Geschäfte und die Schändung von Synagogen durch organisierte NS-Banden am 8./9. November 1938 dar. Sie ging vom Alten Münchner Rathaus aus, wo Hitlers Kampfgenossen jedes Jahr die Erinnerung an den Putsch von 1923 hochleben ließen. Als während dieser Versammlung die Nachricht von der Ermordung eines deutschen Legationsrates in Paris durch einen jungen Juden einging, nahm man diesen Vorfall zum Anlaß, um eine allgemeine Zerstörungsaktion gegen jüdische Einrichtungen anzuordnen. In München wurde die Synagoge in der Herzog-Rudolf-Straße eingeäschert, zahlreiche Juden wurden verhaftet, bedroht, ausgeplündert und ins KZ Dachau eingeliefert; 24 dieser jüdischen «Aktionshäftlinge» kamen in der Folge durch Mißhandlungen und die unmenschlichen Bedingungen der Lagerhaft ums Leben.

Mit Eifer wurde von den Münchner Behörden seit 1937 die «Entjudung» des Wohnraums und die «Arisierung» jüdischer Geschäfte und Firmen vorangetrieben. Zweifelhafte Existenzen begründeten durch diese Enteignungsmaßnahmen, d. h. durch staatlich geförderten und legitimierten Diebstahl, ansehnliche Vermögen.

Die ersten fünf Jahre des antisemitischen NS-Terrors hatten der jüdischen Bevölkerung Münchens gezeigt, daß ihnen nur eine möglichst rasche Emigration Unversehrtheit und Leben sichern könne, weshalb viele nach Palästina oder in andere Länder auswanderten. Doch die Älteren glaubten noch immer, daß ihr redliches Leben, ihr tapferer Einsatz im Weltkrieg und ihre enge Verwurzelung mit München ein Schutzschild gegen letzte Konsequenzen der Hetze sein würden. Ein großer Irrtum! Die Schikanemaßnahmen gegen Juden nahmen nach dem Kriegsausbruch 1939 immer schlimmere Ausmaße an. Juden durften keine Straßenbahn mehr benutzen, sich auf keine Parkbank setzen, mußten ihre Radiogeräte abliefern, wurden «entmietet» und schließlich in die durch eigenen Arbeitseinsatz errichtete «Judensiedlung Milbertshofen» gepfercht. Von dort aus wurden zwischen November 1941 und Februar 1945 insgesamt 3666 jüdische Menschen nach dem Osten deportiert, wo sie in eigens eingerichteten Vernichtungslagern grausam zu Tode gebracht wurden. Im privaten Nachlaß des politischen ‹Wendehalses› Michael Meister, der sich in der Nachkriegszeit in Interviews und Publikationen als «Mann der Verantwortung» bei der Übergabe Münchens an die Amerikaner wichtig machte, tauchte im Jahr 2000 eine erschütternde Fotodokumentation über das Lager Milbertshofen und die erste Deportation von 1000 jüdischen Männern, Frauen und Kindern am 20. November

Zwei kleine Mädchen in der «Judensiedlung Milbertshofen». Sie waren unter den 1000 Deportierten, die am 20. November 1941 nach Kaunas/Kowno in Litauen transportiert und dort unmittelbar nach ihrer Ankunft erschossen wurden.

1941 auf – ein Todestransport, der vor Erschießungskommandos in den Festungsgräben von Kaunas (heute Kowno) in Litauen endete. Meister, ein SA-Oberscharführer im öffentlichen Dienst, der diese wohl selbstgefertigten Fotos bis zu seinem Tod versteckt hatte, war kein profilierter Naziverbrecher, sondern nur einer jener unzähligen «Mitläufer», die in einem kommunalen oder staatlichen Amt präzise und effektiv an der vorgeschriebenen Auslöschung der Münchner Juden mitgewirkt hatten. ‹Irgendwie› waren alle Münchner zumindest Augenzeugen der Entrechtung, der Schikanen und der Deportationen jüdischer Menschen geworden. Diese kollektive Blindheit und Teilnahmslosigkeit gegenüber der systematischen Mißhandlung und Vernichtung von Mitbürgern bleibt die traurigste Hypothek der NS-Vergangenheit. Von den über 10 000 Münchner Juden vor 1933 trafen die Amerikaner bei ihrem Einmarsch in die Stadt am 30. April 1945 nur noch 80 an.

Die Trümmerstadt

1942–1945: Der Luftkrieg gegen München

Es entsprach nur allzusehr der überall feststellbaren nationalsozialistischen Verwaltungsschizophrenie, daß eine schon seit 1933 mit nicht geringem organisatorischem Aufwand betriebene Luftschutzpropaganda und die konkreten staatlichen Investitionen für einen ausreichenden Zivilschutz weit auseinanderklafften. Trotz der jahrelangen Einstimmung der Münchner auf eine mögliche militärische Bedrohung aus der Luft traf der Kriegsausbruch am 1. September 1939 die Stadtbevölkerung relativ ungeschützt. Von 169 in Vorbereitung befindlichen öffentlichen Luftschutzräumen waren nach einer amtlichen Zusammenstellung vom Oktober 1939 erst 34 fertiggestellt. Zumeist waren sie außerdem nur auf ein Fassungsvermögen von maximal 50 bis 200 Personen angelegt, größere Aufnahmekapazitäten (500 bis 600 Personen) hatten nur einige wenige im Randbereich des Stadtzentrums (z.B. Residenz-Nordbau-Hofgarten, Residenz-Südbau-Max-Joseph-Platz, Staatsbibliothek, Herzog-Max-Burg). Völlig unzureichenden Schutz boten die in größter Eile in allen Grünanlagen ausgehobenen Deckungs- und Splittergräben. Unvollendet war auch die Flaksicherung, die seit 1937 vom Münchner Luftgaukommando VII inner- und außerhalb des städtischen Ballungsraumes eingerichtet wurde. Erst in den beiden letzten Kriegsjahren wurden mit massiven Mauern und Stahlbetondecken ausgestattete Hoch- und Tiefbunker fertiggestellt, von denen bei Kriegsende immerhin 48 amtlich registriert waren. In Erinnerung gerufen werden sollen hier nur die Tiefbunker am St.-Jakobs-Platz, an der Ecke Luisen-/Elisenstraße, am

Felix Büttner, Verdunkelung, 1941. Das Bild zeigt ein feindliches Flugzeug über der nächtlichen Au, das von den Lichtkegeln der Flakscheinwerfer erfaßt wird. Die Innenbeleuchtung der Straßenbahn ist durch den blauen Anstrich der Fenster gedämpft.

«Das größere Opfer». Adolf Reichs 1943 entstandenes Gemälde zeigt Hitlerjungen beim Spendensammeln; der Blick der Gebenden geht auf den Invaliden und die Kriegerwitwe, deren Leid schwerer wiegt als das Geldopfer.

Maximiliansplatz, im Bürgerbräukeller, unter dem Nockherberg und die Hochbunker an der Hotterstraße, an der Blumenstraße, an der Bäckerstraße in Pasing sowie an der Ecke Riesenfeld-/Petuelstraße. Sie wurden die täglichen Fluchtpunkte der seit 1940 unter dem Diktat der Luftschutzsirenen lebenden Menschen.

München konnte von Glück sagen, daß die Möglichkeiten der britischen Royal Air Force im ersten Kriegsjahr über dem Reichsgebiet noch sehr beschränkt waren und sich auch im Falle Münchens auf ‹bewaffnete Aufklärung› beschränkten, weshalb die schweren Mängel im praktischen Zivilschutz nicht unmittelbar ins Auge fielen. Mit dem Beginn der deutschen Westoffensive und der Berufung Winston Churchills zum englischen Kriegspremier 1940 änderte sich zwar die militärische Gesamtsituation grundlegend – nunmehr war die Steigerung des Bombenkriegs gegen Deutschland vorrangiges englisches Strategieziel –, doch bedeuteten die weite Anflugroute nach Süddeutschland und die dabei möglichen Abwehraktivitäten der deutschen Luftwaffe zunächst noch ein allzu hohes Risiko für die englischen Bomberformationen. Der deutsche Angriff auf die Sowjetunion 1941, der die Luftwaffe durch zusätzliche Fronteinsätze empfindlich schwächte, und die Entwicklung einer neuen Generation starker englischer Flugzeuge, ebenso die Verbesserung der gegnerischen Leitsysteme (Radar) ließen allerdings im Kriegsjahr 1942 die direkte Bedrohung Münchens zur Realität werden. Schwere Angriffe zwischen August und Dezember dieses Jahres verwüsteten Teile der Altstadt und kosteten erste Menschenleben. 1943 verstärkte sich die Luftüberlegenheit der Engländer, die ihre Angriffe jetzt nicht mehr auf die Küstenstädte, das Ruhrgebiet und die Reichshauptstadt beschränkten, sondern sie systematisch auf alle Großstädte des Reiches ausdehnten. Die in der Regel nachts geflogenen Einsätze der Engländer wurden ab dem Frühjahr 1943 durch die Tagesangriffe der United States Army Air Forces unterstützt, die aus Großverbänden heraus Bombenteppiche auf Verkehrswege und Industrieanlagen legten und dabei angrenzende Siedlungsbereiche nicht minder in Mitleidenschaft zogen. Sechs schwere Angriffe der angloamerikanischen Verbündeten verwüsteten 1943 die Innenstadt und die Wohngebiete der Peripherie. Es wäre unangemessen, den schließlich hemmungslosen Bombenkrieg der Alliierten zu skizzieren, ohne an dieser Stelle nicht auch die vorausgehenden deutschen Großangriffe auf Warschau und Rotterdam und die Bombardierung englischer Industriestädte durch die deutsche Luftwaffe während der Luftschlacht um England zu erwähnen. 27 besonders schwere Bombardements im Kriegsjahr 1944, darunter die Serienangriffe vom Juni und Juli, stürzten München buchstäblich ins Inferno. Beinahe alles, was durch Jahrhunderte hindurch an anspruchsvoller Architektur in der Stadt entstanden war, wurde nun vernichtet oder ruiniert. Allein die mit zerfetzter Kuppelbedachung über ausgebrannten Fassaden, Schuttbergen und einer Kraterwüste aufragenden Türme der Frauenkirche ermöglichten im Stadtzentrum noch eine notdürftige Orientierung. Der Schriftsteller Wilhelm Hausenstein notierte bei einem Besuch in der Stadt am 21. Dezember 1944: «Der Zustand der Stadt ist so grauenhaft, daß sich das Einzelne nicht mehr aussagen läßt, der Versuch verbietet sich von selbst.» Rund 30 weitere schwere Angriffe zwischen Januar und April 1945 brachten das Ruinenchaos der Altstadt in immer deprimierendere ‹Aggregatszustände›. Die Stadtbevölkerung war seit März 1943 durch Evakuierungen systematisch ausgedünnt worden. Durch Zwangsumquartierungen und private Abwanderung sank die Zahl der Stadtbewohner von rund 820 000 bei Kriegsausbruch auf 400 000 Einwohner im letzten Kriegsjahr. Dennoch wurde Wohnraum angesichts der sich in beinahe allen Vierteln ausbreitenden Verwüstung zum dringendsten Alltagsproblem. Nur ein einziger Wunsch beseelte schließlich die noch in der Stadt verbliebenen Menschen: Schluß mit diesem irrwitzigen, mörderischen und aussichtslosen Krieg, Schluß mit dem täglichen Bombenterror. Die sich Süddeutschland und damit auch München unaufhaltsam nähernden amerikanischen Bodentruppen waren im April 1945 nicht mehr als Feind gefürchtet, sondern sie wurden sehnsüchtig erwartet.

In letzter Minute hatte eine von Rupprecht Gerngroß, dem Hauptmann einer Dolmetscherkompanie, geleitete «Freiheitsaktion Bayern» versucht, den braunen Machthabern militärischen Widerstand entgegenzusetzen. Doch das schlecht vorbereitete Unternehmen, bei dem auch Reichsstatthalter Epp vorübergehend festgesetzt worden war, war rasch zusammengebrochen und hatte in München und im bayerischen Oberland Opfer gekostet. Auf den Straßen lagen am 30. April die Flugblätter des Gauleiters Paul Giesler, auf denen in höhnischen Worten das Scheitern des Gerngroß-Putsches berichtet wurde: «Alle Positionen in München sind fest in unserer Hand. Wir stehen zu unserem Führer Adolf Hitler.» Zu diesem Zeitpunkt hatte sich Adolf Hitler in Berlin bereits seiner Verantwortung durch Selbstmord entzogen.

Als sich am 30. April 1945 Einheiten der 7. amerikanischen Armee anschickten, München, die «Hauptstadt der Bewegung», in Besitz zu nehmen, erwartete sie eine gespenstische Ruinenlandschaft, in der

Die erste Münchner Fronleichnamsprozession nach dem Ende des Zweiten Weltkriegs, 3. Juni 1945.

alles menschliche Leben nahezu erstorben schien. Schon seit dem Vortag ruhte jeglicher Verkehr in den von Trümmern gesäumten Straßen der Außenbezirke, die sich im Zentrum bisweilen zu schmalen Trampelpfaden verengten. Eine gespannte, lähmende Stille, nur durch näherkommenden Geschützdonner unterbrochen, empfing die Sieger. Während es in Freimann noch zu einem heftigen Schußwechsel mit der SS gekommen war, vollzog sich in der Innenstadt das Ende der zwölfjährigen Schreckensherrschaft ohne Widerstand. Die mit weißen Leinentüchern an den Hausfassaden signalisierte Kapitulation wirkte vor den unübersehbaren Zeugnissen des allgemeinen Zusammenbruchs eigentlich überflüssig. Die in die Stadt einrollenden Jeeps, Panzer und Trucks der Amerikaner lockten bald die ersten Neugierigen auf die Straße, die den Soldaten zuwinkten und deren Ausrüstung bestaunten. Noch lastete das Martyrium der jahrelangen Luftangriffe auf den Münchnern. Und doch war der Einmarsch der Amerikaner Anlaß zur Freude: Für München war der Zweite Weltkrieg zu Ende. Das Bewußtsein des aus Tod und Verwüstung geretteten Lebens

Roman Feldmeyer, Am Karlsplatz, 1948. Links das ehemalige Pini-Haus, in der Mitte das Justizgebäude zwischen Prielmayer- und Elisenstraße, rechts ein Stück vom Hotel Königshof.

überdeckte alle bangen Fragen an eine ungewisse Zukunft. Die amerikanischen Truppen dagegen standen unter mehrfacher Anspannung: Zum einen mußten sie noch mit militärischem Widerstand rechnen, da der Krieg ja auch nach dem Fall Münchens weiterging; zum anderen hatten sie gerade das Konzentrationslager Dachau befreit und dabei unvorstellbare Szenen vor Augen gehabt. Man wundert sich heute darüber, mit welcher Gelassenheit die Amerikaner die ersten schüchternen Annäherungsversuche der deutschen Zivilisten ertrugen.

Nach der Übernahme zentraler Einrichtungen (Polizeipräsidium und Rathaus) richteten die Amerikaner umgehend eine Militärverwaltung ein, die alle Regierungs- und Polizeigewalt auf sich vereinigte. Während die für Bayern zuständige Militärregierung in den Kasernen an der Tegernseer Landstraße und in Gebäuden an der Holbeinstraße bzw. an der Ecke Maria-Theresia-Straße/Prinzregentenstraße Quartier bezog, war der Amtssitz der Münchner Militärregierung von Anfang an im Neuen Rathaus. Schon in den ersten Tagen wurden dort an mehreren Toren Schilder mit der Aufschrift «Military Government» angebracht. Vor den bewachten Eingängen drängten sich bald die Münchner mit großen und kleinen Problemen, mit Anfragen und Anträgen.

Die Aufgaben der kommunalen Selbstverwaltung wurden am 1. Mai 1945 kommissarisch dem Verlagsleiter Franz Stadelmayer übertragen, der allerdings bereits am 4. Mai 1945 seinen Posten an den früheren Münchner Oberbürgermeister Karl Scharnagl abgab, nachdem dieser sich wieder zur Verfügung gestellt hatte. Gemeinsam mit Stadelmayer und einem altbewährten, zuverlässigen Oberinspektor machte sich Scharnagl «als Befehlsempfänger der Militärregierung» an die Erledigung der ihm von der Besatzungsmacht zugewiesenen Aufgaben und gleichzeitig auf die Suche nach politisch tragbaren und mit der Verwaltungsarbeit vertrauten Mitarbeitern. Der aus Memphis/Tennessee stammende Colonel Eugene Keller, der immerhin ein wenig «Schwyzerdütsch» beherrschte, wurde Commanding Officer für München.

Der Neubeginn 1945

Die Bilanz des Zweiten Weltkrieges war für München niederschmetternd: Der Baubestand von neun Stadtbezirken war zu mehr als der Hälfte total vernichtet, darunter das Gebiet nördlich des Bahnhofs zu 74 Prozent, die Altstadt zu 60 Prozent und Schwabing zu 70 Prozent. Nur 2,5 Prozent aller Gebäude und Wohnungen blieben unbeschädigt. 108 von 206 Kirchen und Kapellen waren beträchtlich in Mitleidenschaft gezogen oder ganz zerstört, ebenso 40 Prozent aller Verwaltungsgebäude, 50 Prozent der Krankenhäuser, Kliniken und Schulen und schließlich 90 Prozent aller Bahn- und 50 Prozent der Postanlagen.

Beinahe alle historisch und kunsthistorisch ehrwürdigen Altstadtkirchen waren in Ruinen verwandelt oder zumindest schwer beschädigt; nur noch bizarre Fragmente von Außenmauern und verrußte Fassadenteile markierten die berühmten Residenztrakte, das Nationaltheater, die Alte Akademie, die Herzog-Max-Burg und die meisten der einst zierlichen Adelspalais des Kreuzviertels. Im Bereich der sich anschließenden Maxvorstadt hatten u.a. die beiden Pinakotheken, die Glyptothek und die Basilika von St. Bonifaz schwere Wunden davongetragen, während die NS-Verwaltungsbauten an der Arcisstraße und auch die «Ehrentempel» am Königsplatz unter ihren Tarnnetzen unbeschädigt der allgemeinen Zerstörung spotteten. Am Marienplatz hatte nur das neugotische Rathaus ohne allzu große substantielle Einbußen die Katastrophe überdauert, während das benachbarte Alte Rathaus mit seinem gotischen Tanzsaal für immer verloren schien. Totalschäden waren zu verzeichnen in den Quartierblöcken nördlich des Neuen Rathauses und bei der Bausubstanz westlich der Wein- und Theatinerstraße; völlig vernichtet war auch die Bebauung zwischen Rosenstraße und Rindermarkt sowie das Areal südlich der Kaufingerstraße bis hin zur Fürstenfelder Straße und zum Färbergraben. Oberanger und Unterer Anger waren schwer gezeichnet; westlich der Sonnenstraße in Richtung Hauptbahnhof breitete sich eine beinahe ebene Trümmerfläche aus. Georg Lill, Direktor des Bayerischen Landesamtes für Denkmalpflege, mußte bei Kriegsende resümieren: «München, ohne Zweifel die schönste und architektonisch ausgeglichenste Großstadt Deutschlands, ist im Kerne des eigenen Wesens getroffen; es hat Blessuren, Brüche und Amputationen hinnehmen müssen, die auch die geschickteste Hand nicht mehr tilgen kann.» Am schlimmsten jedoch wogen die Menschenverluste. Mit über 6000 Luftkriegsopfern hatte München auch an der Heimatfront einen nicht geringen Blutzoll für jahrelange politische Verblendung und Willfährigkeit gegenüber einem Mörderregime entrichten müssen.

Noch vor den Ängsten und Nöten der täglichen Existenzsicherung rangierte im zerstörten München der Wunsch nach Wohnraum. Die Zerstörung von gut der Hälfte der Münchner Bausubstanz, die rund 5 Millionen Kubikmeter Schutt produziert hatte, bedeutete ja in erster Linie eine katastrophale Einbuße an Wohnungsbestand. Verständlicherweise war nach dem Ende der Kriegshandlungen und der Kapitulation Deutschlands am 8. Mai 1945 die Rückwanderungsbewegung der Evakuierten in ihre Stadt kaum einzudämmen. Das von der Militärregierung zunächst ausgesprochene Zuzugsverbot bei gleichzeitiger Festlegung eines maximalen Bevölkerungsstandes von 520 000 Einwohnern wurde kaum beachtet. Zusätzlich drängten Tausende von «Displaced persons» (DPs), ehemalige Zwangsarbeiter und Verschleppte, und die entkräfteten Insassen von Konzentrationslagern in die wenigen noch einigermaßen intakten Wohnungen. Als amtlich definierte «Verfolgte des NS-Regimes» beanspruchten sie bei der Wohnraumzuweisung Bevorzugung und setzten ihre Ansprüche gegebenenfalls auch durch Selbsthilfeaktionen durch. Die im notdürftig instand gesetzten Münchner Hauptbahnhof endenden Transporte mit Heimatvertriebenen aus dem Sudetenland warfen zusätzliche Unterbringungsprobleme auf, und schließlich meldete die Besatzungsmacht selbst Anspruch auf angemessenen Wohnraum an. All diesen Anforderungen konnte die Stadtverwaltung schließlich nur durch exakte Erfassung der noch nutzbaren Wohnungen und deren rigorose Zwangsbewirtschaftung nachkommen. Diese Maßnahmen richteten sich insbesondere gegen einstige Mitglieder der NSDAP, deren Wohnungen auf der Grundlage eines «Notgesetzes zur Sicherung des angemessenen Raumausgleichs» vom 25. Oktober 1945 beschlagnahmt wurden. Die ehemaligen Parteigenossen mußten unter Zurücklassung des vom Nachmieter beanspruchten Mobiliars in Ersatzunterkünfte und Massenquartiere ausweichen.

Die Zerstörung der süddeutschen Eisenbahnlinien durch die alliierten Bombenangriffe und die in letzter Minute von der Wehrmacht vorgenommenen Bahn- und Brückensprengungen hatten die Landeshauptstadt Ende April 1945 von ihrem Hinterland und den wichtigsten Zubringergebieten abgeschnürt. Das plötzliche Ende des «Totalen Krieges» ließ die akuten Versorgungsprobleme zwar für einen winzigen Moment nachrangig erscheinen, doch nach der ersten persönlichen Bestandsaufnahme von Verlust und Schaden schoben sich die Alltagssorgen wieder in den Vordergrund. Es begann die mühselige Organisation von Lebensmitteln und Bekleidung. Wer über ländliche Verwandtschaft oder sonstige Beziehungen verfügte, erinnerte sich ihrer nun gerne und versuchte auf zum Teil abenteuerlichen «Hamsterfahrten», Nahrung direkt vom Erzeuger herbeizuschaffen.

Thomas Wimmer, der volkstümliche Oberbürgermeister der Nachkriegszeit. Er hatte stets ein offenes Ohr für die Sorgen seiner Mitbürger. Um 1955.

Die schon zu Beginn des Jahres 1945 kritische Versorgungslage in München hatte sich nach der Kapitulation rapide zugespitzt. Die systematische Beschlagnahmung von Rohstoffen und Baumaterialien durch die Besatzungsmacht sowie Demontagepläne der Alliierten für verschiedene Großbetriebe führten nach den unbestimmten Hoffnungen der ersten Wochen bald zu einer allgemeinen Ernüchterung und Depression. Die kriegsbedingte Zerstörung der Produktionsmittel und Transportfahrzeuge, der gänzliche Mangel an Reparaturteilen, das Fehlen von Brenn- und Treibstoff und die nur langsam und abschnittsweise mögliche Wiederherstellung der unterbrochenen Wasser- und Gaszufuhr legten viele Betriebe völlig lahm. Der sprunghaft erhöhte Strombedarf der Bevölkerung – Brennstoffmangel zwang die meisten Haushalte zur Umstellung auf diesen Energieträger – führte immer wieder zum Zusammenbruch des Netzes und deshalb zu häufigen Stromsperren. Ohne weitere Details der Münchner ‹Ruinenjahre› anzusprechen, darf resümiert werden, daß die ersten drei Nachkriegsjahre keineswegs geeignet waren, in den Menschen Hoffnung auf materielle Verbesserung hervorzurufen. Im Gegenteil – die Lebensbedingungen in München waren bis

1948 von Perspektivlosigkeit und Verzweiflung diktiert. Die äußeren Bedingungen der kriegsgeschädigten deutschen Wirtschaft waren durch Fehleinschätzungen der Besatzungsmacht, insbesondere aber durch die Zonenaufspaltung sogar zusätzlich verschlechtert worden. «So ist zuviel auseinanderentwickelt worden. Zuviel blieb ungenutzt an Kapazität und Versorgungsmöglichkeiten. Der schon gestörte Blutkreislauf wurde radikal unterbrochen», urteilten Ende 1947 Fachleute über die Wirtschaftsentwicklung Bayerns nach 1945.

Drängend waren alle mit der Bereitstellung von Energie zusammenhängenden Fragen, wobei besonders die Holz- und Kohleversorgung der Großstadt problematisch blieb. Im Großhandel ging die verteilbare Warenmenge auf einen Bruchteil des vor dem Krieg zur Verfügung stehenden Kontingents zurück, wozu auch das Horten von Ware zur Sicherung von Sachwerten beitrug. Erst die Durchführung der «Währungsreform», also die im Juni 1948 in den Westzonen erfolgte Umstellung der Reichsmark auf die Deutsche Mark, legte auch in München die Grundlage für einen wirtschaftlichen Aufschwung.

Zum ‹guten Geist› der Konsolidierung Münchens wurde der sozialdemokratische Oberbürgermeister Thomas Wimmer (1948 bis 1960), der durch spektakuläre Aktionen zur Brennholzbeschaffung und zur Schutträumung («Rama dama») die Herzen aller Münchner gewann. Als «Wimmer Dammerl» war er Ansprechpartner für jedermann und Helfer der Stadtbevölkerung in allen großen und kleinen Nöten. Keine politische Persönlichkeit des 20. Jahrhunderts hat München mehr zur Ehre gereicht als dieser bescheidene, menschliche und umsichtige Oberbürgermeister, der die schwierigen Aufbaujahre nach 1948 zu meistern hatte.

Der Wiederaufbau Münchens

Trotz deprimierender Voraussetzungen begann die Stadtverwaltung bereits unmittelbar nach der amerikanischen Besetzung Münchens, erste Überlegungen für eine Enttrümmerung des Stadtgebietes anzustellen. Doch schon die Grundproblematik war kaum zu bewältigen. Es standen nur wenige und meist unzulängliche Transportmittel zur Verfügung, und auch die Verlagerung der Schuttmassen erforderte strategische Fähigkeiten. Ernsthafte Planungen für den künftigen Wiederaufbau konnten in dieser Aufräumphase noch nicht angestellt werden. Alles mußte sich zunächst auf den ‹ersten Schritt› konzentrieren, der die nötigen innerstädtischen Freiräume für neue Wohn- oder Geschäftsbauten zur Verfügung stellen sollte. Es war Stadtrat Karl Sebastian Preis vorbehalten, konkrete Vorstellungen über den technischen Ablauf einer großflächigen Schutträumung zu Papier zu bringen. Als Wiederaufbau-Referent der Jahre 1945/46 entwickelte Preis einen durchdachten Abfuhrplan, der im Altstadtbereich mehrere zentrale Schutthalden vorsah, deren Material anschließend mittels eines Kleinbahnsystems zu den Endlagerstätten an der Peripherie, zum Oberwiesenfeld sowie nach Sendling/Neuhofen, abtransportiert wurde. Neben diesen strategischen Ansätzen, die auch die durchaus schwierige Personalrekrutierung mit einschlossen (u.a. wurden deutsche Kriegsgefangene sowie ehemalige Parteimitglieder zur Schutträumung herangezogen), war es Aufgabe des Referenten, die notwendigen Finanzmittel aufzutreiben – ein Unterfangen, das sich wenige Monate nach Kriegsende als schier unlösbare Aufgabe darstellte. Ungeachtet aller hier nur angedeuteten Schwierigkeiten wurde der Enttrümmerungsplan von Stadtrat Preis ein voller Erfolg. München konnte Ende der vierziger Jahre im Bereich der Innenstadt auf viele weiträumig angelegte Freiflächen zurückgreifen. Bis zum Einsetzen entsprechender Baumaßnahmen entwickelte sich jedoch ein merkwürdiger Zwischenzustand, der die zum Teil beträchtlichen Baulücken mit eingeschossigen Behelfsbauten aufzufüllen trachtete. In ihnen waren bescheidene Ladengeschäfte oder improvisierte Imbißstuben untergebracht. Das geflickte und gedrückte Erscheinungsbild dieser aus Pappe, Wellblech, Holz und wiederverwendeten Ziegeln rasch erstellten Notarchitektur, die mitunter ganze Straßenzüge säumte, paßte zur allgemeinen Erwartungshaltung. Dennoch waren die bis weit in die fünfziger Jahre noch überall in der Stadt anzutreffenden Behelfsbauten auch ein Zeichen des ungebrochenen Überlebenswillens der Münchner Bevölkerung.

Hauptproblem war inzwischen die Frage des Wiederaufbaus geworden. Protagonist der Münchner Wiederaufbauplanung wurde

Entwurf zur Neugestaltung des Marienplatzes, 1949. Nach dieser Planung hätte die gesamte Bausubstanz zwischen Marienplatz und Peterskirche sowie die Bebauung zwischen Diener- und Burgstraße weichen müssen.

Karl Meitinger, der alte (1938–1945) und zugleich neue (1945–1946) Münchner Stadtbaurat. Allen allzu modernistischen Neubauvisionen abgeneigt, legte er ein eindeutiges Bekenntnis zum historischen Stadtbild ab: «Wir müssen unter allen Umständen trachten, die Erscheinungsform und das Bild der Altstadt zu retten, und müssen alles erhalten, was vom Guten und Wertvollen noch vorhanden ist. Wo im einzelnen von den baukünstlerisch wichtigen Bauten noch so große Reste stehen, daß das Ganze rekonstruiert werden kann, soll das alte Bild wieder entstehen; wo nichts mehr vorhanden ist, soll nach modernen Gesichtspunkten, aber im Sinn der Altstadt, neu und frei gestaltet werden.» Daß diese beiden Sätze so rasch zum allgemeinen Credo des Münchner Wiederaufbaus werden würden, darauf hätten 1946 wahrscheinlich nur wenige gewettet. Doch in Meitingers Formulierungen waren präzise die Besonderheiten eines konsensfähigen «Münchner Weges» vorgezeichnet: Rettung der bislang stadtgestaltenden Monumentalbauten und stilistisch ange-

Friedrich L. Heubner, Blick vom Schuttberg auf Schwabing und die Stadtmitte, 1961. Die Endlagerstellen des Trümmerschutts der zerbombten Innenstadt bildeten eine regelrechte Hügellandschaft. Die große Anschüttung auf dem Oberwiesenfeld ist heute in das Gelände des Olympiaparks integriert.

paßte Neubautätigkeit in jenen Bereichen, die zwischen den wiederhergestellten Monumentalbauten vermittelten. Freies und damit zeitgemäßes Gestalten dort, wo von der Vorkriegsbebauung nichts mehr übriggeblieben war und obendrein keine benachbarten historischen Architekturakzente zu berücksichtigen waren. Was wir heute im Straßenbild der Innenstadt als gelungenen Kompromiß im Sinne einer lebendigen Münchner Architekturtradition empfinden, ist ausschließlich dieser Konzeption zu verdanken. Es hätte damals auch ganz anders kommen können, denn der Zeitgeist war zunächst eher mit den Vertretern einer kompromißlosen Moderne. Wer wie Meitinger Ende der vierziger Jahre gegen die naheliegenden Radikallösungen argumentierte und jenseits aller praktischen Bedürfnisse an die heilende Kraft geretteter Architekturbeispiele glaubte, hatte angesichts der elementaren Nöte der Menschen gewiß keinen leichten Stand. Eine große Hilfe für Meitingers vorwiegend rekonstruieren-

Siegfried Kühnel, Neubau an der Theresienstraße, um 1950. Das auf die enttrümmerten Flächen nördlich der Türkenkaserne gesetzte Wohnhochhaus galt lange Zeit als Symbol der architektonischen Moderne.

den Ansatz war die gleichzeitige Gründung eines «Münchner Kulturbaufonds», der kleine und kleinste Spendenbeiträge aus der Bevölkerung zu beachtlichen Summen aufhäufte und durch finanzielle Zuschüsse zahlreichen Baudenkmälern ‹Erste Hilfe› leistete. Die bis Mitte der fünfziger Jahre vom Kulturbaufonds unterstützten Rekonstruktionen zerstörter oder schwer beschädigter Sakral- und Profanbauten trugen entscheidend dazu bei, daß das einst vielgerühmte Stadtbild allmählich wieder neu zu erstrahlen begann; sie ermöglichten zugleich, daß das längst versunken geglaubte Ideal des bürgerschaftlichen Gemeinsinns wieder einen beachtlichen Stellenwert bekam. Projektbezogene Wiederaufbauinitiativen, wie z.B. die Turmbekrönung von St. Peter (1951), die neuen Kupferhauben für die Frauenkirche (1953), die Sicherung des Alten Rathauses (1952/53) sowie die Erneuerung des barocken Daches für die Heilig-Geist-Kirche (1958), konnten selbstverständlich nicht die gesamte Bauleistung finanzieren. Sie sicherten aber stets wichtige Details des Erscheinungsbildes oder

der Ausstattung und gaben vor allem den Münchnern das gute Bewußtsein, in die ‹Wiederauferstehung› ihrer Stadt miteinbezogen zu sein.

Meitingers Wiederaufbauplan, der von den zahlreichen Vertretern moderner Stadtgestaltungskonzeptionen scharf abgelehnt wurde, ist trotz mancher Abstriche und Modifikationen mit Recht als die tragende Grundidee des Münchner Entwicklungsprozesses der Nachkriegsperiode anzusehen. Seine Planung berücksichtigte auch mögliche zukünftige Verkehrsnotwendigkeiten. Der bereits während des Kriegs zur Altstadtumgehung geplante große Verkehrs- und Parkring wurde nun – allerdings in einer den Trümmerfeldern angepaßten neuen Dimension (Straßenbreite 50 bis 70 Meter) – realisiert. An dieser Ringstraße sollten künftig große Geschäfts-, Büro- und Kaufhäuser in Form von «acht- oder neunstöckigen modernen Hochhäusern» entstehen. Bei dem 1947 ausgeschriebenen Wettbewerb zur Gestaltung der Sonnenstraße wurde zwar eine allzu großzügige Anlage des Altstadt-Umgehungsringes durch das Beharren auf den alten Baulinien verhindert, die vorgesehene schematische Blockbebauung wurde allerdings in den fünfziger Jahren verwirklicht und prägte das westliche Vorfeld des Stadtzentrums in entscheidender Weise um.

Besondere Bedeutung für den historischen Mittelpunkt der Stadt hatte ein 1948 durchgeführter Wettbewerb zur Neugestaltung des Marienplatzes. Sein Ergebnis charakterisierte besonders deutlich das allgemeine Dilemma des Münchner Planungsprozesses: keine wirklich modernen Lösungen im Altstadtbereich, aber auch keine Rekonstruktion der Vorkriegsverhältnisse, sondern ein aus Übernahmen und Abwandlungen zusammengesetzter historisierender Kompromiß. Nachhaltige Folgen hatte insbesondere die vom ersten Preisträger angeregte drastische Ausweitung der Südost-Seite des Areals, die durch Rücknahme der Baulinie um fünf Meter bei gleichzeitiger Erhöhung der Geschoßzahlen die Proportionen des Marienplatzes völlig veränderte.

Die rasche Enttrümmerung und die vorrangig auf historische Monumentalbauten bezogenen Rekonstruktionsbemühungen gaben eine Vielzahl kleinerer, aber ebenfalls bedeutender Gebäude, insbesondere solche des historischen Wohnbaus, für den Abriß frei.

Man hat diese rasche und konsequente Ruinenbeseitigung im nachhinein als «Zweite Zerstörung Münchens» angeprangert und dabei völlig übersehen, daß damals eine langfristige Sicherung schwer beschädigter sekundärer Bausubstanz in wichtigen Wohn- und Geschäftsbereichen der Altstadt technisch kaum machbar und wirtschaftlich nicht vertretbar gewesen wäre. Schon die Entscheidung zugunsten der das Stadtbild prägenden Sakral- und Profanbauten stand eigentlich in Widerspruch zu den zur Verfügung stehenden Finanz- und Sachmitteln. Der tadelnde Hinweis auf die fahrlässig unterbliebene Rettung mancher noch erhaltenen barocken oder klassizistischen Palaisfassaden (z. B. beim Maffeipalais am Promenadeplatz) geht von der inzwischen selbstverständlichen und technisch problemlos praktizierbaren Entkernung von Altbauten aus.

Die eigentliche Moderne erreichte das Zentrum in vielen Abstufungen und war im Ergebnis intensiver, als man sich zunächst vorgestellt hatte. Am provozierendsten wurden die im Skelettbau durchgeführten kubischen Neubauten mit Rasterfassaden empfunden, wie sie uns bei der Neuen Maxburg, dem Siemens-Verwaltungsgebäude am Oskar-von-Miller-Ring oder beim Kaufhof am Karlsplatz begegnen. Häufiger waren jedoch die betont schlicht gestalteten Baukörper mit ausschließlich farblich akzentuierten Fassaden (z.B. in der Wein- und Residenzstraße), die den Charakter der bemalten maximilianeischen Residenztrakte aufgriffen und fortführten. Es ist schade, daß gerade diese unprätentiösen Neubauten der Nachkriegszeit, die unauffällig zwischen der großen Architektur der Gotik oder des Barock vermittelten, ein bevorzugtes Ziel des heutigen Stadtumbaus sind.

Bengali

Von Deutschlands «Heimlicher Hauptstadt» zur Olympiastadt

1957: Das «Millionendorf»

Obwohl die erste Hälfte des 20. Jahrhunderts beinahe alle überkommenen Koordinaten des Münchner Selbstbewußtseins entwertet hatte, wollte sich die Stadt bereits in der unmittelbaren Nachkriegszeit nicht mit einer drohenden Situation urbaner Beliebigkeit und Belanglosigkeit abfinden. So wurde die systematische Rettung der Kunstdenkmäler zu einer identitäts- und kulturstiftenden Aufgabe, zur Grundlage eines neuen Selbstverständnisses, das bedingt durch radikal veränderte, standortbedingte Gegebenheiten auch über die historischen Positionen und Vorgaben hinausführen sollte. Eine im Jahr 1956 von der Stadtverwaltung herausgegebene Broschüre über die Rathausarbeit stellte eine kunst- und wirtschaftspolitische Erfolgsbilanz an den Anfang: «München, Landeshauptstadt Bayerns und Kulturzentrum des deutschen Südens, hat einen entscheidenden Punkt seiner Entwicklung erreicht. Nach schwerer Kriegszerstörung hat es in elf harten Wiederaufbaujahren seinen Ruf als Stadt der Kunst und des Frohsinns und neuerdings als Industriezentrum Bayerns gefestigt.»

Münchens neue Rolle als bayerisches und damit auch als süddeutsches Industriezentrum war durch die politischen Umstände in Nachkriegsdeutschland bedingt. Der Eiserne Vorhang und die Abschnürung Berlins gaben Anlaß, Schwerpunkte der industriellen Produktion in die amerikanische Zone zu verlagern, wobei die günstige Verkehrslage Münchens zur Ansiedlung wichtiger Firmen (z.B. Siemens) im Stadtgebiet führte. Die positiven Ansätze des Münchner Wirtschaftslebens

Kurt Ernst Kyriss, Baustelle Hauptbahnhof, 1959. Die trotz Kriegsbeschädigung im Kern erhaltene, geziegelte Bürklein-Fassade des alten Münchner Hauptbahnhofs mußte einer belanglosen Glaskonstruktion weichen.

brachten der Stadt den stärksten Bevölkerungszustrom aller zerstörten Städte Westdeutschlands, was wiederum die Stadt zu besonderen Anstrengungen gerade im Wohnungsbau veranlaßte.

Die schon 1928 für die Jahre 1955/1958 vorhergesagte Entwicklung Münchens zu einer Millionenstadt wurde am 15. Dezember 1957 durch die Geburt des Pasinger Kaminkehrersohnes Thomas Seehaus Wirklichkeit. «Millionenstadt» – dies wurde ein Begriff, an dem sich München in den späten fünfziger und sechziger Jahren regelrecht berauschte. Die bereits mehrfach erlebte Brüchigkeit großer historischer Visionen und politischer Ideologien wurde nun durch die statistische Sicherheit einer einzigen Zahl ersetzt.

Als die Stadt 1958 ihr 800jähriges Jubiläum mit einem eindrucksvollen Festzug beging und dabei alle Phasen der Stadtentwicklung seit Heinrich dem Löwen Revue passieren ließ, empfand man die zurückliegenden eineinhalb Jahrzehnte des Wiederaufbaus gewiß nicht als die unglücklichsten Jahre. München hatte sich dank günstiger Allgemeinbedingungen von der Not der Kriegs- und Trümmerjahre befreit. Befreit hatte man sich freilich auch relativ erfolgreich von allen unangenehmen Erinnerungen an die schuldhafte Verstrickung in die braune Vergangenheit Deutschlands, weshalb die mehr als zwölf Jahre einer aufdringlichen Schildträgerschaft für das NS-Regime aus dem Geschichtsbewußtsein der Stadt einfach ausgeblendet wurden. Der «Führerbau» an der Arcisstraße hatte sich bereits kurz nach Kriegsende zum «Amerikahaus» gewandelt, und das «Haus der Deutschen Kunst» wurde unter minimal veränderter Titelei als «Haus der Kunst» zum Ausstellungsort für die künstlerische Moderne und zum Ausweichquartier für die Bestände der ausgebombten Neuen Pinakothek. Grund genug für alle bei der amerikanischen Entnazifizierungskampagne nur als «Mitläufer» eingestuften ehemaligen Parteigenossen, auch ihrerseits einen Schlußstrich unter die übereinstimmend als «unselig» apostrophierte Vergangenheit zu ziehen. Angesichts des Mangels an Fachkräften konnten sie ihre Karrieren in Justiz und Verwaltung weitgehend ungehindert fortsetzen. Die amerikanische Besatzungsmacht selbst fand rasch Gefallen an der Münchner Lebensart und an den Naturschönheiten des Voralpenlandes. Wer hätte da einer inzwischen auch für Jazz, Coca-Cola und Blue Jeans empfänglichen und überdies mit freizügigen Nachtclubs aufwartenden Stadt unangenehme Begebenheiten aus der jüngsten Vergangenheit vorwerfen oder gar nachtragen wollen. Die freundliche Besatzungsmacht und die grantig-gemütliche Münchner Bevölkerung verständigten sich auf ein Bild der Stadt, das harmlos-kleinstädtische, ja dörfliche Verhaltensweisen mit einer noch unbeholfenen Weltstadtattitüde verknüpfte. Diese Kombination von Gemütsnaivität und inszenierter Weltläufigkeit produzierte ein äußerst praktisches Selbstverständnis, das die stets aufs Große und Grundsätzliche zielenden Prämissen der historischen Stadtentwicklung verleugnete und zugleich über die unseligen Jahre 1933 bis 1945 den Schleier des Vergessens zog. Der damals höchst erfolgreiche Schriftsteller Eugen Roth brachte die Idylle der «Weltstadt mit Herz» – dieser Slogan war das preisgekrönte Ergebnis eines 1962 ausgeschriebenen Wettbewerbs – auf jenen kritischen Punkt herzinniger Betulichkeit, der nun für lange Zeit fremdenverkehrswirksame Verbindlichkeit bekommen sollte: «Millionenstadt mit dem Bauernmarkt, Festspielstadt mit dem Oktoberfest, Kongreßstadt mit winkligen Vorstadtgassen.»

Olympischer Lorbeer und der Schritt ins 21. Jahrhundert

Das München der sechziger Jahre war ungeachtet einer verharmlosenden Selbststilisierung geprägt vom konsequenten Ausbau der von der Nachkriegszeit geschaffenen Standortvorteile. Als Hochschulstadt mit ständig wachsenden Studentenzahlen, als anerkanntes wissenschaftliches Forschungszentrum (u.a. lehrten hier die Nobelpreisträger Adolf Butenandt, Werner Heisenberg und Rudolf Mössbauer) und als führende deutsche Buch- und Verlagsstadt arbeitete München an weitreichenden Zukunftsplänen, deren Umsetzung auch nach einer mutigen Aufweitung der bislang eher hausväterlich-sparsamen Stadtpolitik verlangte. Daß in der Zeit der allgemeinen Wachstumseuphorie und des «Wirtschaftswunders» die Forderung nach sozialer Verantwortung dennoch oberste Richtschnur des kommunalpolitischen Handelns blieb, war nicht zuletzt Münchens SPD-Oberbürgermeister Hans-Jochen Vogel (1960–1972) zu verdanken, einem brillanten Juristen und Verwaltungsfachmann.

In seiner Amtszeit war die Beschäftigung mit der jeweils aktuellen Bedürfnislage der Stadt nicht mehr ausreichend, als oberste kommunalpolitische Leitlinien galten vielmehr die ständige Beobachtung und Analyse des Strukturwandels und die Formulierung darauf aufbauender regelmäßiger Prognosen. Besonders die rasch zunehmende Mobilität der Bevölkerung verlangte nach angemessenen Neukonzeptionen, wobei neben neuen Straßen auch Massenverkehrsmittel (U- und S-Bahnen) als Alternative zum Individualverkehr eingeplant werden mußten. Daneben war gleichzeitig durch die Einrichtung von Fußgängerzonen die verkehrsbedingte Verdrängung des Fußgängers aus der Innenstadt zu korrigieren. Erstmals seit dem 19. Jahrhundert sollten wesentliche Teile des Zentrums wieder zu Flanierzonen werden. Das Dauerproblem des aus der wachsenden Attraktivität resultierenden Wohnraummangels wurde durch die Anlage von Trabantenstädten am Stadtrand (z. B. Neuperlach) spürbar gemildert.

All diese hier nur angedeuteten Vorgaben und Umsetzungen produzierten in kurzer Zeit auch ein verändertes München-Bild. Die Stadt begann sich von ihrer beklemmenden Nachkriegsbetulichkeit zu emanzipieren. Der politische Ausfall des einstigen Macht- und Kulturzentrums Berlin und die schwache Position der neuen Bundeshauptstadt Bonn machten München innerhalb der Bundesrepublik tatsächlich zu einem beachtlichen Schwerpunkt. Der Münchens notorischer Selbstverliebtheit nur allzu entgegenkommende Titel «Heimliche Hauptstadt Deutschlands», der sich von einer Artikelüberschrift der Zeitschrift «Der Spiegel» ableitete, wurde bereits kurz vor der Mitte der sechziger Jahren zum offiziösen Slogan der Stadt und begleitete dementsprechend alle folgenden Entwicklungsschritte. Die in München aufgezeigte Verbindung von Tradition und Moderne, von Gelassenheit und Aktivismus, von Erfolg und Bescheidenheit sollte in Europa und in der Welt für ein sympathisches Nachkriegsdeutschland werben. Die 1966 getroffene Entscheidung des Internationalen Olympischen Komitees, die XX. Olympischen Sommerspiele 1972 in München austragen zu lassen, war die schönstmögliche Bestätigung für diese neue Rolle. Die bevorstehenden Sommerspiele beschleunigten die Projekte und Vorhaben des Stadtausbaus und konzentrierten alle Kräfte auf die

Das von Günther Behnisch entworfene Olympiastadion im Bau.

Realisation ungewöhnlicher Sportstätten, denen die Idee der «Gartenstadt» die wesentlichen Impulse vermittelte. Gleichzeitig ermöglichte der hohe Finanzbedarf die geschickte Einbindung von Bund und Land in die Interessen der «Heimlichen Hauptstadt». Mit den «heiteren» Münchner Spielen sollte die Erinnerung an die 1936 in Berlin abgehaltene martialische Sommerolympiade des ‹braunen Diktators› überlagert und ausgelöscht werden.

Die 1972 unter einer beinahe schwerelosen Zeltarchitektur ausgetragenen Wettkämpfe bescherten München die ungeteilte Aufmerksamkeit der gesamten Welt. Es war jene rundum positive und intensive Aufmerksamkeit, nach der man sich inzwischen gut ein

Vierteljahrhundert gesehnt hatte. Doch legte sich rasch ein dunkler Schatten über die arglos feiernde Stadt, als ein Attentat arabischer Terroristen auf die israelische Olympiamannschaft insgesamt 17 Todesopfer forderte. Erstmals seit der Nazizeit hatte sich mörderischer Antisemitismus wieder offen in Szene gesetzt. Ein Schock gewiß, aber zugleich eine mahnende Erinnerung daran, daß gerade München selbst vor nicht allzu langer Zeit zu den Brutstätten dieses internationalen Übels gehört hatte.

Die Sommerolympiade 1972 war Höhepunkt, aber zugleich auch Abschluß einer 25jährigen urbanen Erfolgsperiode. Seit dem Beginn der siebziger Jahre machten sich auch in München der allgemeine wirtschaftliche Abschwung und eine Neuorientierung der deutschen Politik bemerkbar. Erstmals begann auch die junge Generation in unbequemer Weise die Position der Väter und zugleich die Rolle Münchens im «Dritten Reich» zu hinterfragen. Die Selbstsicherheit und das Imponierbedürfnis der bundesrepublikanischen Wohlstandsgesellschaft begannen zu schwinden – eine Entwicklung, die auch für München nicht ohne Folgen blieb. Der olympische Grundsatz «schneller, höher, weiter» wirkte freilich noch lange nach und suchte dabei immer kuriosere Bestätigungen. Das ständige Bemühen um globale Anerkennung und rühmende Hervorhebung der Stadt teilte sich allen Lebensbereichen mit: 1974 wurde die im Münchner Olympiastadion von der deutschen Nationalmannschaft gewonnene Fußballweltmeisterschaft als ein internationaler Münchner Erfolg gehandelt. Auch dic «Internationale Gartenbauausstellung» (IGA) von 1983, deren Schauplatz der eigens angelegte Westpark zwischen Sendling und Laim war, wurde zu einem der Olympiade gleichrangigen Weltereignis hochstilisiert. Bestätigung suchte und fand München insbesondere in den sportlichen Erfolgen des hier beheimateten vielfachen deutschen Fußballmeisters und internationalen Spitzenvereins FC Bayern. Dessen ehemaliger Stammspieler und jetziger Präsident Franz Beckenbauer avancierte zum Fußball-«Kaiser» und bekam 1990 gar den nicht mehr steigerungsfähigen Titel «Weltfußballer des Jahrhunderts» zugesprochen.

Der 1992 bei Erding eröffnete neue Flughafen München II (Flughafen Franz Josef Strauß) gab der Stadt die Möglichkeit, sich als süddeutsche Verkehrsdrehscheibe zu profilieren. Seit 1988 entwickelte sich München auch zum führenden deutschen Medienstandort – ein Aufstieg, der durch die Konjunkturschwäche seit Anfang des neuen Jahrhunderts freilich inzwischen beträchtlich abgebremst wurde.

Völlig neu definiert wurde die Position Münchens durch die Verlegung der Bundeshauptstadt von Bonn nach Berlin im Jahr 1999. Denn jetzt war das politische Zentrum Deutschlands wieder in die kulturgesättigte einstige Reichshauptstadt zurückgekehrt. Münchens Nachkriegsbestimmung, nämlich jene einer inoffiziellen, «heimlichen» deutschen Kulturhauptstadt, war plötzlich hinfällig. Das Aufblühen Berlins ließ München welken. Die seit 1870/71 bestehende Rivalität zu Berlin bekam durch die Großinvestitionen in die neue Bundeshauptstadt und die dortigen Bauvorhaben einen besonderen Akzent. Wirklich progressive und große Architektur wurde in München nach dem richtungweisenden Olympiastadion von 1972 nur noch in raren Einzelbeispielen geschaffen: so das 1999 eröffnete Siemens-Forum am Altstadtring oder die 2002 eingeweihte «Pinakothek der Moderne» auf dem Gelände der ehemaligen Türkenkaserne.

Renommee und Ansehen Münchens blieben also in den letzten drei Jahrzehnten eher in einem Schwebezustand – eine Situation, die auf neue Impulse wartet. Empfehlungen verbieten sich, doch sollte München nie die erprobt tragfähigen Grundpfeiler seiner historischen Bedeutung und internationalen Beachtung aus dem Auge verlieren, nämlich Kunst-, Kultur- und Wissenschaftspflege. Hans-Jochen Vogel hat diesen Aspekt schon 1968 in seiner Rede zum Stadtgründungstag zum Ausdruck gebracht: «Die wirkliche Größe einer Stadt hängt nicht primär ab von ihrer Einwohnerzahl, von ihrer Wirtschaftskraft, von der Summe ihrer technischen Einrichtungen. Entscheidend ist vielmehr, was sie damit, in Fortentwicklung ihres geschichtlich gewachsenen Wesens, macht.» Die gegenwärtigen finanziellen Schwierigkeiten der von Bund und Land in unverantwortlicher Weise benachteiligten Kommunen lassen der Stadtverwaltung München derzeit freilich wenig Spielraum.

Unter allen gegenwärtigen Frustrationen Münchens ist die Vergeblichkeit eines auf Deutschland oder Europa gerichteten politi-

schen Führungsanspruchs die vielleicht auffallendste. Die Vorstellung, daß von München aus Bundes- und Europapolitik durch die erfolgreiche Kanzlerkandidatur eines bayerischen Ministerpräsidenten gestaltbar seien, scheiterte sowohl 1980 (Franz Josef Strauß) als auch im Jahr 2002 (Edmund Stoiber). Deutschlands Wähler sind bisher – trotz der großen Sympathiewerte für die bayerische Landeshauptstadt und ungeachtet der persönlichen Qualifikationen der Bewerber – offensichtlich nicht bereit, eine von München aus vorgetragene politische Richtungsänderung zu akzeptieren. Hier könnte neben personen- und programmbezogenen Aspekten ein hergebrachtes historisches Konkurrenzdenken zwischen Nord- und Süddeutschland, zugleich aber auch ein auf München bezogener Erfahrungswert aus der ersten Hälfte des 20. Jahrhunderts die entscheidende Rolle spielen. Man darf sich aber damit trösten, daß politische Führungsambitionen Münchens stets unter einem Unstern standen – mit negativen Folgen für die Stadt selbst.

Mit der im Jahr 2002 eröffneten Pinakothek der Moderne schuf Stephan Braunfels einen den Bauten der Alten und Neuen Pinakothek angepaßten und doch zugleich eigenständigen modernen Kunsttempel.

Nachdem Angela Merkel 2006 für die CDU/CSU die Bundestagswahl gewonnen hatte, verabschiedete sich Edmund Stoiber als Leiter eines neuen «Superministeriums» nach Berlin, um jedoch noch vor Amtsantritt wieder nach München zurückzukehren. Mit diesem ebenso überstürzten wie rätselhaften Rückzug demontierte Stoiber nicht nur sich selbst, sondern er beschädigte auch die Position der CSU als Partner der Großen Koalition. Die Diadochenkämpfe, die noch vor Stoibers auf Herbst 2007 terminiertem Abgang als Ministerpräsident und CSU-Vorsitzender aufflammten, machten deutlich, daß von dem lange geschickt zum Einsatz gebrachten Gewicht und Ansehen des Freistaats inzwischen nur noch wenig übriggeblieben ist. Die Staatskanzlei im Münchner Hofgarten muß sich jedenfalls nach und nach von der eitlen Selbsteinschätzung einer bundesrepublikanischen Nebenresidenz verabschieden.

Ungeachtet dieses schleichenden Bedeutungsverlustes wird an der Illusion einer politischen, technischen und kulturellen Vorreiterrolle Bayerns und der bayerischen Landeshauptstadt festgehalten. Der aus Finanzierungsgründen umstrittene superschnelle «Transrapid» zwischen der Münchner Innenstadt und dem Flughafen, der eine Revolution des Schienenverkehrs verspricht, ist für die Staatsregierung ein erstrangiges Prestigeobjekt, das den innovativen Vorsprung des Südens gegenüber dem Rest der Republik unter Beweis stellen soll. Auch die seit einigen Jahren betriebene Reform der Staatsorganisation Bayerns will sich nicht damit bescheiden, Verwaltung zu reduzieren und zu beschleunigen, sondern geht selbstverständlich davon aus, daß sich der Freistaat gegenwärtig «zum besten aller verwalteten Gemeinwesen» wandelt. In diesem Zusammenhang verkündete der gegenwärtige Wirtschaftsminister Erwin Huber schon vor einigen Jahren vollmundig, er wolle künftig für Bayern der «Montgelas des 21. Jahrhunderts sein», ohne zu sehen, daß er mit seinem uneingeschränkten Bekenntnis zu dem reformfreudigen Ministerialdespoten Graf Montgelas (1799–1817) auch dessen öden und gleichmacherischen Zentralismus, die hemmungslose Kulturvernichtung und das finanzielle Desaster zum Ziel seiner politischen Vision machte. Die populistische Bezugnahme auf historische Prozesse und Persönlichkeiten, deren wirkliche Kenntnis außerhalb des Gesichtskreises der meisten Politiker liegt, wird auf diese Weise zum Charakteristikum eines in Wahrheit inhaltsleeren Traditionsbezugs. 2005 wurde dem zwei Jahrhunderte lang nicht als denkmaltauglich befundenen einstigen Staatsminister Maximilian Graf Montgelas in Anbetracht des ihm posthum zugeteilten Patronats für den aktuellen Reformstaat Bayern auch ein dem Anlaß angemessenes überdimensionales Denkmal gesetzt. Das computergestützt entstandene Aluminiumstandbild dominiert jetzt als riesenhaftes Monster die Grünanlage am Münchner Promenadeplatz und verbreitet jenen grellen Glanz, der an gestapelte Konservendosen erinnert. Vielleicht eine doch nicht ganz unpassende Hommage für den Hauptverantwortlichen der zu Beginn des 19. Jahrhunderts von bemerkenswerter Rücksichtslosigkeit geprägten Innen- und Außenpolitik Bayerns, deren Müh- und Wirrsal allein die hohle Größe eines 1806 von Napoleon geschenkten Königtums überdeckte?

Doch das glänzende Montgelas-Monument kann nicht darüber hinwegtäuschen, dass die kritische Außensicht auf München zunehmend ein Verblassen der vielgerühmten Stadtschönheit und des vermeintlich einzigartigen Lebensgefühls registriert; die nach der Wiedervereinigung getätigten Investitionen im Osten Deutschlands haben konkurrierende Wirklichkeiten geschaffen und damit auch einen geschärften Blick auf das Milieu der notorisch in Superlativen des Eigenlobs schwelgenden Isarmetropole. Es genügt München nicht, bundesweit als «Hauptstadt des Wohlstands» zu firmieren, für sich die beste Arbeitsmarktsituation zu reklamieren, auf die größten Zukunftschancen zu pochen, die qualifiziertesten Hochschulen zu betreiben, die größtmögliche Sicherheit zu garantieren, die meisten Singles zu zählen, den Rekord bei den Prosecco-Trinkerinnen zu halten, als deutsche Web-Metropole zu gelten und am Stachus die weltweit umsatzstärkste McDonald's-Filiale zu besitzen: München hält sich sogar viel darauf zugute, die anerkannt teuerste Stadt in Deutschland zu sein. Und über all diesem gebetsmühlenartig vorgetragenen Stolz auf beliebige, von Jahr zu Jahr wechselnde Spitzenwerte und Spitzenpositionen spürt der statistische Dauersieger München dennoch den Abschwung, der genau in jenen kulturellen Zuständigkeiten droht, die man bislang bundesweit allein für sich in Anspruch nehmen zu können glaubte. Man muß die jüngst in einer Tageszeitung vorgetragene Meinung des renommierten Kulturhistorikers Eberhard Straub zwar nicht teilen, daß die Stadtkulisse Münchens gegenüber dem sich revitalisierenden barocken Dresden inzwischen nur noch zweitrangig sei, doch ist die in diesem Zusammenhang getroffene Wertung, München verabschiede sich durch einen in jeder Hinsicht ausufernden Modernisierungswahn in unverständlicher Weise von seinem bislang so treu bewahrten Stadtcharakter, nicht von der Hand zu weisen: «In München wird [...] unentwegt umgebaut, demoliert, entkernt und umfrisiert, wird historischer Ballast abgeworfen, um ein allerneuestes München der allerneuesten Neuzeit anzupassen. Nirgendwo in Deutschland wird so viel Basic American oder Globish gesprochen wie in dieser Stadt der neoliberalen Internationale.»

Tatsächlich bedrohen Modernisierungs- und Umwidmungszwänge die Münchner Kulturlandschaft in beängstigender Weise. Dabei werden selbst in Staatsbesitz befindliche architektonische Prestigeobjekte dem freien Markt zugeführt, wobei der Spagat zwischen Denkmalschutz und Nutzeranliegen notwendigerweise zu fadenscheinigen Kompromissen zwingt. Den Anfang in diesem stadt-

Das über 6 m hohe und 9,5 Tonnen schwere Aluminiumstandbild des Grafen Montgelas (Entwurf: Katrin Sander, Berlin) wurde 2005 am Promenadeplatz aufgestellt.

weiten Anpassungsprozess machte der Alte Hof, seit 1255 nachweisbares Zentrum der oberbayerischen Herzogsmacht und Residenz Kaiser Ludwigs des Bayern, der 2005/06 in zwei gänzlich erneuerten Trakten der Privatisierung überantwortet wurde. Die Neubauten, welche die beinahe acht Jahrhunderte andauernde und bislang nie in Frage gestellte Kontinuität des Staatsbesitzes in diesem identitätsstiftenden Areal spürbar reduziert haben, zeugen in ihrer Geschichtsferne von der zunehmend auch Baudenkmälern abverlangten vorrangigen Profitorientierung. Nach dem Alten Hof soll dem erklärten Willen des Finanzministeriums zufolge das Gelände der sogenannten Alten Akademie neben der Michaelskirche in der Neuhauserstraße für private Investitionen geöffnet werden. Damit wird möglicherweise bald Hand an ein weiteres Kernstück Altmünchens gelegt, nämlich an jenes mit vielfältigen Geschichtsbezügen verknüpfte Areal, von dem aus zwei Jahrhunderte lang der Jesuitenorden die katholische Erneuerung Bayerns vorangetrieben und an dem zuvor – bis 1583 – das für die Anfänge und den Ortsnamen Münchens verantwortliche Kloster Schäftlarn mittels eines Klosterhofes lokale Präsenz gezeigt hatte. Es wäre im übrigen unabhängig von diesen historischen Konnotationen schade, wenn die ganz auf Kommerzialisierung ausgerichtete bauliche Anpassung des Objekts die beschauliche Verweilzone um den Richard-Strauß-Brunnen künftig in ein quirliges Geschäftsviertel umwandeln würde.

Das Truggold des gegenwärtig in München überdurchschnittlich gestiegenen Immobilienwertes und der Spekulationsgewinn für Investoren verleitet mit Vorliebe zu massiven Eingriffen in jene Bausubstanz, die in der Wiederaufbauphase nach 1949 der detailgerecht rekonstruierten monumentalen Sakral- und Profanarchitektur zurückhaltend, aber stimmig zur Seite

Die 2006 vollendete jüdische Synagoge am St.-Jakobs-Platz, im Hintergrund das Stadtmuseum.

gesetzt worden war. Dieser geglückte Zusammenklang von Alt und Neu hatte das weltweit geschätzte Erscheinungsbild Münchens trotz schwerer Kriegsverluste zumindest vordergründig am Leben erhalten. Heute jedoch werden viele dieser eher bescheiden wirkenden Fassadenabwicklungen aufgebrochen und die dahinter erneuerte Bausubstanz mittels Fußgängerpassagen und Höfen für Konsum und Gastronomie erschlossen. Das kann mitunter durchaus als ein Zugewinn an Urbanität verbucht werden, doch seriell führen solche Eingriffe zu einer radikalen Veränderung des historischen Baugefüges zugunsten einer «Schaufensterstadt». Einschlägige Erfahrungen mit derart kommerzorientierter Megalomanie haben inzwischen einen Diskurs über die Grenzen der Zumutbarkeit an das Stadtbild ausgelöst. In besonderer Weise wurde diese Zumutbarkeit 2004 auf den Prüfstand gehoben, als es um den Münchner Hochhausbau ging, der seit Anfang des neuen Jahrhunderts auch in dieser Stadt nach spektakulären Manifestationen trachtet. Nach einer mit großer Leidenschaftlichkeit ausgetragenen Kontroverse wurde die von jeher als begrenzender Maßstab festgelegte 99-Meter-Markierung (sie orientiert sich an den 100 Metern der Frauentürme) durch Bürgerentscheid als verbindlich bestätigt. Der Sieg der von Altoberbürgermeister Georg Kronawitter angeführten Hochhausgegner war ungeachtet der nur auf ein Jahr begrenzten Wirkung des Bürgerentscheides von symbolischer Bedeutung, denn er machte deutlich, daß es bei der Architektur nicht um quantitative Superlative geht, sondern vielmehr um die Qualität der Profilbildungen und deren konkrete Auswirkung auf Blickachsen und Stadtsilhouette. Generationen von Stadtbauräten haben sich in guten wie in schlechten Zeiten um die Bewahrung einer in der Höhenentwicklung zurückhaltenden und gerade deshalb als typisch und unverwechselbar erachteten München-Kontur bemüht. Deshalb sollte München auch künftig ein aus himmelstürmenden gläsernen Beliebigkeiten zusammengesetztes Erscheinungsbild erspart bleiben.

Andere gravierende Veränderungsprozesse gehen ungehindert weiter. An der Peripherie der Stadt werden bisherige Villenviertel durch Nachverdichtung ihrer Großzügigkeit und ihres Charmes beraubt. Bauträgergesellschaften setzen raumverschlingende Wohnanlagen in einstige Gartengrundstücke und erfinden für diese phantasielosen Produkte phantastische Namensgebilde, die alle nur vorstellbaren elitären Assoziationen bedienen. Noch nie wurden die Begriffe «Palais» oder «Residenz» derart ins Vulgäre gezogen, wie dies heute beinahe auf jeder Bautafel nachzulesen ist. In der Münchner Innenstadt werden aufgrund der lukrativen Angebote der auf Großflächenwerbung spezialisierten Medienagenturen historische Fassaden bei Restaurierungsarbeiten mit geschmacklosen Plakatinstallationen überdeckt, wobei in Extremfällen erst der in Leserbriefen artikulierte «Volkeszorn» die eigentlich Verantwortlichen bei Staat und Stadt aus ihrer Untätigkeit aufschreckt. Auch wenn es sich hierbei nur um temporäre Eingriffe handelt, so ist doch die amtliche Gleichgültigkeit gegenüber dieser alltäglichen Prostitution des Kulturerbes bestürzend. Weniger die oft als Erklärung herangezogene «Angst vor Provinzialität» ist die wirkliche Ursache des im allerneuesten München mit Leidenschaft praktizierten Umbauens, Entkernens und Umfrisierens, als vielmehr die auf Touristenniveau abgesenkte Eigenwahrnehmung der Stadt. Wo das amtliche Wissen um die Eigenwilligkeit und Besonderheit Münchens auf lokale oder jahreszeitliche «Highlights» reduziert ist und die rasch wechselnden Anforderungen der Spaßgesellschaft in den Mittelpunkt der offiziellen Aufmerksamkeit gerückt sind, kann kein echtes Engagement für das Stadtganze gedeihen. Die ins Punktuelle und Nebensächliche abgeglittene Betrachtung der Stadtentwicklung läßt keine Berücksichtigung von Zusammenhängen und natürlich auch keine Zusammenschau von Situation und Ambiente mehr zu.

Gegen den eher negativen Trend der letzten fünf Jahre stellt sich der 2006 vollendete Neubau der jüdischen Synagoge am St.-Jakobs-Platz. Die seit Kriegsende vor dem Stadtmuseum ausgebreitete Platzwüste wird nun durch einen nur an der steinernen Basis massiv, nach oben hin aber leicht und licht wirkenden Kubus neu akzentuiert. Mit diesem gelungenen Bauwerk des Architektenteams Wandel, Hoefer, Hirsch und Lorch gewinnt zugleich das lange vernachlässigte Stadtquartier des Angerviertels an Eigenwert. Die infolge der Schrägstellung des Kubus völlig neu definierten historischen Platzachsen bringen in das Gelände zwischen Stadtmuseum, Angerkloster, Oberanger und der 2005 als Gourmet- und Kulturpalast teilrekonstruierten Schrannenhalle an der Blumenstraße eine überraschende Spannung. Obgleich der Anschluß des mit der Synagoge verbundenen Jüdischen Gemeindezentrums (samt Jüdischem Museum) an das schmalbrüstige Ignaz-Günther-Haus als nicht geglückt angesehen werden muß, überwiegt die Zustimmung zu dieser kühnen Architekturlösung. Eine starke Markierung für die Stadtgeschichte ist die mit dem Synagogenbau verbundene Rückkehr der durch die Hitler-Barbarei beinahe ausgelöschten jüdischen Gemeinde in die Altstadt Münchens, aus der sie seit 1938 vertrieben war. Die Einweihung der neuen Synagoge am 9. November 2006 war nicht allein ein erhebender religiöser Akt, sondern wurde durch die lebhafte Anteilnahme der Münchner Bevölkerung zu einem Festtag für die ganze Stadt.

Als ein Münchner Vorzeigeprojekt ganz anderer Art gestaltete sich der Bau des überwiegend privat finanzierten neuen Fußballstadions in Fröttmaning. Die durch einen Bürgerentscheid vorangebrachte Entscheidung für die den «konkurrenzlosen» Dimensionen der Münchner Fußballbegeisterung angepaßte Riesenarena, die das Olympiastadion von 1972 als Bundesliga-Spielfeld außer Aktivität setzte, gab den beiden Münchner Fußballvereinen erstmals eine atmosphärisch adäquate gemeinsame Heimstätte. Keine Frage, daß der neue Münchner Fußballtempel schon vor der Fertigstellung als das «schönste Stadion der Welt» angepriesen wurde. Nach über vierjähriger Bauzeit und nach einem von der ausführenden Baufirma verursachten handfesten Korruptionsskandal konnte am 19. Mai 2005 die von dem Basler Architekturbüro Herzog & de Meuron entworfene Allianz-Arena mit einem Match zwischen den Altherrenriegen des FC Bayern und des TSV 1860 eröffnet werden. Das in der Münchner Tagespresse u.a. mit einem «Schlauchboot» verglichene futuristische Stadion besticht durch seine aus Folie bestehenden Außenhaut, die je nach Anlass in den Farben der beiden großen Münchner Fußballvereine aufleuchtet. Das am 9. Juni 2006 in München ausgetragene Eröffnungsspiel der Fußballweltmeisterschaft Deutschland gegen Costa Rica stellte den mit der «Allianz-Arena» angestrebten Weltbezug unter Beweis: Von der einmütigen Begeisterung der Münchner ausgehend, entwickelte sich in den folgenden Wochen in ganz Deutschland eine kaum für möglich gehaltene Fußballeuphorie. Zahllose schwarz-rot-goldene Fahnen und Wimpel schmückten Wohngebäude und Privatautos und gaben Kunde von einem ebenso entschiedenen wie unverkrampften Bekenntnis der Bevölkerung zu ihrer Nationalmannschaft. Weil diese permanente Demonstration auf nationalistische Töne verzichtete, konnte man rückblickend von einer idealen Identifikation mit einem das Land einenden sportlichen Anliegen sprechen. Seit der Märzbewegung von 1848 war mit Sicherheit keine ähnlich intensive und andauernde Präsenz der Farben Schwarz-Rot-Gold auf den Straßen Münchens zu registrieren gewesen. Daß weltumspannende sportliche Ambitionen auch weiterhin ein Grundanliegen der bayerischen Hauptstadt bleiben, beweist die von Münchens Oberbürgermeister Christian Ude im Sommer 2007 angekündigte Bewerbung Münchens für die Winterolympiade 2018. Noch ist die Realisierung dieses Vorschlags offen, doch ist die Erwartungshaltung Münchens und mit ihm des gesamten bayerischen Oberlandes schon jetzt groß. Die auf bloßen Hoffnungen und Spekulationen basierenden planerischen Vorüberlegungen bergen allerdings reichlich Streitpotential um die tatsächlichen Austragungsorte der verschiedenen olympischen Disziplinen.

Papst Benedikt XVI. besucht München am 9. September 2006.

Eine Akzentsetzung ohne historische Vergleichsmöglichkeiten erlebte die Bevölkerung der bayerischen Landeshauptstadt, als nach dem Tod von Papst Johannes Paul II. am 19. April 2005 der Präfekt der römischen Glaubenskongregation Joseph Kardinal Ratzinger im vatikanischen Konklave zum Papst gewählt wurde und unter dem Namen Benedikt XVI. den Stuhl Petri bestieg. Nicht allein, daß mit Kardinal Ratzinger nach 482 Jahren wieder ein Deutscher in dieses Amt berufen wurde, erstmals stieg auch ein ehemaliger Erzbischof von München und Freising an die Spitze der katholischen Hierarchie auf. Der eigentlich auf ganz Deutschland bezogene Jubel der Bildzeitung «Wir sind Papst» sprach besonders den Münchnerinnen und Münchnern aus dem Herzen, denn viele konnten sich noch gut an Kardinal Ratzingers Münchner Jahre zwischen 1978 und 1981 erinnern und hatten den renommierten Theologen nach seiner Berufung an die römische Glaubenskongregation nur schweren Herzens in die Ewige Stadt ziehen lassen. Das Petrusamt eines vormaligen Münchner Erzbischofs hilft ein wenig, das seit Jahren aus dem Gleichgewicht geratene Selbstbewußtsein Münchens neu zu stabilisieren und die Stadt an der Isar – wenigstens vorübergehend – mit einem Hauch spiritueller Motivation zu beflügeln. Als Benedikt XVI. am 9. September 2006 zu einem sechstägigen Besuch in seiner bayerischen Heimat eintraf und bei dieser Gelegenheit an der von ihm besonders verehrten Münchner Mariensäule ein Dankgebet sprach, war ihm der Jubel «seiner» Münchnerinnen und Münchner eine der schönsten Bestätigungen seiner neuen Würde. Am darauffolgenden Tag fand auf dem Freigelände der Neuen Messe in Riem ein Gottesdienst statt, an dem 250 000 Menschen teilnahmen. Die Übernahme des Freisinger «Mohren» und des einst dem Bistumspatron St. Korbinian dienstbaren Bären in das neugeschaffene Papstwappen bestätigte die nachwirkende enge Bindung Benedikts XVI. an sein erzbischöfliches Wirken auch in heraldischer Hinsicht. Der historische Topos von München als «dem deutschen Rom» scheint ungeachtet des inzwischen überwiegend säkularen Charakters der Stadt eine unerwartet neue Bedeutung gewonnen zu haben. Der Papst mit den Symbolen seiner einstigen Erzdiözese München-Freising im Wappenbild lenkt auch den Blick zurück zu den geistig-geistlichen Anfängen der süddeutschen Metropole. Was längst vergessen schien, tauchte 2006 plötzlich wieder aus dem Dunkel der Geschichte auf: Münchens Zusammenhang mit der uralten bischöflichen Mutterstadt Freising ist eben doch gewichtiger, als es die verbindende Autobahntrasse mit Anschluß an den regionalen Großflughafen im Erdinger Moos vermuten läßt.

Literaturauswahl

Bauer, Jakob: Grundzüge der Verfassungs- und Vermögens-Verwaltung der Stadtgemeinde München, München 1845

Bauer, Richard: Fliegeralarm. Luftangriffe auf München 1940–1945, München 1987

Ders.: Prinzregentenzeit. München und die Münchner in Fotografien, München 1988

Ders. (Hrsg.): Geschichte der Stadt München, München 1992 (hierin detaillierte Literaturangaben zu München)

Ders.: Monachium Frisingense. Neue Quellen und Aspekte zur freisingischen Frühgeschichte Münchens, München 2003 (Oberbayerisches Archiv Bd. 126, 2002)

Bergmann, Michael von: Beurkundete Geschichte der Churfürstlichen Haupt- und Residenzstadt München von ihrem Entstehen, bis nach dem Tode Kaiser Ludwigs des Vierten, mit einigen erläuternden Kupfern, München 1783

Dirr, Pius: Grundlagen der Münchner Stadtgeschichte, München 1937

Forster, J. M.: Das gottselige München d.i. Beschreibung und Geschichte der kath. Kirchen & Klöster Münchens in Gegenwart und Vergangenheit, München 1895

Huse, Norbert: Kleine Kunstgeschichte Münchens, München 1990

Kronegg, Ferdinand: Illustrierte Geschichte der Stadt München. M. e. Anh.: Geschichte der Münchner Vorstädte und Vororte, München, 1. Auflage 1900

Lieb, Norbert: München. Die Geschichte seiner Kunst, München, 4. Auflage 1988

Maier, Lorenz: Stadt und Herrschaft. Ein Beitrag zur Gründungs- und frühen Entwicklungsgeschichte Münchens, München 1989 (Miscellanea Bavarica Monacensia 147)

Mitchell, Allan: Revolution in Bayern 1918/19. Die Eisner-Regierung und die Räterepublik, München 1967

Revolution und Räteherrschaft in München. Aus der Stadtchronik 1918/19, München/Wien 1968 (Neue Schriftenreihe des Stadtarchivs München 29)

Solleder, Fridolin: München im Mittelalter, München/Berlin 1938

Stahleder, Helmuth: Haus- und Straßennamen der Münchner Altstadt, München 1992

Ders. (Hrsg.): Chronik der Stadt München. Herzogs- und Bürgerstadt. Die Jahre 1157–1505, München 1995

Stölzl, Christoph (Hrsg.): Die Zwanziger Jahre in München. Ausstellung im Münchner Stadtmuseum, München 1979

Schuster, Peter-Klaus (Hrsg.): Nationalsozialismus und Entartete Kunst. Die Kunststadt München 1937, München 1987

Vogel, Hans-Jochen: Die Amtskette. Meine 12 Münchner Jahre, München 1972

Personenregister

Kursive Seitenzahlen verweisen auf Bildunterschriften.

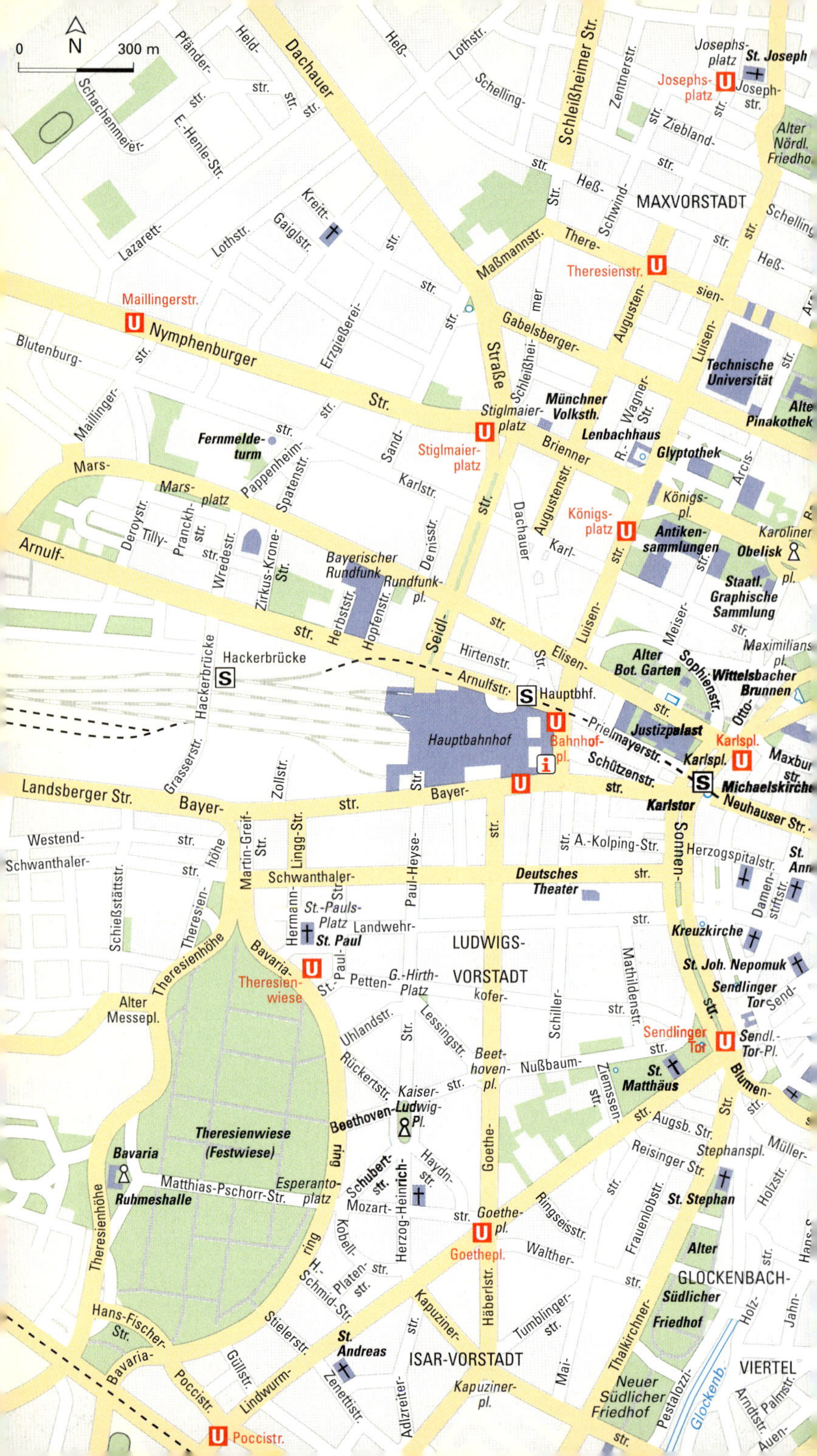

0
N
300 m
MAXVORSTADT
LUDWIGS-
VORSTADT
ISAR-VORSTADT
GLOCKENBACH-
VIERTEL
Dachauer
Straße
Schleißheimer Str.
Nymphenburger
Str.
Arnulf-
str.
Landsberger Str.
Bayer-
str.
Schwanthaler-
Maillingerstr.
Stiglmaier-
platz
Theresienstr.
Josephs-
platz
St. Joseph
Alter
Nördl.
Friedhof
Technische
Universität
Alte
Pinakothek
Münchner
Volksth.
Lenbachhaus
Glyptothek
Königs-
platz
Antiken-
sammlungen
Karoliner
Obelisk
Staatl.
Graphische
Sammlung
Maximilians
pl.
Wittelsbacher
Brunnen
Alter
Bot. Garten
Justizpalast
Karlspl.
Michaelskirche
Karlstor
Neuhauser Str.
Fernmelde-
turm
Mars-
platz
Bayerischer
Rundfunk
Rundfunk-
pl.
Hackerbrücke
Hauptbhf.
Hauptbahnhof
Bahnhof-
pl.
Arnulfstr.
Prielmayerstr.
Schützenstr.
Hirtenstr.
Elisen-
Sophienstr.
Otto-
Maxburgstr.
Deutsches
Theater
St. Paul
St.-Pauls-
Platz
Theresien-
wiese
Theresienhöhe
Alter
Messepl.
Theresienwiese
(Festwiese)
Bavaria
Ruhmeshalle
Matthias-Pschorr-Str.
Esperanto-
platz
Bavariaring
G.-Hirth-
Platz
Kaiser-
Ludwig-
Pl.
Beethoven-
pl.
Nußbaum-
Kreuzkirche
St. Joh. Nepomuk
Sendlinger
Tor
Sendl.-
Tor-Pl.
St.
Matthäus
Blumen-
Goethe-
pl.
Goethepl.
Ringseisstr.
Walther-
St. Stephan
Alter
Südlicher
Friedhof
Neuer
Südlicher
Friedhof
Glockenb.
St.
Andreas
Kapuziner-
pl.
Poccistr.
Lindwurm-
Lessingstr.
Uhlandstr.
Rückertstr.
Schubert-
str.
Herzog-Heinrich-
str.
Haydn-
str.
Mozart-
Kobell-
Platen-
str.
Häberlstr.
Mathildenstr.
Schiller-
str.
Sonnen-
str.
Herzogspitalstr.
A.-Kolping-Str.
Landwehr-
Petten-
kofer-
Paul-Heyse-
str.
Martin-Greif-
Str.
Hermann-
Lingg-Str.
Zollstr.
Grasserstr.
Hackerbrücke
Schießstättstr.
Westend-
str.
Heß-
str.
Lothstr.
Schelling-
str.
Zentnerstr.
Ziebland-
str.
Schwind-
str.
Augusten-
str.
Luisen-
str.
Gabelsberger-
str.
Brienner
str.
Karlstr.
Dachauer
Augustenstr.
Seidl-
str.
Denisstr.
Herbststr.
Hopfenstr.
Zirkus-Krone-
Str.
Wredestr.
Pranckh-
str.
Deroystr.
Tilly-
str.
Pappenheim-
str.
Spatenstr.
Sand-
str.
Erzgießerei-
str.
Blutenburg-
str.
Maillinger-
str.
Mars-
Lazarett-
str.
Gaiglstr.
Kreitt-
mayrstr.
Lothstr.
Schachenmeier-
str.
E.-Henle-Str.
Pfänder-
str.
Held-
str.
Maßmannstr.
Theresien-
str.
Arcis-
str.
Meiser-
str.
R.-
Wagner-
Str.
Damen-
stiftstr.
St.
Anna
Hans-Fischer-
Str.
Bavaria-
ring
H.-
Schmid-Str.
Stielerstr.
Güllstr.
Zenettistr.
Adlzreiter-
str.
Kapuziner-
str.
Tumblinger-
str.
Mai-
str.
Thalkirchner-
str.
Pestalozzi-
str.
Frauenlobstr.
Reisinger Str.
Augsb. Str.
Stephanspl.
Müller-
str.
Holzstr.
Ziemssen-
str.
Arndtstr.
Palmstr.
Jahn-
str.
Auen-
str.